感谢吴念慈女士对本书出版的付出

旧村改造专项法律顾问

实务指引与文书范本

SPECIAL CONSULTANT
FOR OLD VILLAGE RECONSTRUCTION

PRACTICAL GUIDELINES
AND MODEL INSTRUMENTS

何 怡◎编著

法律出版社 LAW PRESS · CHINA | 北 京

图书在版编目（CIP）数据

旧村改造专项法律顾问：实务指引与文书范本 / 何怡编著. -- 北京：法律出版社，2022
ISBN 978-7-5197-6075-5

Ⅰ. ①旧… Ⅱ. ①何… Ⅲ. ①城市建设－法律－广州 Ⅳ. ①D927.651.229.7

中国版本图书馆CIP数据核字（2021）第212549号

旧村改造专项法律顾问
——实务指引与文书范本
JIUCUN GAIZAO ZHUANXIANG FALÜ GUWEN
—SHIWU ZHIYIN YU WENSHU FANBEN

何　怡 编著

责任编辑 李　群　陈昱希
装帧设计 汪奇峰

出版发行 法律出版社
编辑统筹 法规出版分社
责任校对 王晓萍
责任印制 张建伟
经　　销 新华书店

开本 710毫米×1000毫米　1/16
印张 26　　**字数** 364千
版本 2022年1月第1版
印次 2022年1月第1次印刷
印刷 三河市兴达印务有限公司

地址：北京市丰台区莲花池西里7号（100073）
网址：www.lawpress.com.cn
投稿邮箱：info@lawpress.com.cn
举报盗版邮箱：jbwq@lawpress.com.cn
销售电话：010-83938349
客服电话：010-83938350
咨询电话：010-63939796

书号：ISBN 978-7-5197-6075-5　　**定价**：79.00元
凡购买本社图书，如有印装错误，我社负责退换。电话：010-83938349

序 言

旧改律师

——城市蝶变的冷静见证者、信息分享者、专业服务者

旧村嵌入城市与城市交融，或为城市现代化进程中一抹独特的亮色。旧村葆有历史记忆，是牌坊，是乡愁，更是羁绊。但是，不得不提，旧村存在居住品质低、公配设施差、治安和消防隐患大等众多问题。通过旧村改造，可以极大改善居住条件，显著降低建筑密度的同时，增加公园绿化面积，从而整体提升村民的生活品质。

可以说，旧村改造，让城市与乡村都更加美好。

而我所认识的本书作者，她一直都深耕在城市更新专项法律顾问领域以及城市更新衍生诉讼领域，可谓是城市蝶变的冷静见证者、信息分享者、专业服务者。这本书可谓是她几年来在城市更新法律工作中对于旧改法律实务的一种浓缩记载、总结与提炼。

因得近水楼台之便，本人有幸得以先睹为快。酣畅淋漓地读完此书，不得不说，此书确实兼具法律思辨性与实操指引性。

其一，本书完全从旧村改造的专业律师视角出发，将旧村改造的全流程进行了全面且深入地法律视角分析，为没有做过旧村改造法律服务的其他法律从业者提供了多维度的法律启发。相对于其他作品而言，本书更具有法律实操可行性，将相关问题分门别类地进行了缜密地法律逻辑分析，读者更易身临其境，可以说，一本书读懂并掌握旧村改造法律实务要点。

其二，本书涉及旧村改造衍生的相关诉讼应诉的策略分析，直接以开发商、村集体或政府部门的代理律师的角度进行答辩，而并不是简单的案例总结，对于想要做开发商、村集体或政府部门的代理律师而言，本书无疑是一

本被告应诉的答辩策略宝典。

其三，本书用语凝练且具有强烈的法律实操性。涉及的疑难问题实质均是改造主体在旧村改造进程中亲历的真实痛点问题，从疑难问题的背景介绍到可能的处理解决路径均有实例可证。

立德、立功、立言三不朽，希望此书亦可以作为作者立言之一部分。此书能够让更多的读者了解、使用，让作者以文助人之心得以更宽更广地彰显，则是我的心愿了。

汪天可

北京市康达（广州）律师事务所高级合伙人

二〇二一年十二月

CONTENTS
目 录

专项顾问编

行政诉讼编

专项顾问编

第一章　旧村改造的基本理论

一、旧村改造的基本概览

（一）旧村改造及其相关概念

旧村改造是三旧改造的下位概念，而三旧改造是广东省人民政府建设节约集约用地试点示范省的重要政策之一，三旧改造包括旧城镇、旧村庄、旧厂房的改造。城市更新则是较三旧改造而言更宏大的上位概念。根据2015年12月1日出台的《广州市城市更新办法》（广州市人民政府令134号）的明确表述，城市更新是指由政府部门、土地权属人或者其他符合规定的主体，按照三旧改造政策、棚户区改造政策、危破旧房改造政策等，在城市更新规划范围内，对低效存量建设用地进行盘活利用以及对危破旧房进行整治、改善、重建、活化、提升的活动。

由此可知，城市更新的法律内涵广于三旧改造，三旧改造的法律内涵广于旧村改造（见图1）。本书着眼于旧村改造项目的法律实务，旨在为各位旧村改造律师同仁提供一些灵感与启发。

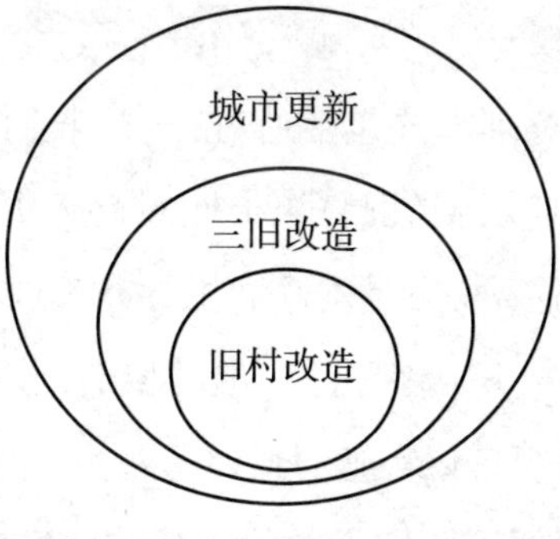

图1　城市更新、三旧改造、旧村改造关系

（二）旧村改造的方式

旧村改造的方式，包括全面改造和微改造两种方式。

全面改造是目前广州市旧村改造的主流方式。全面改造即须以整体拆除重建为主改造实施，广州的绝大部分旧村庄都采取的这种改造方式，如广州市天河区猎德村、杨箕村、冼村；黄埔区文冲村、沙步村、大塱村等。通过全面改造的方式可以彻底改善居住环境，完善城市基础设施，让村民住上心仪的回迁安置房，整体盘活土地，实现土地经济利益的快速提升。

微改造不同于全面改造，其目的不是拆除重建构筑新居而是保护旧村庄原有的历史文化和自然生态。微改造包括整治修缮和局部改造两种具体的实施方式。整治修缮是通过增加市政公共服务设施、管线下地以及打通交通道路、消防通道等方式对单体建筑进行整治修缮和重建，改善人居环境和提升社区功能；局部改造是指通过拆除、抽疏建筑等方式保持村庄传统特色风貌。在广州，采用微改造的改造方式进行旧村庄改造的情形并不多见，广州最著名的微改造项目为广州万科操刀的永庆坊改造项目，目前已经成为广州的“网红打卡地”之一。

（三）旧村改造的模式

旧村改造的模式，包括征收储备、自主改造以及合作改造三种模式。

政府组织实施的旧村改造，在广州市的城市更新政策中被称为“征收储备”，而在中山市的城市更新政策中被称为“政府主导改造”，在珠海市的城市更新政策中被称为“政府组织实施”，用语不同，含义却大致相同。该改造模式由政府整理土地，整理方式包括通过征收、收回、回购等方式将土地纳入土地储备库，而后根据实施情况将该土地实施公开出让或用于市政公用设施建设，该改造模式的显著特点是由政府主导并负责村民住宅和村集体物业复建安置补偿，农村集体经济组织不参与土地出让收益分成。

由农村集体经济组织自行实施旧村改造称为“自主改造”。具体模式是由农村集体经济组织根据区政府批复的项目改造实施方案自行进行拆迁补偿安置事宜，该改造模式的显著特点是由农村集体经济组织处理完拆迁补偿安置事宜之后，由农村集体经济组织或其全资子公司申请以协议出让方式获得融资地块开发融资。众所周知，旧村改造周期较长，改造难度较大，因此全凭农村集体经济组织内部筹集资金用于旧村改造难以解决如此巨大的资金需求。即使申请政府的城市更新财政资金支持，该申请资金额度也有限，也很难解决旧村改造工作前期的资金缺口问题，因此很少有真正按照自主改造模式进行改造的旧村庄。

农村集体经济组织通过公开招商途径引入合作企业参与旧村改造称为“合作改造”。具体模式是由农村集体经济组织根据区政府批复的项目改造实施方案和制定的拆迁补偿安置方案，通过市公共资源交易中心等公开交易平台公开招标引进开发企业合作参与改造。该改造模式的显著特点是农村集体经济组织可申请将融资地块协议出让给原农村集体经济组织与市场主体组成的合作企业或者通过融资地块公开出让引入合作企业进行改造。正因为旧村改造是一项程序复杂、流程烦琐、涉及主体众多的重大民生工程，因此广州市对合作企业的选定设定了一定的资格要求，各区也在该基础上根据本区旧村改造的实际情况细化调整了对合作企业的资格要求。正因为引入的合作企业通常都是拥有丰富房地产经验的大型房地产企业，资金实力雄厚，农村集体经济组织也偏爱采取该模式进行改造，可以说合作改造是当前广州市旧村改造的主流模式。

（四）旧村全面改造的一般流程

根据笔者对现行有效的广州市旧村改造相关政策的整理，广州市的旧村全面改造的一般流程如图2（以合作改造为例）：

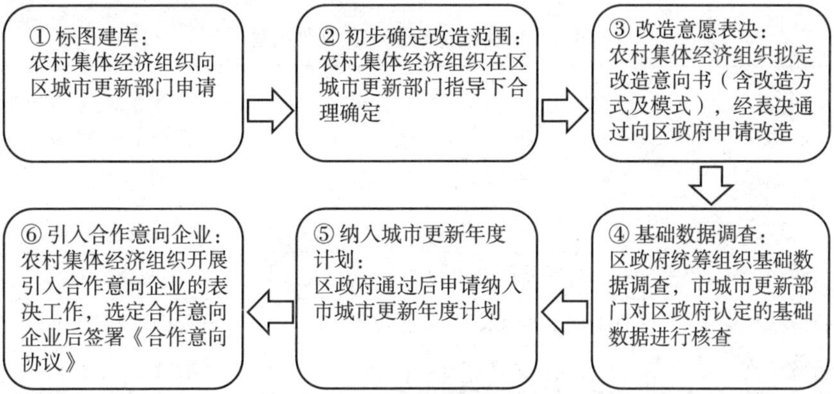

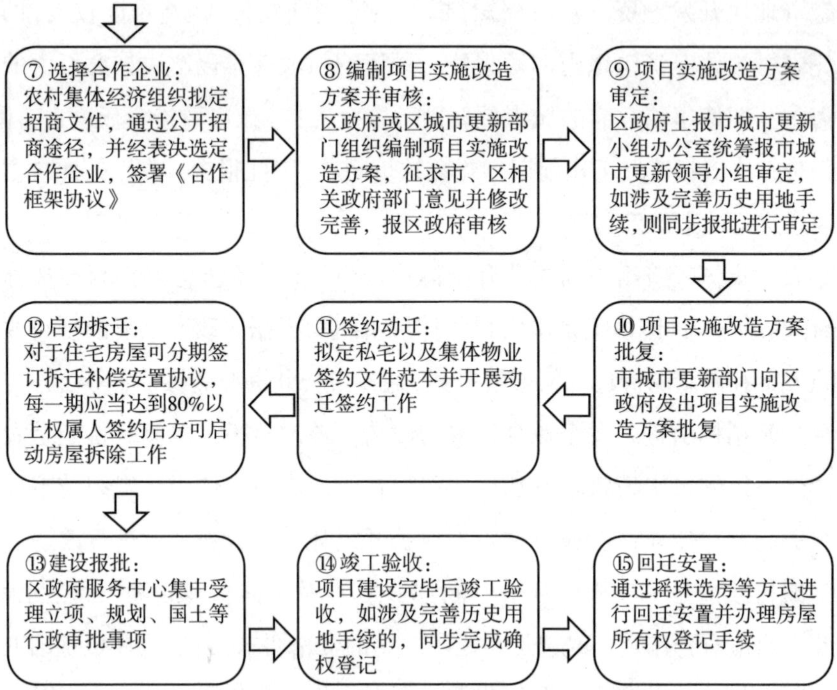

图2 旧村全面改造的一般流程

二、旧村改造政策的梳理与评析

（一）旧村改造涉及的法律、法规、政策依据的梳理

黄埔区为广州市的旧改示范区。以黄埔区为例，截至本书出版之日，广州市旧村改造所涉及的法律、法规、规章及现行有效政策主要梳理如表1所示：

表1 旧村改造所涉相关文件梳理

类型	文件名	文号
法律	《民法典》	主席令第45号
法律	《城乡规划法》	主席令第74号
法律	《土地管理法》	主席令第41号
法律	《村民委员会组织法》	主席令第9号
行政法规	《国有土地上房屋征收与补偿条例》	国务院令第590号
行政法规	《土地管理法实施条例》	国务院令第256号

续表

类型	文件名	文号
省政府规章	《广东省旧城镇旧厂房旧村庄改造管理办法》	广东省人民政府令第279号
省政府规章	《广东省农村集体经济组织管理规定》	广东省人民政府令第109号
地方法规	《广州市国有土地上房屋征收与补偿实施办法》	穗府规〔2021〕2号
市政府规章	《广州市城市更新办法》	广州市人民政府令第134号
市政府规章	《广州市旧村庄更新实施办法》	广州市人民政府令第134号
市政府规章	《广州市农村集体资产交易管理办法》	广州市人民政府令第119号
政策	《广东省人民政府关于深化改革加快推动“三旧”改造促进高质量发展的指导意见》	粤府〔2019〕71号
政策	《广州市人民政府关于提升城市更新水平促进节约集约用地的实施意见》	穗府规〔2017〕6号
政策	《广州市人民政府办公厅关于印发广州市深入推进城市更新工作实施细则的通知》	穗府办规〔2019〕5号
政策	《广州市住房和城乡建设局关于印发广州市旧村庄全面改造项目复建安置资金监管办法的通知》	穗建规字〔2020〕21号
政策	《广州市住房和城乡建设局关于印发广州市城中村改造合作企业引入及退出指引的通知》	穗建规字〔2021〕1号
政策	《广州市住房和城乡建设局关于印发广州市旧村庄全面改造成本核算办法的通知》	穗建规字〔2019〕13号
政策	《广州市住房和城乡建设局关于印发广州市城中村改造村集体经济组织决策表决指引的指引》	穗建规字〔2021〕5号
政策	《广州市住房和城乡建设局关于进一步规范旧村合作改造类项目选择合作企业有关事项的意见》	穗建规字〔2020〕16号

（二）旧村改造政策的优越性

自2009年广东省开展包括旧村改造在内的三旧改造工作以来，取得了显著的成效。旧村改造政策主要具有以下优越性：

（1）改造主体的优化。允许农村集体经济组织经区政府同意后作为改造主体申请全面改造。

(2)引入合作企业时点的优化。旧村庄全面改造基础数据经区政府审核公布后,农村集体经济组织可通过公开招商途径选定合作企业参与旧村全面改造。

(3)核定复建安置量的优化。按合法建筑面积1∶1核定集体物业复建总量。对2009年12月31日前建设的历史集体物业,已完善历史用地手续的,可按照保障改造后物业收入不降低原则折算准予复建的总量。村民房屋符合历史用地条件的,按照相关政策纳入改造成本;不符合历史用地条件的,由区政府结合本区实际,研究具体认定标准,符合标准的,纳入旧村改造的改造成本。

(4)村民表决程序的优化。项目改造实施方案由村民代表表决通过后,提交市城市更新工作领导小组审议。审议通过并批复后3年内由全体村民(含改制居民以及世居祖屋权属人)80%表决通过的,批复生效实施。

(5)临迁时间的优化。整体改造实施、一次性搬迁的,按5年时间核算临迁费用;分期改造实施、分步搬迁的,按4年时间核算临迁费用。

(6)改造成本的优化。旧村改造拆迁奖励可纳入改造成本,具体实施办法由区政府研究确定。

正是基于上述旧村改造政策的优越性,其在促进产业转型升级,拉动经济增长,改善人居环境,保障城市居住安全,盘活低效存量用地,提升节约集约用地水平,促进城乡、新旧城区之间协调发展,传承岭南历史文脉,打造城市文化品牌等方面发挥了重要作用。

三、旧村改造法律实务介绍

(一)旧村改造中可能涉及的法律实务

旧村改造属于新型的法律业务类型,其涉及大量复杂的诉讼或非诉讼法律实务,主要包括:农村集体经济组织与前期服务商之间的合作纠纷、农村集体经济组织与合作企业之间的合作纠纷、集体土地转为国有土地的实务操作、集体土地上违法建筑物或构筑物的处理、拆迁补偿安置纠纷(如集资楼的补偿、小产权房的补偿等)、村集体企业改制、各项行政许可的申请、文物保护的设计等。目前,全国范围内涉及旧村改造的法律以及法规并不完善,一般多靠地方性的旧村改造政策来指导本地区的旧村改造,因此,旧村改造进程中需要专业的旧村改造律师为改造过程中可能出现的各种法律问题提供专业高效的法律服务。

(二)旧村改造法律实务的特点

(1)法律关系复杂。可能涉及民事法律关系、行政法律关系甚至涉及刑事法律关系。民事法律关系包括婚姻法律关系、继承法律关系、买卖合同法律关系、租赁合同法律关系等;行政法律关系包括立项批准、规划许可、违法建筑物或构筑物查处、文物保护、行政复议、行政诉讼等;刑事法律关系包括故意毁坏财物、故意伤害、破坏文物、非法占用农用地等。

(2)法律主体众多。包括农村集体经济组织、农村集体经济组织成员、前期服务商、合作企业、各类合作单位(包括设计公司、建设公司、拆卸公司、广告宣传公司等)、各级政府机关(包括但不限于城市更新部门、规划部门、土地部门、住建部门、房屋登记部门、文物部门、财政部门、民政部门、公安部门)等。

(3)地域性强。旧村改造法律领域尚未在全国范围内进行统一立法。因此,各地方的地方性法规或者政府规章以及地方性规范性政策文件等起主导作用。各地的旧村形成的历史原因、集体土地上的建筑物或构筑物的构成以及旧村内的产业现状及产业规划等存在地域差异性,因此,相较于处理普通的民商事案件的律师而言,旧村改造律师需要掌握的法律法规及政策依据更为庞杂。而且,在法律缺失的情形下,对旧村改造律师的专业度要求也更高,需要旧村改造律师能够结合改造政策、法学理论、村规民约、常情常理等进行法律解释和适用。

(4)利益冲突明显。旧村改造项目可能存在多方利益冲突。例如,合作企业与村民之间的利益冲突、政府与村民之间的利益冲突、农村集体经济组织与村民之间的利益冲突、农村集体经济组织与合作企业之间的利益冲突等,作为旧村改造律师应充分了解各项利益冲突发生的实质缘由并妥善处理这些利益冲突。

(5)周期长且工作量大。旧村改造从申请标图入库开始至融资区开发完毕最少都需要好几年,相较于其他专项法律服务而言,旧村改造律师需要耗费的时间成本也更多。而且,旧村改造项目一般都要求律师在项目现场驻场,其工作量也不容小觑,需要在驻场现场随时解答村民的法律咨询以及处理可能存在的各种突发情况。

第二章 专项法律顾问合同的签订

一、专项法律顾问的服务事项

(一)顾问合同的签订背景

旧村改造的专项法律服务,有别于其他专项法律服务(如法律尽职调查等),因其旧村改造服务对象不同、介入旧村改造阶段不同等原因,导致旧村改造专项法律顾问合同类型会相对多元化。如何进行旧村改造专项法律顾问合同的多元化报价,需要特别注意服务对象在旧村改造专项过程的可预期利益以及实现可预期利益的主要法律需求。同时,旧村改造项目涉及的法律类别丰富(如物权领域、婚姻领域、合同领域、侵权责任领域、行政许可领域等),需要旧村改造律师具有较高的法律专业素养以及灵活的随机应对能力。对于旧村改造律师来说,在服务过程中也存在一定的法律风险,比如服务内容是否涵盖律师见证事务等。本节旨在梳理签订旧村改造项目专项法律顾问合同中的各种疑难点,从法律实务上为旧村改造律师提供借鉴思路与灵感。

(二)服务对象的具体分类

在旧村改造领域,一般来说,律所可与以下主体订立专项法律顾问合同:

(1)合作企业(房地产投资商或发展商);

(2)农村集体经济组织;

(3)合作企业与农村集体经济组织共同成立的项目实施主体。

上述三大主体为律所提供专项法律顾问服务的主要对象。除此之外,律师还可以以其他非专项法律服务的方式为政府职能部门提供旧村改造相关法律服务,服务内容包括旧村改造规范性文件审查、行政许可发放合法性审查、土地出让合法性审查、改造资金监管审查等;为旧村改造范围内的被拆迁人提供旧村改造相关法律服务,服务内容包括协助参与《拆迁补偿安置方案》的听证及表决、参与《拆迁补偿安置协议》签订过程中的谈判、承租人的清退等。

（三）专项法律顾问的具体服务内容

1.为合作企业提供的专项法律服务

为合作企业提供的专项法律服务包括但不限于以下内容：

（1）查找并汇总旧村改造项目所在地涉及的旧村改造法律、法规及政策；

（2）应合作企业要求，出具旧村改造项目的法律尽职调查报告以及法律意见书；

（3）应合作企业要求，协助合作企业制定及审查竞选合作企业的投标文件；

（4）协助起草及审查合作企业与农村集体经济组织之间需签订的《合作框架协议》及其他相关重大文件；

（5）协助合作企业与农村集体经济组织进行《拆迁补偿安置方案》的谈判、修订、审阅、校对等工作；

（6）应合作企业要求，出席每周例会并汇报法律服务工作；

（7）应合作企业要求，就每周法律服务事宜出具法律服务工作日志；

（8）应合作企业要求，进行旧村改造专题法律培训。

2.为农村集体经济组织提供的专项法律服务

为农村集体经济组织提供的专项法律服务包括但不限于以下内容：

（1）协助制定或审查本项目前期的公告文件（如旧村改造意愿表决文件及表决公告，集体土地转国有土地表决文件及表决报告等）；

（2）应农村集体经济组织要求，协助编写项目改造实施方案中关于法律法规政策文件的内容及全稿审查；

（3）应农村集体经济组织要求，协助编写引入合作企业的公开招商文件及全稿审查（农村集体经济组织可根据本村改造规模以及改造的难易度对拟竞聘的合作企业进行资格要求限制，如设置资金实力、旧村改造业绩、企业信用信誉、产业导入能力等硬性资格要求）；

（4）协助制定、审查选定合作企业选定后的村民表决文件及表决报告等；

（5）针对合作企业拟定的《合作框架协议》及其他重大文件进行审查并出具法律意见，以提示相关法律风险；

（6）协助制定、审查《项目改造实施方案》《拆迁补偿安置方案》的表决文件及表决报告等；

（7）解答村民有关本村旧村改造项目相关的法律咨询并提供相应法律建议，帮助回复村民就本村旧村改造相关意见投诉等；

（8）应农村集体经济组织要求，对特定法律事务出具法律意见书；

（9）审查拆迁补偿安置协议及相关配套文件，并提示相关法律风险；

（10）参与农村集体经济组织与合作企业、项目实施主体、街道办事处、城市更新局、区政府等相关政府部门间的协调会议，并提供法律意见；

（11）协助审查需要农村集体经济组织加盖公章的重要法律文件；

（12）帮助审查摇珠选房流程文件及操作细则；

（13）提示农村集体经济组织注销集体土地房产证的相关事宜，并根据注销手续及流程起草相关法律文件；

（14）应农村集体经济组织要求，出席每周例会并汇报法律服务工作；

（15）应农村集体经济组织要求，就每周法律服务事宜出具法律服务工作日志；

（16）应农村集体经济组织要求，进行旧村改造专题法律培训；

（17）应农村集体经济组织要求，就旧村改造事务提供执业律师驻场服务（具体的起止时间及需求人数和驻场地点由农村集体经济组织根据实际情况确定）。

3.为项目实施主体提供的专项法律服务

为项目实施主体提供的专项法律服务包括但不限于以下内容：

（1）查找并汇总旧村改造项目所在地涉及的旧村改造法律、法规及政策；

（2）协助起草对接农村集体经济组织、街道办事处、城市更新局、区人民政府及相关部门的相关法律函件（如项目实施主体身份确认函件、改造通告的申请函件等）；

（3）协助起草项目实施主体与农村集体经济组织、监管银行等主体之间订立的《复建监管安置资金监管协议》以及相关配套文件，并协助项目实施主体处理开立复建安置监管资金账号等相关事宜；

（4）协助制定本项目的《拆迁安置补偿协议》及相关配套文件范本（包括私宅及集体物业的相关文件范本）并协助制定签约流程文件（如宣传手册、签约流程指引等）；

（5）审阅项目实施主体对外宣传的新闻稿件等宣传材料，并提示相关法律风险；

（6）应项目实施主体要求，就旧村改造事务提供执业律师驻场服务（具体的起止时间及需求人数和驻场地点由项目实施主体根据实际情况确定）；

（7）根据项目实施主体的日常经营及管理事务，积极主动作出法律风险提示，提出法律建议；

（8）协助审查项目实施主体与旧改合作方（如拆卸公司、测量公司、建设公司、广告宣传公司等）之间的合作协议及其他重要文件；

（9）应项目实施主体要求，提供动迁现场陪同、谈判等法律服务；

（10）在动迁现场为拟签约村民解答关于《拆迁补偿安置方案》《拆迁补偿安置协议》及相关配套文件的法律咨询；

（11）参与项目实施主体与街道办事处、城市更新局、区政府等相关政府部门间的协调会议，并提供法律意见；

（12）协助起草复建安置房的摇珠选房流程及实施细则等文件；

（13）处理与项目实施主体相关的尚未形成诉讼或仲裁的民事、行政争议或其他纠纷以及行政复议案件，如参加案件讨论会、听证等，协助调解、和解；

（14）应项目实施主体要求，出席每周例会并汇报法律服务工作；

（15）应项目实施主体要求，就每周法律服务事宜出具法律服务工作日志；

（16）应项目实施主体要求，进行旧村改造专题法律培训；

（17）应项目实施主体要求，就旧村改造相关特定法律事务出具律师函（一般可约定一个服务期限内的发函数量上限）；

（18）应项目实施主体要求，出具继承、转让、赠与等事宜的律师见证文件。

二、专项顾问合同的报价

（一）报价基础

旧村改造项目时间长、阶段多、跨度大，因此基于旧村改造项目的特殊性，其法律服务报价与其他专项法律服务报价存在较大差异。一般来说，可将旧村改造法律服务阶段整体分为四大阶段：（1）项目启动阶段（自农村集体经济组织申请标图建库之日起至公开招商平台发布合作企业正式招标公告之日）；（2）方案编制审核阶段（自公开招商平台发布合作企业正式招标公告之日至农村集体经济组织取得旧村改造项目改造实施方案的正式批复之日）；（3）动迁、拆迁及复建安置阶段（自农村集体经济组织取得旧村改造项目改造实施方案的正式批复之日至旧村改造项目最后一期安置地块启动复建安置房交付之日）；（4）融资地块交付阶段（旧村改造项目最后一期安置地块启动复建安置房交付之日至全部融资地块完成建设并办妥相关不动产权证之日）。

因此，旧村改造律师可根据介入本项目时的具体阶段作为本项目专项法律顾问报价的一个客观基础，再在此基础上进行灵活报价。

（二）报价模式建议

关于旧村改造专项法律顾问合同的报价模式，一般分为三种，即年度报价模式、按阶段报价模式和全流程风险报价模式。

1.年度报价模式

年度报价模式需约定一个固定的法律服务期，通常为1年。在年度报价模式下又可以进行细分，分为固定报价模式与浮动报价模式。

（1）固定报价模式。无论项目处在旧村改造的何种阶段，每一年均按固定价格进行报价。

（2）浮动报价模式。根据旧村改造不同阶段的工作量及难易度进行报价。如前所述，旧村改造项目可简要分为四个阶段。相对来说，项目启动阶段与方案编制审核阶段的法律服务工作量及服务难度要低于动迁、拆迁及复建安置阶段，而融资地块交付阶段的法律服务工作量及服务难度又低于项目启动阶段与方案编制审核阶段，因此，旧村改造律师可根据不同阶段的法律服务工作量及服务难度进行区分报价，并按各个阶段的服务时间在固定服务期内的时间占比进行浮动报价。

2.按阶段报价模式

此种报价模式不固定具体的服务期限，而按照上述四个阶段分别进行报价，每一个阶段的具体报价模式可以采取先收取固定基础服务费＋服务期届满前的×个工作日内支付该阶段剩余的服务费的报价模式。

3.全流程风险报价模式

如采取该模式进行报价，可在订立旧村改造项目专项法律顾问合同之日起×个工作日内收取固定基础服务费，后期可根据旧村改造项目的具体推进情况进行风险报价（例如在签订专项法律顾问合同之日起，3个月内协助农村集体经济组织取得政府正式批复，可收取法律服务费100万元，6个月内协助农村集体经济组织或项目实施主体取得政府正式批复，可收取法律服务费50万元；又如在签订专项法律顾问合同之日起，3个月内协助项目实施主体达成私宅80%及以上的签约率，可收取法律服务费100万元，6个月内协助项目实施主体达成私宅80%及以上的签约率，可收取法律服务费50万元）。

顾问提示

因旧村改造项目的特殊性，涉及的法律关系复杂，利益主体众多。因此，在法律实务中，服务对象一般都会要求旧村改造律师进行驻场工作，关于律师驻场的律师服务费用，即可包干在固定基础服务费用中，也可约定按照实际驻场人数及实际驻场天数据实结算，如一位专职律师驻场1个月的驻场费用为8000元。

三、合同解除权的特别约定

（一）特别约定的必要性

因旧村改造政策、项目本身的实施难度等主观或客观原因，旧村改造项目专项法律顾问合同的履行与一般的专项法律顾问合同的履行存在较大的差异。如果签订专项法律顾问合同后出现旧村改造项目暂时无法进行的情况进而导致专项法律顾问合同暂时无法履行时，服务对象和律所将面临已签订的旧村改造项目专项法律顾问合同是否被中止，或者是否被解除等问题。是故，在签订专项法律顾问合同的同时，双方在专项法律顾问合同中明确界定解除权的行使事由及违约责任的承担范围等内容，将有利于明确双方各自的权利责任并有效减少双方后续的法律争议。

（二）双方均享有解除权的事由及法律后果

1.双方均享有解除权的事由

一般来说，双方均享有解除权的事由主要有如下几类：

（1）因旧村改造政策变化导致本旧村改造项目无法履行的情形；

（2）因旧村改造政策变化导致本旧村改造项目迟延履行的情形（此时可约定具体的项目迟延履行的期限，如迟延履行超过2年的，双方均有权解除专项法律顾问合同）；

（3）旧村改造项目相关表决（如改造意愿的表决、拆迁补偿安置方案的表决、改造项目改造实施方案的表决、引入合作企业的表决等）无法通过的情形；

（4）旧村改造项目相关表决迟延通过的情形（如相关表决未能在第一次表决通过，需再次举行表决，而在2年内均无法表决通过的，双方均有权解除专项法律顾问合同）；

（5）因“留守户”等客观原因导致旧村改造项目停滞的情形（如旧村改造项目停滞期超过2年的，双方均有权解除专项法律顾问合同）。

2.法律后果

因非服务对象的客观原因导致本村旧村改造项目确实无法实施，且律所已提供相应法律服务的，双方此时可约定律所无须退还已收取的法律服务费，而后续未支付的法律服务费，服务对象亦无须再向律所支付，服务对象与律所之间互不追究对方的违约责任。

顾问提示

因非服务对象的客观原因导致旧村改造项目无法实施，但是基于服务对象与律所的友好合作关系（因此时服务对象与律所就旧村改造项目的法律服务事宜并未产生分歧），双方可进行友好协商，确认原专项法律顾问合同是否中止（后续如旧村改造项目可继续推动，则继续履行原专项法律顾问合同），或者是否解除（后续即使旧村改造项目可继续推动，因原专项法律顾问合同被解除后失效，也无法继续履行，如服务对象与原律所有意向重新合作，需另行签订新的专项法律顾问合同）。

（三）合同一方享有解除权的事由及法律后果

1.服务对象单方享有解除权的事由

一般来说，服务对象单方享有解除权的事由主要有如下几类：

（1）旧村改造律师存在重大过错造成服务对象根本性损失的情形（如服务对象无法取得合作企业的正式身份、服务对象无法取得旧村改造项目的正式批复、旧村改造项目重大表决事项无法通过、服务对象无法取得国有土地使用权证等情形）；

（2）旧村改造律师存在一般过错，经服务对象提醒后仍无法改正，导致服务质量明显达不到专项法律顾问合同约定的服务标准的情形；

（3）未经服务对象同意，律所擅自更换旧村改造律师的情形。

2.服务对象单方解除的法律后果

解除后果由合同双方自由约定。一般可约定如因旧村改造律师过错导致服务对象单方面解除专项法律顾问合同的，律所应当返还已经收取的律师服务费用，并按照中国人民银行授权全国银行间同业拆借中心公布的贷款市场报价利率(简称LPR)向其支付资金占用费。

3.律所单方享有解除权的事由

一般来说,律所单方享有解除权的事由主要有如下几类:

(1)服务对象的委托事项违反法律、行政法规以及律师执业规范的情形;

(2)服务对象有向律所提供虚假、误导、隐瞒、重大遗漏及其他违规行为,致使旧村改造律师不能提供有效法律服务的情形;

(3)服务对象逾期×个工作日内,仍不向律所支付服务费用的情形。

4.律所单方解除的法律后果

解除后果由合同双方自由约定。可约定因服务对象过错导致律所单方面解除专项法律顾问合同的,服务对象应当支付剩余应付未付的法律服务费用以及延期支付的利息,利息可按照中国人民银行授权全国银行间同业拆借中心公布的贷款市场报价利率计算。

四、彰显旧村改造律师专业度及工作量的方式探讨

(一)法律专业度的体现

律师的法律专业度的体现主要表现在以下方面:

(1)定时收集、汇总旧村改造项目所在地最新的旧村改造法律、法规及政策指引,并制作书面报告发送给服务对象;

(2)定时收集、汇总旧村改造项目所在地其他旧村改造项目的相关新闻资讯,并制作书面报告发送给服务对象;

(3)梳理旧村改造项目各个阶段的重点法律实务问题(如签约阶段的注销集体土地房产证问题等),并就各重点法律实务问题制作专门手册供服务对象查阅参考;

(4)根据旧村改造项目中的服务对象的不同部门的工作内容,有针对性地制作书面法律风险提示清单及操作指引,并进行专项法律讲座培训;

(5)就旧村改造项目中的重点疑难法律问题(如税务问题、土地出让金问题、融资地块协议出让问题等)进行专题研究并出具法律报告;

（6）旧村改造项目实施过程中，出具合作企业的融资可行性法律分析报告；

（7）旧村改造项目中所涉全部的表决事项的合法合规性审查，并出具书面报告；

（8）就城市更新局等政府部门出台的旧村改造政策文件的征求意见稿提出法律意见，并出具书面报告。

（二）法律服务工作量的体现

律师提供法律服务工作量的体现，主要表现在以下几个方面：

（1）每周制作旧村改造项目法律服务工作日志。工作日志的内容大致包括每个服务日的单项法律服务的具体内容、具体服务律师名称以及相应的服务时长，并汇总每周的服务任务数量及服务总时长。

（2）每月制作旧村改造项目新闻资讯及法律信息的月度辑要。月度辑要的内容包括旧村改造项目所在地当月有关旧村改造的新闻资讯和最新出台的法律、法规及政策汇总信息。

（3）每个服务期满制作专项法律顾问工作报告。工作报告的内容包括以下几个方面：专项法律顾问服务基本情况、专项法律事务工作情况（如起草书面法律文件、参与服务对象及其关联方的沟通、法律咨询服务、法律培训服务等）、年度工作总结。

五、旧村改造律师的个人法律风险

（一）个人法律风险的类别

在旧村改造项目专项法律服务过程中，旧村改造律师会提供多种类型的法律服务，但某些法律服务项目法律风险较高，需旧村改造律师格外谨慎注意。概括而言，旧村改造律师的个人法律风险主要有以下三类：一是出具旧村改造项目尽职调查报告/法律意见书的风险；二是提供律师见证服务的风险；三是违反相关保密义务的风险。

（二）出具旧村改造项目尽职调查报告/法律意见书的风险

因旧村改造项目体量大，涉及的调查内容复杂，调查类型丰富，尽职调查的法律分析结果因客观或主观因素并不一定具有完全的准确性，因此，为尽可能地规避律师执业风险，在尽职调查报告/法律意见书的前言或者结尾部分，律师应当对本次尽职调查报告/法律意见书的律师执业风险豁免事项作出书面申明，并明确阐述律师对本次尽职调查报告/法律意见书最大程度承受的律师执业风险范畴，同时，也可直接限定本次尽职调查报告/法律意见书的律师执业风险的最高赔偿数额。

（三）提供律师见证服务的风险

旧村改造项目中的物权主体类型丰富，不同的物权主体也有不同的法律需求，如产权人需要以订立遗嘱的形式将拆迁补偿款以及后续的回迁安置房给到指定的继承人，为保证遗嘱的真实有效性，服务对象可能会要求旧村改造律师提供相应的遗嘱见证服务；如同一集体经济组织内的村民之间想通过买卖或赠与形式将相应物权进行流转，为保证买卖/赠与合同的真实有效性，服务对象可能会要求旧村改造律师提供相应的买卖/赠与合同见证服务。

当然，从笔者的旧村改造实务经验出发，服务对象需求量最大的见证服务应当是对产权人授权项目实施主体注销不动产权证书（如《集体土地房产证》或《宅基地证》等）的授权委托事项进行见证的见证服务。律师处理见证事务时，需要履行较高的注意义务，因此存在一定的执业风险，可能导致相应的损害赔偿责任，笔者建议旧村改造律师在综合衡量法律风险后，决定是否在专项法律服务中一并提供律师见证服务。提供律师见证服务的律师需严格按照律师见证工作的相关要求以及程序进行，在见证事务办理完毕后，承办律师需按照见证事务档案管理的要求统一立卷归档，以备后续核查。

顾问提示

律师见证事务对律师本身要求较高的注意义务，因此存在较高的执业风险，可能导致相应的损害赔偿责任，建议旧村改造律师自行衡量执业风险后，决定是否提供该项律师见证服务。

（四）违反相关保密义务的风险

旧村改造项目进程中，因涉及相关重大事项（如前期合作框架协议的谈判内容等），服务对象往往会明确要求旧村改造律师对知悉的相关重大事项予以严格保密。关于律师保密义务，除是基于《民法典》及《旧村改造专项法律顾问合同》而产生的法定及约定义务外，亦更是我国《律师法》以及《律师执业行为规范》等法律法规要求必须遵守的执业纪律和道德规范。如违反，不仅可能涉及高额的赔偿义务，还可能涉及司法行政机关对旧村改造律师采取暂停律师执业甚至吊销律师执业证书等行政处罚。

附：本章涉及的实用文书范本

序号	文书名称
1	××村旧村改造项目专项法律顾问服务合同
2	××村旧村改造项目专项法律顾问服务日志
3	旧村改造项目专项法律顾问的年度工作报告

文书范本

××村旧村改造项目专项法律顾问服务合同

甲方合同号:

乙方合同号:

甲方:(合作企业/农村集体经济组织/项目实施主体)

法定代表人:

联系地址:

联系方式:

乙方:××××律师事务所

负责人:

地址:

根据《民法典》《律师法》等法律法规的规定,就××市××区××经济社旧村改造项目,甲方委托乙方提供专项法律顾问服务。据此,甲乙双方按照诚实信用原则,经协商一致,立此合同,共同遵守。

第一条 项目概况

1.本项目为××市××区××经济社旧村改造项目,位于××市××区××经济社旧村/社区,东至××,西至××,南至××,北至××,邻近××。本项目总改造范围××万平方米,现状为总建筑面积约××万平方米,约××××栋房屋,户籍人口约××××人。

2.本项目的实际规模可能与第1款描述不一致,可能因政府批复的调整、村集体改造计划的变化、甲方改造方案的调整或项目具体数据的获取等发生变化。乙方对此予以理解,并同意不因本项目的实际规模与第1款描述不一致而要求增加费用。

第二条 服务范围

1.乙方对本项目提供年度法律顾问服务,服务范围包含但不限于如下内容：

【如甲方为合作企业，服务范围如下】

(1)协助建立健全公司整体的旧改项目法律风险防控机制和流程，起草审核相关文件或指引等；

(2)了解、收集、汇总本项目所在地涉及的城市更新的法律、法规及政策，向甲方提供政策、法律信息的解读及培训服务，提升甲方人员的旧改法律问题处理能力；

(3)协助制定竞选合作企业的投标文件；

(4)协助起草甲方与××经济社就本项目《合作框架协议》及正式的《合作协议》；

(5)协助甲方与××经济社进行《拆迁补偿安置方案》的谈判、制订、审阅、校对等工作；

(6)根据甲方需要向项目相关方出具律师函和专业分析报告，并根据甲方需求为甲方有关法律事务进行见证并出具见证报告；

(7)根据甲方需要处理尚未形成诉讼的纠纷与案件，以法律意见书的形式，提供咨询服务或解决意见或风险分析，参加案件讨论会、听证等，协助调解、和解等；

(8)乙方应根据甲方需求安排专业律师提供驻场服务，协助甲方解决项目推进过程中的法律问题；

(9)根据甲方需求处理项目涉及的其他法律服务。

【如甲方为农村集体经济组织，服务范围如下】

(1)根据甲方需要，向甲方提供政策、法律信息的解读及培训服务，提升甲方人员的旧改法律问题处理能力。

(2)协助甲方制定或审查本项目前期的公告文件等(如旧村改造意愿表决文件及表决报告，集体土地转国有土地表决报告等)。

(3)协助甲方编写改造实施方案并对全稿内容中关于法律法规政策文件

的内容进行审查、校对。

(4)协助甲方编写本项目引入合作企业的公开招商文件并对全稿进行审阅。

(5)协助甲方制定、审查合作企业选定后的村民表决文件及表决报告,《改造实施方案》《拆迁补偿安置方案》的表决文件及表决报告,合作企业拟定的《合作框架协议》及正式的《合作协议》以及相关补充协议等。

(6)根据甲方需要向项目相关方出具律师函和专业分析报告,并根据甲方需求为甲方有关法律事务进行见证并出具见证报告。

(7)根据甲方需要处理尚未形成诉讼的纠纷、案件或特定法律实务,以法律意见书的形式,提供咨询服务或解决意见或风险分析,参加案件讨论会、听证等,协助调解、和解等。

(8)协助甲方审查在本项目实施过程中需要甲方对公加盖公章的重要法律文件。

(9)乙方应根据甲方需求安排专业律师提供驻场服务,协助甲方解决项目推进过程中的法律问题。

(10)根据甲方需求处理项目涉及的其他法律服务。

【如甲方为项目实施主体,服务范围如下】

(1)根据甲方需要,向甲方提供政策、法律信息的解读及培训服务,提升甲方人员的旧改法律问题处理能力。

(2)根据了解到的甲方经营状况、项目情况,积极主动作出风险提示,出具解决方案或建议报告等。

(3)协助建立健全公司整体的旧改项目法律风险防控机制和流程,起草审核拆迁安置补偿协议及相关配套文件或指引,制定旧改宣传手册等。

(4)协助甲方处理旧改过程中的法律事务,如草拟、审查、修改规章制度,制定或完善改造流程指引(如签约流程指引、选房流程指引),确保改造行为合法合规。

(5)协助甲方起草对接村集体经济组织、街道办事处、城市更新局、区人民政府等本项目相关组织及部门的相关法律函件。

(6)协助甲方与村集体经济组织、银行起草复建监管安置资金的监管协议,并协助开立复建监管安置资金账号的相关事宜。

(7)为项目动迁提供建议、解决方案和处置思路,并参加各类谈判;草拟、审查、修改项目所需的合同、声明、公告和函件等;根据甲方需要参与甲方与本项目关联方的谈判,或与政府、法院、检察院等进行沟通。

(8)审阅甲方对外宣传的新闻稿件等宣传材料,并提示相关法律风险。

(9)根据甲方需要向项目相关方出具律师函和专业分析报告,并根据甲方需求为甲方有关法律事务进行见证并出具见证报告。

(10)根据甲方需要处理尚未形成诉讼的纠纷与案件,以法律意见书的形式,提供咨询服务或解决意见或风险分析,参加案件讨论会、听证等,协助调解、和解等。

(11)协助甲方起草复建安置房的摇珠选房流程及实施细则等文件。

(12)乙方应根据甲方需求安排专业律师提供驻场服务,协助甲方解决项目推进过程中的法律问题。

(13)根据甲方需求处理项目涉及的其他法律服务。

2.乙方应按照如下要求提供服务:

(1)根据甲方要求,通过书面意见(法律意见书)、现场参会、电话服务、网络服务等向甲方提供法律服务(包含但不限于政策分析、疑难解答等)。

(2)根据甲方要求,现场对甲方工作人员进行法律培训,必要时应甲方要求开展专门讲座,但次数应不超过×次,每次不超过×小时。

(3)乙方应按照如下要求提供驻场服务:

乙方每周至少安排×名律师驻场服务×日[每周共计×(人·日)]。在律师驻场服务总计不超过×××(人·日)的情况下,甲方有权根据项目情况对驻场律师进行调剂安排,乙方应予以配合。

(4)根据甲方要求,出席每周例会,在例会上汇报每周的重大法律服务事项及日常法律风险提示。

(5)根据甲方要求,就每周的法律服务事宜出具法律服务工作日志,列明乙方提供的具体法律服务事项和服务时间。

第三条　乙方的义务

1.乙方指派×××、×××、×××、×××律师作为本项目的律师服务团队，非经甲方同意，乙方不应擅自更换指派其他律师/律师助理配合完成前述法律事务工作；

2.乙方律师应当勤勉、尽责地完成第一条所列法律事务工作；因甲方原因致使乙方无法按时完成委托事项的，其后果由甲方自行承担；

3.乙方律师在本合同期内或双方约定的期间内，对涉及甲方的对抗性案件或者交易活动，未经甲方事先书面同意，不得担任与甲方具有法律上利益冲突的另一方的法律顾问或者代理人；

4.乙方律师对其获知的甲方商业秘密和与本项目有关的非公开的信息、资料负有保密责任，非由法律规定或者甲方同意，不得向任何第三方披露。

第四条　甲方的义务

1.依照法律、法规的要求，在本合同生效后及时、真实和完整地向乙方提供与本项目有关的、一切必要的各种情况、文件、资料的副本或复印件，并保证该复印件与正本一致。甲方保证由于其提供的上述基础文件、材料及情况有误而导致乙方出具不恰当的意见或证明，由此产生的后果和责任均由甲方承担；

2.甲方应当为乙方律师办理法律事务提出明确、合理的要求并给予合理的工作时间；

3.甲方应当按本合同规定的时间和金额，按时、足额向乙方支付律师费和工作费用；

4.甲方指定 ××× 为法律事务的联系人，负责转达甲方的指示和要求，提供文件和资料等，甲方更换联系人应当及时通知乙方；

5.甲方有权对委托事项作出独立的判断、决策。甲方基于商业考虑或者未根据乙方律师提供的法律意见、建议、方案自行所作出的决定而导致的损失，由甲方自行承担。

第五条　律师费用

1.年度顾问费用总价包干，总价人民币××万元（￥××××××），该费用已包含乙方律师的工资、餐饮费用、差旅费、人工费、税款及合理利润等。支付时间如下：

(1)在本协议签订且乙方向甲方提供第一期发票及请款资料后××个工作日内，甲方支付服务费用的××%。

(2)在服务期届满且乙方向甲方提供第二期发票及请款资料后××个工作日内，甲方支付服务费用的××%。

2.乙方指定收款账户信息：

户名：××××律师事务所

开户银行：

账号：

3.律师代理费以到达乙方开户行账户或交到律师事务所财会人员处并取得乙方开出发票为收讫。任何私人间的支付，乙方均不予以承认。

4.乙方律师办理甲方委托事项所发生的下列工作费用，应由甲方承担：

(1)相关行政、司法、鉴定、公证等部门收取的费用；

(2)相关资料费、通讯费、翻译费及广州市外(包括远郊区县)发生的差旅费、食宿费等；

(3)征得甲方同意后支出的其他费用；

(4)乙方律师应当本着节俭的原则合理使用工作费用。

第六条　合同的解除

1.甲乙双方经协商同意，可以变更或者解除本合同。

2.乙方有下列情形之一的，甲方有权解除合同：

(1)未经甲方同意，擅自更换甲方专项顾问的律师的；

(2)因乙方律师故意或重大过失导致甲方蒙受重大损失的；

(3)拒不按照合同约定提供甲方所需的法律服务。

3.甲方有下列情形之一的，乙方有权解除合同或暂停工作直至甲方自行纠正时止：

(1)甲方的委托事项违反法律或者违反律师执业规范的；

(2)甲方向乙方提供的资料有虚假、误导、隐瞒、重大遗漏及其他违规行为，致使乙方律师不能提供有效的法律服务的；

(3)甲方逾期××个工作日仍不向乙方支付律师费或者工作费用的。

第七条　违约责任

1.乙方律师因工作延误、失职（必须是故意）导致甲方蒙受重大损失的，乙方应当通过其所投保的执业保险向甲方承担赔偿责任，赔偿责任以乙方实际收取的律师费用为限。但因甲方、其他中介机构或者主管部门等原因造成乙方律师工作不能按期完成的，乙方不承担责任。

2.甲方不支付律师费或者工作费用，或者无故终止合同，乙方有权要求甲方支付应付而未付的律师费、未报销的工作费用以及延期支付的利息。

3.甲方向乙方提供的资料有虚假、误导、隐瞒、重大遗漏及其他违规行为，导致乙方律师出具的法律文件出现错误或者遗漏，并导致乙方或者乙方律师受到处罚或者导致第三人向乙方追偿的，甲方应当向乙方承担全部责任。

第八条　争议的解决

本合同适用《民法典》《律师法》《民事诉讼法》《仲裁法》等法律。

甲乙双方如果发生争议，应当友好协商解决。如协商不成，任何一方均有权将争议提交本项目所在地有管辖权的人民法院处理。

第九条　合同的生效

本合同正本一式×份，甲乙双方各执×份，由甲乙双方签章后生效，具有同等的法律效力。

第十条　合同的期限

本合同的期限为×年，自本合同签订之日起计。合同期满前××日内，由甲乙双方协商决定是否续签合同。无法协商续签的，本合同自动终止。

如遇特殊情况导致本项目需要暂停的，则甲方有权暂停本协议的履行，在暂停期间乙方无需提供法律服务，甲方无需支付剩余未支付的服务费用。在甲方要求乙方再启动服务之日起，本协议继续履行。如再启动服务的时间距离本协议签订之日超过×年的，则甲乙双方可另行协商调整费用。

第十一条　通知和送达

甲乙双方因履行本合同而相互发出或者提供的所有通知、文件、资料，均以扉面所列明的地址、传真送达，一方如果迁址或者变更电话，应当书面通知乙方。

当面交付文件的，在交付之时视为送达；通过传真方式的，在发出传真时视为送达；以邮寄方式的，挂号寄出或者投邮当日视为送达。

（以下无正文）

甲方（盖章）：（合作企业/农村集体经济组织/项目实施主体）

法定代表人/授权代表（签字）：

乙方（盖章）：××××律师事务所

经办律师（签字）：

签订日期：　　年　　月　　日

签订地点：　　市　　　区

××村旧村改造项目专项法律顾问服务日志

服务律所：××××律师事务所×××、×××律师团队
日志时间：××××年××月××日–××××年××月××日

任务数量	××/个	总计时长	××/小时
××××年××月××日（周一）			
任务名称	负责人	时间	时长
×××律师查阅××项目近期出具、收到的书面文件	×××律师	××××年××月××日	×.×
×××律师前往××项目现场，进行驻场相关工作	×××律师	××××年××月××日	×.×
×××律师与签约组工作人员×××沟通村民签约问题	×××律师	××××年××月××日	×.×
×××律师与项目负责人×××开会沟通有关村民×××的签约问题	×××律师	××××年××月××日	×.×
×××律师陪同动迁员×××与村民×××就被拆迁房屋的补偿事宜进行谈判	×××律师	××××年××月××日	×.×
××××年××月××日（周二）			
任务名称	负责人	时间	时长
×××律师前往××项目现场，进行驻场相关工作	×××律师	××××年××月××日	×.×
×××律师查阅村民×××提供的私宅签约相关文件并现场解答村民×××私宅签约相关法律咨询	×××律师	××××年××月××日	×.×
×××律师根据项目要求出具致××街道办事处《×××函》，并与团队律师说明起草背景，沟通、讨论修改意见	×××律师	××××年××月××日	×.×
×××律师与村集体经济组织社长×××和村集体经济组织法律顾问×××律师沟通有关无证被拆迁房屋的权属问题，并沟通、制定《房屋权属声明》	×××律师	××××年××月××日	×.×
×××律师与临时安置中心负责人×××沟通近期临时安置中心的消防安全问题及访客进出的法律风险问题，并提供相应的法律风险提示	×××律师	××××年××月××日	×.×

续表

任务数量	××/个	总计时长	××/小时
××××年××月××日(周三)			
×××律师、×××律师前往××项目现场,进行驻场相关工作	×××律师	××××年××月××日	×.×
×××律师根据项目要求协助私宅房东出具致各租户《终止租赁通知书》,并向私宅房东解释说明用途	×××律师	××××年××月××日	×.×
×××律师陪同动迁员×××协助村民×××办理房产证注销登记手续	×××律师	××××年××月××日	×.×
×××律师参与××项目例会,汇报近期的重大法律服务事项并就近期村民私宅签约过程中常见法律问题向动迁员进行统一回复	×××律师	××××年××月××日	×.×
×××律师整理本月月度××市旧改政策及新闻辑要,并发送给××项目负责人	×××律师	××××年××月××日	×.×
×××律师陪同动迁员×××参与继承争议被拆迁房屋的签约谈判,并就签约事宜出具法律风险提示	×××律师	××××年××月××日	×.×
××××年××月××日(周四)			
×××律师、×××律师前往××项目现场,与项目负责人×××沟通有关被拆迁房屋产权人下落不明时的签约问题,并分析寻找产权人、宣告失踪等法律途径的可行性	×××律师	××××年××月××日	×.×
×××律师根据会议结论起草《通告—寻找产权人》并与团队讨论、沟通修改意见	×××律师	××××年××月××日	×.×
×××律师与村集体经济组织法律顾问×××律师沟通并修改《通告—寻找产权人》	×××律师	××××年××月××日	×.×
×××律师参与项目负责人×××与村集体经济组织社长×××、书记×××等人沟通、修改《通告—寻找产权人》,并提出后续的发布和配套措施的建议	×××律师	××××年××月××日	×.×
×××律师团队内部讨论被拆迁人移民后的签约手续及配套措施	×××律师	××××年××月××日	×.×

续表

任务数量	××/个	总计时长	××/小时
××××年××月××日(周五)			
×××律师前往××项目现场，进行驻场相关工作	×××律师	××××年××月××日	×.×
×××律师向动迁员×××解释《拆迁补偿安置协议(私宅)》中临迁费发放起止时间条款的制定背景和理由	×××律师	××××年××月××日	×.×
×××律师陪同动迁负责人×××、动迁员×××、村民×××前往××司法所就私宅商铺的租赁合同纠纷进行调解	×××律师	××××年××月××日	×.×
×××律师参与村集体经济组织、街道办事处、改造实施主体公司就房屋拆卸过程的安全问题开展的专题会议，并就房屋拆卸的法律风险出具法律意见书	×××律师	××××年××月××日	×.×
×××律师汇总本周工作内容，制作本周工作日志发送给项目法务负责人×××	×××律师	××××年××月××日	×.×

致(合作企业/农村集体经济组织/项目实施主体):

××××律师事务所关于
××村旧村改造专项法律顾问××××—××××年度工作报告

服务期限:××××年××月××日至××××年××月××日

服务律师:×××律师、×××律师

地址:中国广州××区××路××号××大厦××层

电话:86-××-×××××××××　　传真:86-××-×××××××××

网址:www.××××.com.cn

目　录

前　言

致合作企业/农村集体经济组织/项目实施主体：

××××律师事务所（以下简称本所或我们）荣幸接受贵司/贵社委托，就贵司/贵社参与广州市××区××旧村全面改造项目对××旧村进行全面拆迁改造之事，于××××年××月××日成为贵司/贵社的专项法律顾问单位，为贵司/贵社开展专项法律顾问服务。在此期间，与贵司/贵社密切配合，竭力按贵司/贵社所需，提供优质高效的法律服务。

鉴于贵司/贵社与我们于××××年××月××日签订的《专项法律顾问委托合同》约定的一年法律服务期限即将届满，我们将自××××年××月××日至××××年××月××日提供的主要的法律服务工作内容报告如下，以供贵司/贵社查阅。

若贵司/贵社有任何需要我们补充或解释之处，请随时与我们联系。

专项法律顾问服务基本情况

一、专项法律顾问服务基本情况

1.法律顾问服务期间：自××××年××月××日至××××年××月××日，为期××个月。

2.法律顾问服务团队：

负责律师	×××律师、×××律师
协助律师	×××律师、×××律师
律师助理	×××实习律师、×××实习律师、×××实习律师

二、专项法律事务工作情况

在处理专项法律顾问事务中，本所为贵司/贵社提供了包括起草本项目相关的全部书面法律文件（包括私宅及集体物业所需全部签约文件及与关联方签订的所需全部文件等）、参与与关联方（××街道处、××城市更新局、××派出所等相关单位）的协调沟通、进行法律培训、现场解答项目动迁人员及村民的法律咨询、制作每周法律服务工作日志（截至××××年××月××日，我们已制作××周的法律服务工作日志）等多种服务方式。自××××年××月××日至××××年××月××日止（以下的统计均以此为准），本所共为贵司/贵社提供法律服务任务项目共计××××个，服务时长共计××××小时（详见附件1本所—××旧改项目法律服务工作日志压缩包），具体提供的法律服务如下：

（一）起草书面法律文件

自本所进驻××项目以来，根据贵司/贵社要求，共计起草××种类型的书面法律文件，法律文件类型包括以下几种形式：

1.私宅签约法律文件类型：

序号	文件名
1	拆迁补偿安置协议
2	房屋权属声明
3	拆迁补偿计算表

续表

序号	文件名
4	移交确认表
5	产权人承诺书
6	总拆迁补偿款(首次发放签收表)
7	授权委托书(如有代理人)
8	授权委托书——注销集体产权证
9	特殊材料清单
10	拆迁补偿安置补充协议
11	补充协议补偿计算表
12	弃产协议
13	银行具结书
14	房屋转让声明
15	受转让人承诺书
16	房屋继承证明
17	继承人承诺书
18	拆迁补偿安置协议补充协议二
19	拆迁补偿安置协议(适用河涌私宅)
20	××村城中村改造宣传手册
21	村民承诺函
22	终止租赁(定期)协议书
23	围院用地拆补协议
24	集中签约流程图
25	××村村民身份确认书
26	签约文件材料清单
27	回执
28	遗嘱效力确认书
29	离婚协议效力确认书
30	转让协议效力确认书
31	情况说明(承租户是湖北籍租户导致迟延交房的情形)

2.集体物业签约法律文件类型：

序号	文件名
1	集体物业补偿协议书（两方协议）
2	集体物业补偿协议书（三方协议）
3	移交计算书
4	集体物业租金补贴计算表
5	集体物业承租户补偿计算表
6	再次提醒（收回集体物业的通知书）
7	按租赁合同终止日期移交房屋的通知
8	解除租赁协议书
9	解除耕地租赁合同通知书
10	解除并交换部分租赁面积的协议书
11	××公司接管集体物业的授权委托书
12	限期搬离通知书（针对到期集体物业）
13	承诺书（针对××地块）
14	××地块转租合同
15	到期集体物业补偿协议书
16	补偿协议书（××地块）

3.其他法律文件类型：

序号	文件名
1	××村改造合作协议
2	委托付款协议书
3	框架协议补充协议三
4	框架协议之实施细则
5	宅基地使用权证注销登记的手续及流程
6	告知经联社的函
7	村集体确认文件指引
8	房屋继承证明填写指引及范本

续表

序号	文件名
9	房屋转让声明填写指引及范本
10	借用房产证原件承诺书
11	动迁人员实操指引流程
12	三方支付协议
13	关于小产权房的签约法律风险提示
14	老人公寓申请资格说明
15	老人公寓入住协议
16	动迁百问百答
17	动迁人员常见问题指引
18	关于集资楼的签约法律风险提示

截至××××年××月××日，我们为贵司/贵社共计起草了以上××种法律文书类型，起草书面法律文件通过以下几个步骤进行：

1.与贵司/贵社相关领导及具体经办人员详细沟通，确定文件内容；

2.制作所需文件初稿；

3.律师团队审核出具审核意见；

4.初稿发送给贵司/贵社审阅并提出修订意见；

5.贵司/贵社定稿后发送文件与××村委会领导进行沟通；

6.根据××村委会意见及贵司/贵社意见确定终稿。

（二）参与贵司/贵社及其关联方的沟通协调

自××××年××月××日起，我们应贵司/贵社的要求，查阅了大量与贵司/贵社旧改项目相关的合同文件及相关法律、法规规定，多次参与贵司/贵社与××经济联合社及各经济社、××街道办事处等相关单位的重大会议，现将部分较为重大的会议内容报告如下（若需查阅全部沟通协调内容，请详见附件1本所—××旧改项目法律服务工作日志压缩包）：

沟通协调会议工作

时间	沟通协调内容
××××年××月××日	本所与贵司/贵社在项目现场会议沟通《拆迁补偿安置协议(适用河涌范围内私宅)》等相关签约书面文件的起草事宜
××××年××月××日	本所与贵司/贵社、××村委会在项目现场举行会议就《拆迁补偿安置协议(适用河涌范围内私宅)》等相关签约书面文件进行逐一说明
××××年××月××日	本所在项目现场与贵司/贵社会议沟通集体物业解除租赁相关事宜
××××年××月××日	本所在项目现场与贵司/贵社会议沟通集体物业拆补方案相关事宜
××××年××月××日	本所在项目现场与贵司/贵社会议沟通集体物业补偿事宜
××××年××月××日	本所在项目现场与贵司/贵社会议沟通围院用地补偿事宜
××××年××月××日	本所在项目现场与贵司/贵社会议沟通解除部分租赁的相关事宜
××××年××月××日	本所在项目现场与贵司/贵社会议沟通关于起草围院用地的拆补协议相关事宜
××××年××月××日	本所在项目现场与贵司/贵社会议沟通关于适用全村的拆补协议等相关事宜
××××年××月××日	本所在项目现场与贵司/贵社会议沟通签约进展及后续签约建议
××××年××月××日	本所在项目现场与贵司/贵社会议沟通合作方的合作补充协议起草事宜
××××年××月××日	本所在项目现场与贵司/贵社会议沟通集体物业的搬离事宜
××××年××月××日	本所在项目现场与贵司/贵社会议沟通框架协议补充协议三以及委托管理协议书的起草事宜
××××年××月××日	本所在项目现场与贵司/贵社会议沟通合作协议实施细则的修订意见
××××年××月××日	本所在项目现场与贵司/贵社、××村委会沟通征地补偿款的相关事宜
××××年××月××日	本所在项目现场与贵司/贵社会议沟通与合作方签订的补充协议二的起草事宜

续表

时间	沟通协调内容
××××年××月××日	本所在项目现场与贵司/贵社沟通向合作方发送催付款函、告知函等相关事宜
××××年××月××日	本所与贵司/贵社微信会议沟通关于××地块的解除租赁事宜
××××年××月××日	本所在项目现场与贵司/贵社沟通某村民行政诉讼案件、私宅拆补协议以及集体物业租赁解除等相关事宜
××××年××月××日	本所在项目现场与贵司/贵社沟通××地块后续处理事宜
××××年××月××日	本所在项目现场与贵司/贵社沟通私宅签约常见问题
××××年××月××日	本所在项目现场与贵司/贵社沟通法律培训相关事宜
××××年××月××日	本所在项目现场与贵司/贵社沟通私宅签约文件定稿材料
××××年××月××日	本所在项目现场与贵司/贵社沟通××村村民身份确认相关事宜
××××年××月××日	本所在项目现场与贵司/贵社沟通签约材料清单问题
××××年××月××日	本所在项目现场与贵司/贵社沟通签约流程问题
××××年××月××日	本所在项目现场与贵司/贵社沟通无证房屋的公示问题
××××年××月××日	本所在项目现场与贵司/贵社沟通××公司与××经联社的共管问题
××××年××月××日	本所在项目现场与贵司/贵社沟通宣传手册的版本更新问题
××××年××月××日	本所在项目现场与贵司/贵社沟通集体物业补偿标准相关事宜
××××年××月××日	本所在项目现场与贵司/贵社沟通项目租赁员工宿舍问题
××××年××月××日	本所在项目现场与贵司/贵社沟通签约法律培训问题

续表

时间	沟通协调内容
××××年××月××日	本所在项目现场与贵司/贵社及××村委会沟通经联社及经济社需要盖章文件的注意事项
××××年××月××日	本所在项目现场与贵司/贵社沟通项目常见房屋转让问题
××××年××月××日	本所在项目现场与贵司/贵社及黄埔区公证处沟通私宅签约公证问题
××××年××月××日	本所在项目现场与贵司/贵社沟通特殊情形下的签约流程问题
××××年××月××日	本所在项目现场与贵司/贵社沟通到期集体物业的处理问题
××××年××月××日	本所与贵司/贵社微信会议沟通项目贷款相关事宜
××××年××月××日	本所与贵司/贵社微信会议沟通集体物业合同范本
××××年××月××日	本所前往××街道办事处与××村委会及××街道办事处沟通村民行政诉讼上诉思路
××××年××月××日	本所前往××街道办事处与××村委会及××街道办事处沟通村民行政诉讼上诉状修改问题
××××年××月××日	本所在项目现场与贵司/贵社沟通临时安置中心相关问题

（三）法律咨询服务

本专项法律顾问服务期间，我们接受贵司/贵社××旧改项目相关负责人、动迁人员及众多村民的法律咨询，通过现场口头解答咨询、协助贵司/贵社草拟《情况说明》等方式，为贵司/贵社在涉及私宅签约主体资格、签约文件填写、房屋继承、房屋转让、房屋赠与等相关问题方面进行全面法律分析并在此基础上进行法律风险提示，并结合以往旧村改造经验为贵司/贵社提出可行性建议，具体法律咨询解答内容详见附件1本所—××旧改项目法律服务工作日志压缩包。

（四）法律培训服务

本专项法律顾问服务期间，我们应贵司/贵社的要求为贵司/贵社项目现场人员提供了两次法律培训服务，培训内容理论性与实操性兼具，具体法律培训内容如下：

法律培训工作

培训时间	法律培训内容
××××年××月××日	私宅签约文件的梳理及签约注意事项等相关问题
××××年××月××日	私宅签约常见问题梳理及房屋继承、房屋转让实操指引

三、工作总结

自荣幸担任贵司/贵社专项法律顾问之日起，在贵司/贵社各级领导的高度重视和大力支持及相关人员的积极配合下，本所有效地协助贵司/贵社开展工作，顺利完成了贵司/贵社指派的各项任务。具体工作见下表：

顾问服务一览表

服务内容	服务方式	耗时
起草书面法律文件	草拟书面法律文件并经多轮修订形成定稿	×××小时
参与贵司/贵社与其关联方的协调沟通	会议形式	×××小时
解答法律咨询	现场口头解答咨询、协助草拟《情况汇报》等形式	×××小时
进行法律培训	现场培训形式	×××小时
其他	查阅项目相关合同文件及最新旧改政策、制作每周工作日志等形式	×××小时
合计时长	×××小时	

截至××××年××月××日，律师团队为贵司/贵社提供服务工作时间约为×××小时。

××××律师事务所

主办律师：×××律师、×××律师

××××年××月××日

附件：

本所—××旧改项目法律服务工作日志压缩包（含××周工作日志）（略）

第三章　旧村改造前期阶段

一、前期介入的实务概览

（一）前期阶段的具体操作流程

农村集体经济组织申请标图建库起至本项目正式取得区政府对项目改造实施方案的批复这一阶段一般称为旧村改造前期阶段。

前期阶段主要包括以下具体操作流程：

（1）农村集体经济组织申请标图建库；

（2）农村集体经济组织在区政府或区更新局的指导下合理确定改造范围；

（3）农村集体经济组织征集改造意愿并组织表决；

（4）农村集体经济组织就集体土地是否转为国有土地性质进行表决；

（5）农村集体经济组织引入合作意向企业；

（6）农村集体经济组织申请纳入广州市城市更新年度计划；

（7）基础数据调查；

（8）编制片区策划方案并经审议；

（9）农村集体经济组织引入合作企业；

（10）农村集体经济组织表决选定合作企业并与合作企业签订《合作框架协议》；

（11）项目改造实施方案（含拆迁补偿安置方案）编制；

（12）项目改造实施方案（含拆迁补偿安置方案）表决；

（13）项目改造实施方案（含拆迁补偿安置方案）报批送审（完善历史用地手续与项目改造实施方案同步报送）；

（14）区政府批复项目改造实施方案。

（二）标图建库

标图建库是指在街道办事处的指导下，农村集体经济组织根据本村土地利用总体规划图以及最新土地利用现状图等将本村范围内符合入库条件的地块纳入城市更新标图建库范围。

旧村改造律师在审查申请标图建库的相关书面文件时可参考《广州市人民政府办公厅关于印发广州市深入推进城市更新工作实施细则的通知》《广东省国土资源厅关于印发深入推进“三旧”改造工作实施意见的通知》《广东省国土资源厅关于进一步做好“三旧”改造工作实施意见的通知》《关于做好“三旧”改造地块标图建库工作的通知》等政策文件进行法律文书的审阅工作。

（三）改造意愿表决（含改造方式及改造模式）

1.表决通过的程序要件

根据2016年1月1日实施的《广州市旧村庄更新实施办法》（穗府办〔2015〕56号）第12条的规定，改造意愿、改造方式、改造模式的表决通过需满足农村集体经济组织成员80%及以上同意。

然而，2021年5月7日实施的《广州市城中村改造村集体经济组织决策事项表决指引》（穗建规字〔2021〕5号，以下简称《表决指引》）第1条及第7条规定，关于改造意愿、改造方式、改造模式的表决，若农村集体经济组织依法制定的章程已有明确规定，应按组织章程进行表决；若组织章程不明确，可由农村集体经济组织召开成员大会或成员代表会议进行表决。若农村集体经济组织召开成员大会表决，应当有该组织具有选举权的成员的半数以上参加，或者有该组织2/3以上的户的代表参加，所作决定应当经到会人员的半数以上通过；若农村集体经济组织召开成员代表会议表决，应当有该组织2/3以上的成员代表参加，所作决定应当经到会代表2/3以上通过。

根据上述内容可知，《表决指引》与《广州市旧村庄更新实施办法》关于改造意愿的表决事项上虽有一定出入，但《表决指引》第11条明确规定，《表决指引》实施前（2021年5月7日前）已经完成的表决事项不适用《表决指引》。已批改造方案的旧村改造项目，其尚未完成的表决事项，既可按照批复要求进行表决，也可以参照《表决指引》进行表决。因此，旧村改造的表决程序还是需要根据项目进程时间来选择适用，这也非常考验旧村改造律师的政策更新能力。

顾问提示

关于旧村改造进程中的相关表决事项，一般来说，区政府或相应城市更新部门会出台明确的表决程序要求，如对表决主体应为农村集体经济组织成员还是成员代表，表决通过率为80%及以上还是90%及以上等作出明确规定，鉴于区域的旧村改造政策对相关事项的表决要求都会更加严格，因此，在有明确的城市更新政策的情况下，不宜再直接按照《村民委员会组织法》《广东省农村集体经济组织管理规定》进行适用。

2.“农村集体经济组织成员”的身份界定

在改造范围内居住的人员不等同于农村集体经济组织成员，农村集体经济组织成员在《广东省农村集体经济组织管理规定》中有明确规定。具体认定标准如下：

（1）原人民公社、生产大队、生产队的成员，户口保留在农村集体经济组织所在地，履行法律法规和组织章程规定义务的，属于农村集体经济组织的成员。

（2）实行以家庭承包经营为基础、统分结合的双层经营体制时起，集体经济组织成员所生的子女，户口在集体经济组织所在地，并履行法律法规和组织章程规定义务的，属于农村集体经济组织的成员。

（3）实行以家庭承包经营为基础、统分结合的双层经营体制时起，户口迁入、迁出集体经济组织所在地的公民，按照组织章程规定，经社委会或者理事会审查和成员大会表决确定其成员资格。

（4）农村集体经济组织成员户口注销的，其成员资格随之取消。

3.关于有表决权的成员名单确认及公告

农村集体经济组织应当在召开成员大会之前制作公告并公示，以确认《表决人员名单》上的人员都知悉本次关于改造意愿、改造方式、改造模式的表决事宜，其中也包括参与表决的时间、地点、方式及表决事项的具体内容。

另外，由于疫情等特殊原因，有表决权的成员可能无法亲自表决，还可以通过授权委托的方式委托其他有表决权的成员代为进行表决。此时，农村集体经济组织需注意授权委托手续的合法性，避免表决存在瑕疵的法律风险。农村集体经济组织可要求如委托他人进行表决，应一律出具公证形式的授权委托。

4.关于表决表的制作

表决表应当包含发起表决的主体即农村集体经济组织、表决时间、表决内容、同意本次表决事项的人员名单、不同意或放弃本次表决事项的人员名单、监督人员或单位等相关信息。

上述表决事项对旧村改造能否顺利推进具有重大意义，因此，笔者建议农村集体经济组织聘请公证机关对本次表决的真实合法性进行全程公证并出具《公证书》，确保本次表决无程序瑕疵；若确实不能聘请公证机关对本次表决的真实合法性进行全程公证的，建议由农村集体经济组织自行全程录音录像，并进行档案保存，以备后期发生争议时核查。

另外，需特别提示一点：在召开成员大会之时，农村集体经济组织应另行制作表决的签到表，但是不得以签到表代替表决表。

5.关于表决结果的公示及程序要求

表决结果的公示，主要需载明参与本次表决的总人数、同意表决内容的总人数、表决通过率、表决公示期限以及对表决结果有异议的处理方式等内容。根据《广东省农村集体经济组织管理规定》第9条的规定，表决通过的事项应当公示5天。如果组织章程对表决事项的公示期有更严格的规定，应当按照组织章程进行公示。

（四）土地转性表决

旧村改造进程当中，土地用途可主要分为两大类型，第一类是复建安置地块(用于村民回迁安置及集体物业回迁),第二类是融资地块(用于合作企业开发建设商品房进行销售及商业运营)。

对于融资地块的使用,合作企业因需要对其进行上市流转交易,因此必须由原来的集体土地转为国有出让建设用地,在合作改造模式下,融资地块由农村集体经济组织申请协议出让给原农村集体经济组织与市场主体组成的合作企业。

对于复建安置地块的使用,是保留集体土地性质还是将集体土地转为国有土地性质,可由农村集体经济组织通过民主表决程序自行决定。

对于集体土地转性的表决要求,根据广州市人民政府于2012年6月3日发布的《关于加快推进“三旧”改造工作的补充意见》(穗府〔2012〕20号,该文于2016年1月1日起失效)第14条规定:“(十四)充分保障村民的知情权和参与权。‘城中村’改造方案、拆迁补偿安置方案、实施计划以及股权合作、土地转性等重大事项决策应当充分尊重村民的意见,经农村集体经济组织90%以上成员同意方可生效……”可知,2012年至2016年,农村集体经济组织如要将集体土地转为国有土地性质,需经农村集体经济组织90%以上成员同意。但是由于上述政策规定于2016年1月1日起被《广州市城市更新办法》(广州市人民政府令第134号)第57条明文废止,因此自2016年1月1日至2021年5月7日《表决指引》实施前,广州市范围内暂无对集体土地转性事宜的特殊政策规定,故农村集体经济组织对集体土地转性的表决程序应适用《广东省农村集体经济组织管理规定》第9条第1款规定,“农村集体经济组织的最高权力机构是成员大会。凡涉及成员切身利益的重大事项,必须提交成员大会讨论决定。”以及第10条规定,“农村集体经济组织成员大会,应当有本组织具有选举权的成员的半数以上参加,或者有本组织2/3以上的户的代表参加,所作决定应当经到会人员的半数以上通过……”而2021年5月7日至今,可参照《表决指引》第5条规定,“村集体建设用地转国有建设用地。经村集体经济组织召开成员大会或成员大会授权成员代表会议表决,自愿申请将村集体建设用地转为国有建设用地。”进行土地转性表决。

从广州的旧村改造历程中可以看出，复建安置地块的土地性质越来越倾向于转变为国有土地性质。最早进行旧村改造的猎德村、杨箕村以及林和村的复建安置地块均保留了集体土地性质，后期进行旧村改造的琶洲村已有部分复建住宅用地转为国有土地性质，而再往后进行旧村改造的陈田村、小坪村、沙步村都进行了复建安置地块的集体土地转为国有土地性质的相关表决。

如果复建安置地块不转为国有土地性质，依然可以取得集体土地使用权证，该集体土地使用权证无使用年限，即可永久使用，但是不能上市流转交易。而农村集体经济组织经表决将复建安置地块转为国有土地性质后，相关政府部门会以划拨的形式将已转为国有土地性质的复建安置地块供应给农村集体经济组织，如果此时村民对相关回迁安置房不进行权属交易则村民无须补缴国有划拨土地转为国有出让土地的土地出让金，国有划拨土地与集体土地一样无使用权的年限限制，即可永久使用。如果村民想要将相关回迁安置房进行上市流转交易，则需单独补缴土地出让金，至于该土地出让金的承担、回迁安置房税费的承担问题可由农村集体经济组织和合作企业协商，并在拆迁安置补偿方案中对该事宜进行明确约定。国有出让土地的使用年限自补缴土地出让金后起算，住宅用地的使用年限为70年，商业用地的使用年限为40年，土地使用年限届满后的续期问题根据国家的相关规定办理。另外，根据《广州市旧村庄更新实施办法》第40条规定可知，农村集体经济组织或个人依法将集体建设用地转为国有建设用地的，发生出售、交换、赠与或自行申请补办土地出让等情形时，按申请时点相应土地用途市场评估地价的20%或房屋市场评估价的5%计收土地出让金。

（五）引入合作意向企业

农村集体经济组织可以按照广州市住房和城乡建设局《关于印发关于进一步规范旧村合作改造类项目选择合作企业有关事项的意见的通知》（穗建规字〔2020〕16号）的规定引入合作意向企业。

1.合作意向企业须满足的最低条件

合作意向企业须满足的最低条件包括：

(1)近3年内无不良诚信记录。

(2)企业注册资本不少于1亿元。

农村集体经济组织可选择联合体作为合作企业及合作意向企业，组建联合体的企业均应符合上述条件。

2.农村集体经济组织选择合作意向企业应遵循的程序要件

农村集体经济组织选择合作意向企业应遵循的程序要件主要包括：

(1)农村集体经济组织就是否引入合作意向企业组织成员代表大会表决通过。

(2)农村集体经济组织在征求村民意见基础上，草拟《合作意向协议》，提出候选合作意向企业，报镇人民政府(街道办事处)审核，镇人民政府(街道办事处)应征求区城市更新部门意见。

(3)合作意向企业经审核通过后，农村集体经济组织组织成员代表大会表决，表决结果在村域范围内公示7日以上。

(4)经公示无异议的，农村集体经济组织与合作意向企业签订《合作意向协议》，并在合作意向协议签订之日起30日内，将合作意向企业及合作意向协议按程序抄报区政府，并将合作意向企业在村域范围内公布。

3.合作意向协议的要点指引

合作意向协议应重点包含合作标的、合作原则、合作对价、合作先决条件(约定双方能够合作的最低条件，是本合作意向协议的最核心条款)、农村集体经济组织与合作意向企业的权利义务、履约保证金的缴纳与退还、其他约定(如保密、争议解决、生效条款等)。

4.履约保证金

合作意向协议中可约定合作意向企业在签订合作意向协议之日起30日内按以下标准缴纳履约金：

(1)用地面积小于30公顷的项目应提供不少于2亿元履约金(现金)。

(2)用地面积大于(等于)30公顷的项目应提供不少于3亿元履约金

(现金)。

5.采取公开招商引入合作意向企业——以对接广州公共资源交易中心为例

合作意向企业的选择,目前并未有现行政策要求通过公开招商途径进行选定。但是,出于选取合作意向企业的公平及效率角度考虑,农村集体经济组织可委托广州公共资源交易中心组织实施公开选择合作意向企业的事项。

农村集体经济组织委托交易中心公开选择合作意向企业需向交易中心提交以下材料(见表2):

表2 提交材料清单

序号	材料名
1	公开选择合作意向企业见证服务委托书
2	交易发起人组织证明、社长或理事长身份证明、授权委托书、代理人身份证明文件等资料
3	交易发起人启动项目集体表决结果及公示,市(区)城市更新主管部门审核通过的公告及公告文件、批复意见等资料
4	公告及公告文件应当包含街(镇)会同区城市更新主管部门审核的改造项目初步情况(基础数据、人口数据、标图建库面积、土地利用现状、城乡规划等),改造前期合作内容(基础数据摸查、经济效益测算和可行性分析以及政策宣传发动等)和权利义务,交易保证金金额,合作意向企业资格,交易方式和程序,资格评审(招拍挂等竞争性交易活动)办法及标准,合作意向协议及履约保证金账户监管等主要内容及附件资料
5	按规定需提交的其他资料

6.关于合作意向企业的法律思考

《广州市住房和城乡建设局关于征求〈广州市旧村全面改造项目前期服务商采购工作指引〉意见的函》第16条明确提出,自该指引发布之日起,《关于进一步规范旧村合作改造类项目选择合作企业有关事项的意见》中有关改造合作意向企业的规定同时废止。但截至本书出版之日,该《前期服务商采购工作指引》并未正式出台。

关于广州市住房和城乡建设局拟废止合作意向企业制度的现实理由,

系鉴于现实中农村集体经济组织利用合作意向企业制度谋取私利，而合作意向企业为进驻旧村改造项目亦存在与农村集体经济组织相关干部进行利益输送等违法情形，极大地扰乱了广州市城市更新的进程。

相较于对合作意向企业的资格要求，前期服务商的资格要求更低，但在旧村改造进程中的地位却比合作意向企业更高，甚至能够协助农村集体经济组织编制合作企业招商方案，进而为自身设定有利的竞选条件，一定程度上减少了农村集体经济组织干部与合作意向企业进行利益输送的可能性。

（六）纳入城市更新年度计划

需由农村集体经济组织向区城市申请将本村改造纳入区城市更新年度计划，区政府结合旧村改造项目的推进情况和成熟度，上报市城市更新部门，市城市更新部门充分征求其他部门的相关意见后，报市城市更新工作小组审定后纳入市城市更新年度计划，至此，旧村改造项目可进行项目改造实施方案的编制工作。

二、合作企业的公开引入

（一）旧村改造项目法律尽职调查

一般来说，合作企业前期决定是否进驻该项目会对该旧村改造项目进行法律尽职调查，根据旧改介入的不同阶段，涉及法律调查的内容包括但不限于以下事项（见表3）：

表3 旧村改造项目法律尽职调查清单

调查阶段	调查内容
项目所在农村集体经济组织的法律背景调查	1.农村集体经济组织的主体资格
	2.农村集体经济组织的历史沿革
	3.农村集体经济组织的管理组织架构
	4.农村集体经济组织的章程、村民规约等文件梳理
	5.农村集体经济组织的资产及负债情况
	6.农村集体经济组织的诉讼情况（包括但不限于土地争议、集体物业使用权争议、宅基地使用权争议等）

续表

调查阶段	调查内容	
项目具体所在阶段及进度调查	1.前期立项阶段（按照旧改政策审查）	1.1是否通过同意改造的意愿表决以及表决的合法合规性
		1.2是否纳入政府城市更新计划
		1.3是否按规定进行立项审批
		1.4立项过程中的所有书面文件的合规审查
	2.权属摸查阶段	2.1宅基地权属情况梳理（包括历史遗留问题如小产权房、无证房屋、违章建筑等）
		2.2集体土地及上盖物业租赁情况梳理
		2.3集体土地及上盖物业及宅基地的抵押情况
		2.4集体土地及上盖物业及宅基地的查封情况
	3.项目改造实施方案编制阶段	3.1基本编制情况梳理
		3.2项目改造实施方案的合规性及可行性分析
	4.合作企业选聘阶段	4.1招标合法性调查
		4.2中标情况调查（包括但不限于中标文件的梳理等）
		4.3项目合作框架协议及合作协议等文件审查（内容包括但不限于投资方式、投资具体内容、开发时限、是否存在转让限制、违约责任、救济途径、退出机制等）
	5.项目实施主体的成立阶段	5.1项目实施主体成立的合法合规性
	6.签约阶段	6.1签约文件及附件范本的审查
	7.拆卸阶段	7.1产权证明文件的合法注销审查
		7.2拆卸的政策依据指引
		7.3拆卸过程中的注意义务提示
	8.摇珠选房及回迁阶段	8.1摇珠选房文件的合法合理性审查
		8.2回迁人的主体资格审查
		8.3回迁安置房产权证的办理注意事项提示

（二）引入合作企业的前期程序

1.引入合作企业的时限

旧村改造项目的基础数据经审核确认，且农村集体经济组织按规定对合作改造模式表决通过后，方可开展合作企业的引入工作。

2.引入合作企业的招商平台

广州公共资源交易平台或区农村集体“三资”平台。

3.引入合作企业的资格要求

合作企业进驻广州旧村改造项目的最低要求为：

（1）近3年内无不良诚信记录。

（2）企业注册资本不少于1亿元。

以上仅为合作企业进驻广州旧村改造项目的最低要求，各区也根据其所辖范围内旧村改造项目的实际情况出台了引入合作企业的相应政策。如黄埔区引入合作企业的资格要求如下：

（1）具有独立法人资格和具备房地产开发企业二级以上（含二级）资质（以住房和城乡建设部门核发的资质证书为准）。

（2）实缴注册资本金不低于1亿元人民币（以验资报告为准），且具有与项目相匹配的自有资金及融资能力，企业自有资金比例不得低于项目总投资的30%。

（3）企业信誉好，社会责任感强，银行信用记录良好（以具有相应资质的机构出具的企业信用报告为准），且最近3年在市场监管等部门没有重大违法违规记录，不存在工程“烂尾”等情况。

（4）企业联合体成员数量原则上不得超过3个，且须具备上述资格条件的企业在联合体中占有不低于51%的份额，其余联合体成员条件可根据项目实际需要设定其他要求。

（5）根据项目实际情况需设置的其他条件。

顾问提示

以上仅为合作企业进驻广州市以及黄埔区旧村改造项目的最低资格要求，各农村集体经济组织可根据本村的改造规模、改造难度等提高合作企业的资格要求。

例如，黄埔区新田村的招商文件中明确要求，合作企业需具备房地产开发企业一级资质，合作企业的实缴注册资本金不低于人民币10

亿元，合作企业总资产不低于200亿元，净资产不低于50亿元，合作企业须为中国房地产开发企业500强名单中的前50强企业，合作企业需对项目实施中的签约拆迁、工程建设进度等作出限时完成的保证，提出项目产业导入的量化指标并作出承诺等。

再如，黄埔区珠江村的招商文件中明确要求，合作企业的认缴注册资本金不低于人民币10亿元，实缴注册资本金不低于7亿元，合作企业总资产不低于200亿元，净资产不低于50亿元，合作企业或其母公司须为中国（包括香港）上市公司，合作企业须为国家税务部门评定的年度纳税信用A级纳税人等。

4.对接公开招商平台的程序——以对接广州公共资源交易中心为例

一般来说，农村集体经济组织可以按照改造方案编制或者改造方案实施等旧村改造项目的不同进展阶段，在广州公共资源交易中心选择相应的委托事项，如委托交易中心组织实施公开选择合作意向企业的事项以及后续公开选择合作企业的事项等。

农村集体经济组织委托交易中心公开选择合作企业需向交易中心提交以下材料（见表4）：

表4 材料清单

序号	材料名
1	公开选择合作企业代理服务委托书
2	交易发起人组织证明、社长或理事长身份证明、授权委托书、代理人身份证明文件等资料
3	改造项目基本情况，包括但不限于项目已纳入城市更新项目标图建库或年度计划、区政府审核公布的旧村改造范围内的基础数据成果、改造项目改造实施方案批复数据、改造投资总金额、改造模式、复建和融资建筑量等批复意见及资料
4	改造合作方案，包括但不限于合作企业资格、交易保证金金额、交易方式和程序、资格评审（招拍挂等竞争性交易活动）办法及标准、合作协议主体框架及履约保证金账户监管协议等资料
5	在公告及公告文件编制完成并通过审核后，需补充提交交易发起人集体表决结果及公示、市（区）城市更新主管部门审核通过的公告及公告文件、批复意见等资料
6	按规定需提交的其他资料

5.编制引入合作企业的招商文件

招商文件的编制主体为农村集体经济组织与代理平台，招商文件的内容也较为烦琐和复杂，一般招商文件的目录如下所示：

招商文件目录

第一章　申请合作企业须知

一、文件依据

二、名词解释

三、一般要求

四、竞选要求

第二章　招商需求

一、项目背景及基本情况

二、竞选要求

三、其他要求

第三章　递交竞选文件、资格审查和确定竞得合作企业

一、递交竞选文件

二、资格审查

三、评审方法

四、评审程序

五、确定竞得合作企业

六、签订协议

第四章　竞选文件格式要求

一、竞选承诺书

二、产业导入承诺书

三、法定代表人证明书

四、授权委托证明书

五、共同竞选协议书

第五章　相关配套文件

一、引入合作企业公告

二、合作框架协议

三、履约保证金账户监管协议

需要提醒注意的是，招商文件本身也需要表决以及审批。根据《广州开发区城市更新局关于印发广州市黄埔区　广州开发区旧村合作改造类项目公开引入合作企业工作指引（试行）的通知》（穗开更新规字〔2020〕2号）第4条规定，招商文件应按程序经属地街（镇）初审，报区城市更新部门审定，并抄报区政府。经抄报区政府后，招商文件由农村集体经济组织按照《广东省农村集体经济组织管理规定》（广东省人民政府令第189号）召开成员大会进行表决，表决前公告时间不少于5个工作日，并须取得到会人员80%以上表决通过。表决结果确定后5个工作日内，农村集体经济组织应当将表决结果和招商文件在村务公开栏公示，公示时间不少于10个工作日，接受农村集体经济组织成员监督。同时，由区城市更新部门抄报市城市更新主管部门。

6.合作企业的投标文件

合作企业竞聘需要向指定公开平台［具体平台视旧村改造项目而定，一般在广州公共资源交易中心、广州市农村（社区）集体产权流转管理服务平台］上传投标文件，投标文件一般涵盖以下文件（见表5）：

表5　投标文件清单

序号	文件名
1	营业执照
2	法定代表人证明书及法定代表人身份证明
3	授权委托书及委托代理人身份证明
4	竞选承诺书
5	根据项目要求，提供相应金额的已缴纳竞选保证金的银行回单
6	根据项目要求，提供相应等级的房地产开发企业资质
7	根据项目要求，提供与改造项目相匹配的资金实力证明文件（包括但不限于：实缴注册资本金的证明文件如验资报告等，企业总资产的证明文件如最近一年度的审计报告等，证明企业信誉好、征信记录良好的证明文件如企业信用报告等）
8	根据项目要求，提供中国房地产行业协会官方网站具体排名的打印文件
9	根据项目要求，提供全国范围内房地产总建筑面积数据的文件
10	根据项目要求，提供与改造项目相匹配的产业布局或产业导入能力的承诺书
11	如联合体竞选的，提供共同竞选协议书
12	提供认为有必要其他说明的其他资料（如旧改业绩等）

（三）关于合作企业的选定

1.选定合作企业的表决

《表决指引》第4条规定，村集体经济组织按规定程序选择候选企业后，招商或者公开招拍挂文件中明确还应进行表决的，由村集体经济组织召开成员代表会议或成员大会表决确定合作企业，《表决指引》规定了广州市范围内合作企业选定的一般表决情形。另外，各区也有相应关于选定合作企业的表决政策文件，例如根据《广州开发区城市更新局关于印发广州市黄埔区　广州开发区旧村合作改造类项目公开引入合作企业工作指引（试行）的通知》（穗开更新规字〔2020〕2号）第4条规定，农村集体经济组织应当按照《广东省农村集体经济组织管理规定》（广东省人民政府令第189号）召开成员代表会议或成员大会对候选合作企业进行表决，确定竞得合作企业。候选企业只有1家，并取得到会人员80%以上票数表决通过的，确认为竞得合作企业；超过1家候选企业，则选取到会人员80%以上表决通过的企业为竞得合作企业；所有候选企业均未能取得到会人员80%以上表决的，则选取得票最高的前两家候选企业进行下一轮投票，其中一家企业取得到会人员80%以上表决通过的，可确定为竞得合作企业；最终无候选企业取得到会人员80%以上表决通过的，本次引入工作即宣告终止，可另行组织。

2.《合作框架协议》的制定指引

《合作框架协议》是合作企业介入旧村改造项目进程中最重要的书面文件之一，涉及旧改各方面（包括但不限于：投资内容、合作模式、投资具体内容、开发时限、是否存在转让限制、违约责任、救济途径、退出机制等）。《合作框架协议》的内容需要长远考虑，既需具备合法性也需具备实务可行性。一般来说，《合作框架协议》的甲方为农村集体经济组织，乙方为合作企业。

（1）鉴于部分

指引：鉴于部分主要包括甲、乙双方的合作意向，甲、乙双方在旧村改造项目中的地位，项目所在地引入合作企业的相关政策依据［如《关于进一步规范旧村合作改造类项目选择合作企业有关事项的意见》（穗建规字〔2020〕

16号),《广州市黄埔区 广州开发区旧村合作改造类项目公开引入合作企业工作指引(试行)》(穗开更新规字〔2020〕2号)]。

(2)项目概况

指引:项目概况主要包括项目的基本情况、基础数据、项目所在地的地理位置(可精确到项目所在地的四至),改造范围内村民数据(如户籍人口数据、常住人口数据、房屋权属人数据等),改造范围内的各种实测数据(如总建筑面积、村民住宅面积、集体物业建筑面积、公建配套面积、历史文物面积)等内容。

顾问提示

因政府尚未最终批复项目改造实施方案,甲乙双方签订《合作框架协议》查明的项目概况信息,可能与最终批复项目改造实施方案体现的数据及信息存在一定的差异,甲乙双方应注明项目的基本情况、基础数据及相关信息最终以政府批复的项目改造实施方案及有关审批文件确定的内容为准。

(3)合作基础

指引:合作基础主要包括合作企业如何根据广州市旧村改造引入合作企业的相关政策,通过公开程序成为项目竞得合作企业等内容。

(4)合作方式

指引:合作方式主要包括甲乙双方就旧村改造项目共同成立项目实施主体所涉及的成立、出资、股权比例、公司章程、公司管理等事项中甲乙方的权利义务分配等内容。

顾问提示

根据笔者对广州市各区引入合作企业政策的研读,各区引入合作企业的资格要求都较为严苛,如黄埔区要求合作企业应当具备房地产开发企业二级以上(含二级)资质以及一定的产业导入能力,在这种情况下只有较为成熟、体量较大的房地产开发企业才能具备相应的资质以及相应的产业导入能力，而该类型的房地产开发企业多为上市公司，不宜直接由上市公司作为合作企业参与旧村改造项目。根据《关于进一步规范旧村合作改造类项目选择合作企业有关事项的意见》(穗建规字〔2020〕16号)第10条规定可相应推论，该类型的房地产开发企业可以自身参与投标，在中标后成立项目公司参与旧村改造项目，但是，为了旧村改造项目的安全稳定性，中标的房地产开发企业为该旧村改造项目专门成立的项目公司不得变更股东、转让股权，中标的房地产开发企业更不得通过股东、股权变更退出合作改造。

(5)甲方权利和责任

指引：甲方的权利主要包括复建安置区内所有建设物业的权属和收益权、旧村改造项目全流程的监督权、项目重大事项的表决权等内容；甲方的责任或义务主要包括协助乙方办理项目立项、规划、报建、审批等事务并协助开展动迁、安置等工作内容。

顾问提示

农村集体经济组织作为项目实施主体的股东，对外与合作企业共同承担开发经营风险。实务中项目实施主体往往是由合作企业指定的人员主导经营管理，农村集体经济组织不参与实际经营管理，因此，农村集体经济组织可要求在本协议中约定其不承担项目实施主体的开发经营风险，如农村集体经济组织对外承担了开发经营损失后，可用该条款向合作企业主张相关权利。

(6)乙方权利和责任

指引：乙方的权利主要包括获得融资区内所有地块和物业的收益；乙方的责任或义务主要为承担项目改造涉及的一切成本和费用，负责全部拆迁工作和开发建设工作，负责交付回迁安置房、办理回迁安置房的产权证明，并承担项目改造的开发经营风险、安全事故责任等内容。

(7)担保事项

指引：担保事项主要包括旧村改造项目履约保证金的相关内容。

> **顾问提示**
>
> 合作企业参与本旧村改造项目公开招商时，可能已经交纳了竞选保证金，如竞选保证金和履约保证金的金额一致的，可以约定将竞选保证金转化为本协议的履约保证金，并按履约保证金账户监管协议执行。

(8)违约责任

指引：违约责任主要包括甲方、乙方在项目改造实施过程中对因国家政策、不可抗力、甲方原因或乙方原因等因素导致出现项目不能实施，项目停工、误工，引入产业不符合约定要求等情况时，甲方、乙方各自的违约责任承担比例等内容。

(9)合作企业退出

指引：合作企业退出主要包括合作企业退出的具体情形，既包括因合作企业本身违约导致的退出情形(如合作企业违反《合作框架协议》约定的付款义务要求，且经农村集体经济组织提醒后拒不改正的情形等)；也包括因不可抗力等客观因素导致的退出情形(如辖区内城市更新政策修订导致项目长时间内无法获得最终批复等)。

(10)生效条款

指引：生效条款主要包含协议生效条件等内容，鉴于《合作框架协议》的签订主体均为法人，且《合作框架协议》内容对旧村改造项目具有深远影响，因此生效条款可约定得较为严苛，例如，约定《合作框架协议》须经双方加盖公章且经法定代表人签字后发生法律效力。

(11)其他约定

指引:其他约定主要包含争议解决,协议未尽事宜的处理,协议附件的法律效力等内容。

3.《项目履约保证金账户监管协议》的制定指引

根据《关于进一步规范旧村合作改造类项目选择合作企业有关事项的意见》第6条规定,合作企业应当按照相应的标准缴纳履约保证金,履约保证金应该存入农村集体经济组织、合作企业共同监管的账号。为加强对旧村改造项目合作改造的管理,规范保证金使用行为,农村集体经济组织、合作企业未在合作框架协议、合作意向协议中约定履约保证金条款的,可另行签订《项目履约保证金账户监管协议》,《项目履约保证金账户监管协议》的签订主体通常有四方,甲方为项目所在地街道办事处,乙方为农村集体经济组织,丙方为合作企业,丁方为监管银行。在《项目履约保证金账户监管协议》中,甲方的权利为负责履约保证金缴付的日常监督管理,乙方或丙方在特殊情况下可向甲方提出使用履约保证金的申请,丁方根据甲方出具的《履约保证金拨付批准书》办理保证金拨付手续。

顾问提示

旧村改造项目涉及的履约保证金数额特别巨大,因此需要多方对履约保证金的用途进行监管,保证履约保证金确实用于旧村改造项目,以此保障旧村改造项目的顺利推进。

4.签订《合作框架协议》的相关程序要求

(1)农村集体经济组织应自《合作改造通知书》发出之日起30日内,在代理机构或区城市更新部门指定的场所与竞得合作企业签订《合作框架协议》,并抄送区城市更新部门和属地街(镇)。

(2)竞得合作企业应在签订《合作框架协议》之日起90日内,与农村集体经济组织共同设立项目合资公司(项目实施主体),办理注册登记、税务登记等手续。

（3）成立项目实施主体时，项目经营开发资金的出资、使用应在股东协议、公司章程中明确约定。

（4）签订《合作框架协议》后，如农村集体经济组织、竞得合作企业需对在项目实施主体中的股权比例进行更改由农村集体经济组织按照《广东省农村集体经济组织管理规定》（广东省人民政府令第189号）进行表决，并抄报区城市更新部门、属地街（镇）。

（5）在竞得合作企业完成项目复建安置区全部物业竣工验收、交付使用并进行产权初始登记后，农村集体经济组织应将项目实施主体所持有股权全部转让给竞得合作企业，转让价格为农村集体经济组织在项目实施主体注册资本的实缴出资额，在此之前，农村集体在项目实施主体的股权比例原则上不得低于51%。

5.关于广州市黄埔区改造模式的法律探讨

改造模式分为自主改造和合作改造两种模式。黄埔区虽作为广州旧改的先行试点区域，但黄埔区人民政府一直存在只批复自主改造模式而不批复合作改造模式的倾向，比如沙步村于2019年3月15日取得黄埔区人民政府自主改造模式批复，大塱村于2019年6月18日取得黄埔区人民政府自主改造模式批复，直到2019年下半年，黄埔区人民政府开始有同意旧村改造项目采用合作改造模式的倾向。2019年9月30日，广州开发区城市更新局发布《关于印发广州市黄埔区　广州开发区旧村合作改造类项目公开引入合作企业工作指引（试行）的通知》（穗开更新规字〔2019〕2号），才进一步确立了黄埔区公开引入合作企业的工作指引。

2020年10月14日广州开发区城市更新局发布《关于印发广州市黄埔区　广州开发区旧村合作改造类项目公开引入合作企业工作指引（试行）的通知》（穗开更新规字〔2020〕1号），废止了前述的（穗开更新规字〔2019〕2号）文件，只修改了（穗开更新规字〔2019〕2号）文件中第4条第2款第1项关于农村集体经济组织通过代理平台发布信息至申请合作企业提交资格审核材料的时限，从原来规定的“不少于45日”缩短为“不少于7个工作日”，由此可见，自2020年10月起，黄埔区人民政府有意大力推行旧村改造采用合作改造模式，鼓励农村集体经济组织通过代理平台公开引入合作企业深度参与旧村改造，营造黄埔区旧村改造进程中农村集体经济组织与房地产开发商的良性合作环境，加速黄埔区旧村改造的进程，展现黄埔区作为全国首个区级"三旧"改造改革创新试点的决心。

关于自主改造模式衔接到合作改造模式的问题，广州开发区更新局在发布的（穗开更新规字〔2020〕2号）中进行了明确规定，根据（穗开更新规字〔2020〕1号）第6条规定，在《广州市城市更新办法》（广州市人民政府令第134号）及其配套文件（穗府办〔2015〕56号）施行前（2016年1月1日前），通过农村集体表决、公示、合作协议签订等程序已确定合作企业的自主改造旧村改造项目，如需调整为合作改造，可由农村集体完成改造模式调整的表决和公示后，将相关材料上报属地街（镇）审查，属地街（镇）审查通过后可将此前已签订合作协议的企业直接确定为竞得合作企业，并报区城市更新部门备案可知，如果在2016年1月1日前通过农村集体表决、公示、合作协议签订等程序已确定合作企业的自主改造旧村改造项目，可通过审议程序调整为合作改造模式，而无须通过公开招商程序进入。但截至目前，笔者并未在任何公开渠道了解到通过上述政策直接调整改造模式的先例。如前述提到的大塱村虽在2019年6月18日取得自主改造模式的批复，但其也是通过采用公开招商方式公开引入合作企业，按规定程序进行了资格审查，并经广州市黄埔区萝岗街萝岗社区成员代表会议表决，才令广州萝城房地产开发有限公司正式成为大塱村的合作企业。

三、项目改造实施方案（含拆迁补偿安置方案）的实务概览

（一）项目改造实施方案的编制以及审批

1.项目改造实施方案的编制

旧村改造项目改造实施方案由区政府按照规定组织编制，其内容应当包括：明确现状调查成果、改造范围、用地界址、地块界线、复建和融资建筑量、改造成本、资金平衡、产业项目、用地整合、拆迁补偿安置、农转用报批、建设时序、社会稳定风险评估等内容。

2.项目改造实施方案的审批程序

根据《广州市旧村庄更新实施办法》第20条的规定，全面改造项目改造实施方案村民表决稿（含拆迁补偿安置方案）经村民（含村改居后的居民）和世居祖屋权属人总人数的80%以上同意后，由区政府根据村民同意的表决稿形成项目实施方案送审稿，送审稿报市城市更新部门，及《广州市人民政府关于提升城市更新水平促进节约集约用地的实施意见》第25条规定，旧村改造项目改造实施方案经市城市更新工作领导小组审议并批复后，在3年之内经村民（含村改居后的居民）和世居祖屋权属人总人数的80%以上表决通过的，批复生效实施，以及《表决指引》第2条规定，农村集体经济组织可以按照以下两种方式之一进行改造项目改造实施方案表决：（1）在改造项目改造实施方案提交城市更新工作领导小组审议前，由农村集体经济组织召开成员大会对城中村改造项目改造实施方案进行表决；（2）在改造项目改造实施方案提交城市更新工作领导小组审议前，由农村集体经济组织召开成员代表会议表决通过。改造项目改造实施方案经城市更新工作领导小组审议通过并批复后，由农村集体经济组织召开成员大会进行表决。可知，项目改造实施方案的表决通过要求为村民（含村改居后的居民）和世居祖屋权属人总人数的80%以上同意。

另外，根据《广州市旧村庄更新实施办法》第22条第2款的规定，补偿安置协议在项目改造实施方案批复后3年内仍未达到80%以上权属人签约比例的，项目改造实施方案应当重新报批。可知，广州市城市更新政策对旧村改造项目的时效性有特殊要求，如果批复后3年内仍未达到80%以上权属人签约比例的，原批复的旧村改造项目改造实施方案废止，那么该村要继续进行旧村改造工作，则需拟定新的旧村改造项目改造实施方案，并按照最新的旧村改造政策规定进行重新报批。

3.村民（含村改居后的居民）和世居祖屋权属人身份界定

虽然上述旧村改造政策中都明确提到了村民（含村改居后的居民）和世居祖屋权属人这两个政策概念，但是对于具有表决权的“村民（含村改居后的居民）和世居祖屋权属人”如何界定，相应的旧村改造政策中却没有具体的规定。

关于世居祖屋权属人的界定问题，目前已有较为成熟的主流观点及实务界定观点，一般认为，现户籍不在改造范围内（包括侨居海外、港澳台人员），但其往上三代户籍均在改造范围内，且其本人在改造范围内拥有合法权属的住宅房屋或宅基地的自然人属于“世居祖屋权属人”。

关于村民（含村改居后的居民）的界定问题，目前旧村改造实践中对此存在不同理解。

首先，“村民（含村改居后的居民）”不等同于“农村集体经济组织成员”。因为，在规定了“村民（含村改居后的居民）和世居祖屋权属人”的《广州市旧村庄更新实施办法》及《广州市人民政府关于提升城市更新水平促进节约集约用地的实施意见》中，均已有农村集体经济组织成员或成员代表的相关规定，说明广州市人民政府对“村民（含村改居后的居民）”与“集体经济组织成员”是有所区分的。

其次，“村民（含村改居后的居民）”不等同于“改造范围内户籍人口”。户籍人口体现的是社区的行政管理，但某些农村集体经济组织可能已经转制并完成股份固化，通过股份继承的方式成为股东的非改造范围内户籍人口也是存在的，股东作为集体资产的直接权益人，对涉及重大决策的事项具有表决权利。

最后，对于旧村改造范围外的居民，由于改造不涉及该类居民所居住范围，所以一般认为如果其不具备农村集体经济组织股东身份为非世居祖屋权属人，则不需参与项目改造实施方案的批后表决。

结合以上分析，对旧村改造项目改造实施方案的表决人员的范围［村民（含村改居后的居民）和世居祖屋权属人的范围］可大致分为以下两种情况：

第一种情况：如该村未进行转制及完成股份固化，则表决人员为旧村改造范围内的所有户籍人员以及世居祖屋权属人（户籍不在该村，但在该村拥有祖屋的权属人）；

第二种情况：如该村已进行转制及完成股份固化，则表决人员为该村的所有股东以及世居祖屋权属人(户籍不在该村,但在该村拥有祖屋的权属人)。

还需要注意的是,根据《村民委员会组织法》第21条第1款规定,村民会议由本村18周岁以上的村民组成。据此,可认为拥有表决权的村民应当年满18周岁。但是,在广州市相关城市更新政策中,并无对拥有表决权的村民(含村改居后的居民)和世居祖屋权属人进行年龄限制,因此实务中建议让未成年人在其法定监护人的监护下参与旧村改造相关事项的签名表决,在表决表中需明确列明参与表决的主体为该未成年人,而该未成年人的法定监护人亦对该表决事宜进行确认。

(二)拆迁补偿安置方案的编制及审批

1.《拆迁补偿安置方案》的编制

一般来说,《拆迁补偿安置方案》的补偿对象分为两大类:第一类为拥有被拆迁房屋的本村村民,第二类为集体物业所有权人。根据项目实际情况,(如改造成本以及动迁难度等),受补偿对象还可适当扩大范围,范围扩大至拥有被拆迁房屋的非本村村民以及被拆迁房屋的承租人也享有一定的拆迁补偿利益。《拆迁补偿安置方案》中补偿类别、补偿标准以及补偿方式等核心内容是被拆迁人最关心的内容,涉及其享有的拆迁补偿安置具体利益。《拆迁补偿安置方案》也需经农村集体经济组织以及合作企业在相关政府部门出台的补偿意见指引的基础上进行协商谈判并最终确定。

《拆迁补偿安置方案》一般包含以下几个部分:第一部分关于旧村改造拆迁补偿的基本方案及原则;第二部分关于私宅的拆迁补偿安置方案;第三部分关于集体物业的拆迁补偿安置方案;第四部分关于回迁房安置的选择方法;第五部分关于回迁物业管理;第六部分为其他规定(如关于最终解释权的规定以及生效时间的规定)。

第一部分关于旧村改造拆迁补偿的基本方案及原则,一般有以下几条核心原则:

(1)本旧村改造项目遵从"政府主导,一村一策"等原则;

(2)房屋现状依据标准(以房屋测绘机构出具的报告作为测绘依据,并对现有房屋的有效产权证明进行核实)；

(3)补偿对象为本项目改造范围内的宅基地房屋所有权人、集体物业所有权人及其他地上建筑物所有权人。

顾问提示

《拆迁补偿安置方案》中的"村民"身份可根据项目实际情况进行扩大定义,无须与法律意义上的"村民"一词的内涵一致。

需要特别注意一点,"村民"的合法继承人即使非本旧村改造项目实施范围内的农村集体经济组织成员,因该合法继承人能够依法继承宅基地使用权,并按照房地一体的原则依法取得房屋所有权,故"村民"的合法继承人应当视为村民,同样享有签订《拆迁补偿安置协议(私宅)》的主体资格。鉴于此,项目实施主体和农村集体经济组织在界定"村民"身份时,有必要将具有本农村集体经济组织血统的人员(村民的合法继承人)纳入"村民"范畴。

《自然资源部对十三届全国人大三次会议第3226号建议的答复》(自然资人议复字〔2020〕089号)第6条规定了"关于农村宅基地使用权登记问题。"农民的宅基地使用权可以依法由城镇户籍的子女继承并办理不动产登记。根据《民法典》的规定,被继承人的房屋作为其遗产由继承人继承,按照房地一体原则,继承人继承取得房屋所有权和宅基地使用权,农村宅基地不能被单独继承。《不动产登记操作规范(试行)》明确规定,非本农村集体经济组织成员(含城镇居民),因继承房屋占用宅基地的,可按相关规定办理确权登记,在不动产登记簿及证书附记栏注记"该权利人为本农民集体经济组织原成员住宅的合法继承人"。

第二部分关于私宅的拆迁补偿安置方案,一般有以下几条核心规定:

(1)私宅受补偿权利人的身份认定

私宅受补偿权利人一般包含两类:① 拥有合法产权证明的房屋(包括:

集体土地房产证、宅基地证、不动产权证、生效法律证明文件、遗嘱、遗赠、转让、赠与、继承等公证或者律师见证文件）的权利人；② 无合法产权证明的房屋的权利人。

顾问提示

基础报建材料，如建设用地许可证、规划许可证、施工许可证等，可根据实际情况视其为有合法产权证明的房屋。旧村改造实务中，无合法产权证明的房屋权属人的认定可交由农村集体经济组织进行认定，农村集体经济组织可根据四邻确认声明、历史报建材料（如宅基地申请书）、房屋修建历史材料（如购买钢筋水泥等凭证）、房屋水电气等的缴费记录等文件作为认定基础进行认定。

（2）补偿方式的分类

补偿方式一般有三种类型：货币补偿、产权置换以及货币补偿和产权置换相结合。

货币补偿以及产权置换的具体补偿标准。选择货币补偿方式，一般包括以下类型：材料补偿、搬迁补偿、签约奖励金、交楼奖励金、住房改商铺的经营补偿等。

选择产权置换补偿方式，在获取回迁安置房之前，权利人还可以领取相应的临迁费。

第三部分关于集体物业的拆迁补偿安置方案，一般有以下几条核心规定：

（1）拥有集体土地所有权证书的权利主体是集体物业受补偿权利人。

（2）补偿方式一般有三种类型：① 货币补偿；② 产权置换；③ 货币补偿和产权置换相结合。

（3）货币补偿以及产权置换的具体补偿标准。

一般建议评估集体物业的现有价值再进行补偿认定。如果选取产权置换方式进行补偿，农村集体经济组织还可以选择将回迁的集体物业交付给合作改造企业进行运营，具体运作方式可双方协商。

第四部分关于回迁安置房的选择方法，一般有以下几条核心规定：

（1）回迁选房的具体规则；

（2）约定回迁面积与现状回迁安置房面积不一致的处理方法等。

顾问提示

如在《拆迁补偿安置方案》制定时未与农村集体经济组织协商确定出具体的回迁房选择方法，可在《拆迁补偿安置方案》中表述为“回迁房的具体操作细则后续确定并经表决后公布”。

第五部分关于回迁物业管理的选择方法，一般有以下几条核心规定：

（1）回迁物业的管理主体选择；

（2）回迁物业管理费的支付主体问题（是否由农村集体经济组织从集体收益中统一支付）等。

第六部分关于其他规定，一般有以下几条核心规定：

（1）关于新建、加建的违章建筑不予认定的规定，如在本《拆迁补偿安置方案》通过之后新建、加建的违章建筑不予补偿。

（2）关于本《拆迁补偿安置方案》的表决事宜及生效时间。

（3）关于本《拆迁补偿安置方案》的约定事宜的最终合法解释权以及未约定事宜如何补充的问题。

顾问提示

《拆迁补偿安置方案》作为补偿依据，对相关内容的解释可能会发生歧义，此时，村民一般会要求按照有利于自己一方的观点进行解释，因此约定好《拆迁补偿安置方案》的最终合法解释权以及未约定事宜的补充问题有利于从旧改大局出发，维护《拆迁补偿安置方案》的稳定实施。

2.拆迁补偿安置方案的审批程序

根据《广州市旧村庄更新实施办法》第20条的规定，全面改造项目改造实施方案村民表决稿（含拆迁补偿安置方案）经村民（含村改居后的居民）和世居祖屋权属人总人数的80%以上同意后，由区政府根据村民同意的表决稿形成项目改造实施方案送审稿，送审稿报市城市更新部门。以及根据《表决指引》第6条的规定，拆迁补偿安置方案需经被拆迁安置的村民（含村改居后的居民）和世居祖屋权属人总人数的80%以上表决通过。可知，项目改造实施方案的表决通过要求为村民（含村改居后的居民）和世居祖屋权属人总人数的80%以上同意。鉴于此，出于效率角度考虑，可将项目改造实施方案与拆迁补偿安置方案进行同步表决。

（三）项目改造实施方案的批复

项目改造实施方案须经区城市更新工作领导小组会议审议通过，由区政府正式作出对农村集体经济组织提交的项目改造实施方案的批复。

区政府对于旧村改造项目改造实施方案批复一般包括以下几个方面的内容：基本情况（包括区位位置、人口户籍现状、房屋现状等信息）、改造范围（包括标图建库图斑面积、拆旧范围面积、建新范围面积等信息）、改造方式及模式、复建安置面积和改造成本（包括复建安置区计算容积率建筑面积、公配设施面积、集体物业面积、文物及历史建筑面积以及具体改造成本金额等信息）、融资楼面地价和融资面积（包括居住用地融资楼面地价、商业融资楼面地价、融资区计算容积率建筑面积等信息）、改造规划控制要求和土地处置方式（包括改造范围内规划总用地面积、计算容积率总建筑面积、已完善历史用地手续的用地面积、建新方位内需办理用地手续的农用地面积以及处理方式）、改造建设时序（包括是否分期实施以及是否优先建设附加安置房以及公配设施）、其他（批复生效实施的条件等）。

附：本章涉及的实用文书范本

序号	文书名称
1	改造意愿表决表
2	改造意愿表决结果公告
3	土地转性表决表
4	土地转性表决结果公告
5	拆迁补偿安置方案
6	公开引入合作企业公告
7	竞选承诺书
8	产业导入承诺书
9	房地产开发业绩一览表
10	共同竞选协议书
11	选定合作企业表决表
12	选定合作企业表决结果公告
13	合作框架协议
14	项目履约保证金账户监管协议

文书范本

××旧村改造意愿表决表

根据广州市关于旧村改造的相关政策规定，现对××旧村改造意愿进行表决：

1.是否同意改造：□同意　　　　　□不同意

2.选择改造方式：□全面改造　　　□微改造

3.选择改造模式：□合作改造　　　□自主改造

表决说明：本表决表只是签名人对××旧村改造有关事项的意愿表达，不是被拆迁房屋的权属认定依据，更不是拆迁房屋的依据。

表决人（签名按捺）：

身份证号码：

日期：　　　年　　月　　日

××旧村改造项目改造意愿表决结果公告

致××旧村改造范围内全体村民：

根据国家法律法规及广州市旧村改造相关政策的要求，广州市××区××街××股份经济联合社（或经济合作社）于××××年××月××日组织召开了成员会议（或成员代表会议），对××旧村改造项目的改造意愿、改造方式和改造模式进行表决，表决情况如下：

本次应参与表决的总人数为×××人，其中表决同意改造人数为×××人，同意改造方式为全面改造的人数为×××人，同意改造模式为合作改造的人数为×××人。表决结果为：表决事项全部通过。

现将以上表决结果予以公示，公示时间为××××年××月××日至××××年××月××日（×个工作日）。如对表决结果有异议，请于××××年××月××日之前向广州市××区××街××股份经济联合社（或经济合作社）提出书面意见。（联系人：×××，联系方式：×××××××××××）

特此公告！

广州市××区××街××股份经济联合社（或经济合作社）

××××年××月××日

××旧村改造土地转性表决表

根据广州市关于旧村改造的相关政策规定，现对××旧村改造项目改造范围内的集体用地转变为国有用地的事项进行表决：

是否同意土地转性：□同意　　□不同意

表决说明：本表决表只是签名人对××旧村改造有关事项的意愿表达，不是被拆迁房屋的权属认定依据，更不是拆迁房屋的依据。

表决人（签名按捺）：

身份证号码：

日期：　　年　　月　　日

××旧村改造项目土地转性表决结果公告

致××旧村改造范围内全体村民：

为促进旧村改造，优化土地利用，妥善解决××旧村改造后村民的房屋产权证问题，维护村集体经济组织和村民的长远利益。根据国家法律法规及广州市旧村改造相关政策的要求，广州市××区××街××股份经济联合社（或经济合作社）于××××年××月××日组织召开了成员会议（或成员代表会议），对××旧村改造项目改造范围内集体建设用地转变为国有建设用地事项进行表决，表决情况如下：

广州市××区××街××股份经济联合社（或经济合作社）的成员（或成员代表）应到人数为×××人，实到人数为×××人，实到人数占应到人数的比率为××%，同意将××旧村改造项目改造范围内集体建设用地转变为国有建设用地的成员代表人数为×××人，同意人数占实到人数的比率为××%，表决结果为通过。

现将以上表决结果予以公示，公示时间为××××年××月××日至××××年××月××日（×个工作日）。如对表决结果有异议，请于××××年××月××日之前向广州市××区××街××股份经济联合社（或经济合作社）提出书面意见。（联系人：×××，联系方式：××××××××××××）

特此公告！

广州市××区××街××股份经济联合社（或经济合作社）

××××年××月××日

××村旧村改造拆迁补偿安置方案

为进一步加快推进××村旧村全面改造补偿安置工作，根据《广东省旧城镇旧厂房旧村庄改造管理办法》（广东省人民政府令第279号）、《广州市城市更新办法》（广州市人民政府令第134号）、《广州市旧村庄更新实施办法》（穗府办〔2015〕56号）、《广州市人民政府关于提升城市更新水平促进节约集约用地的实施意见》（穗府规〔2017〕6号）、《广州市人民政府办公厅关于印发广州市深入推进城市更新工作实施细则的通知》(穗府办规〔2019〕5号)以及《广州市旧村庄全面改造成本核算办法》(穗更新规字〔2017〕3号)等有关文件规定,结合××村的实际情况,特制定本方案。

第一部分 总 则

一、补偿安置依据

××村旧村改造拆旧××公顷内的建筑物(包括村民房屋和集体物业),以××××年××月××公司(测绘单位)的测绘数据作为现状建筑量的补偿依据。拆迁实物安置建筑面积、现金补偿等补偿方式在不突破复建总建筑面积和改造成本总额的前提下统筹实施。

二、适用对象

被拆迁人是指改造范围内用地和房屋的权属人,适用对象可由村集体经济组织结合本村实际予以进一步细化。

三、补偿安置方式

被拆迁人可以选择货币补偿(弃产)和回迁安置两种补偿方式,或者以两种补偿方式结合进行补偿。

第二部分 村民房屋回迁安置补偿标准

四、村民房屋回迁安置建筑面积计算方法

合法建筑与××××年××月××日前建成建筑,每栋安置建筑面积不超过四层(含四层,下同)。

(一)合法建筑

"合法建筑"是指有房屋产权证、村镇建房许可证、宅基地证、××××年××月××日前的有关批准使用房屋宅基地证明或区政府实施村民建房登记管理证明文件的住宅建筑。

1.合法建筑面积按×:×回迁安置。

回迁安置建筑面积=证载建筑面积(不超过×层)

2.合法建筑面积不足证载首层建基面积乘以×的,差额部分作为回迁安置权益面积,由村民按××××元/平方米购买。

3.合法建筑面积超出四层部分的补偿标准由改造主体根据村民意愿以

及项目所在区域实际情况自行确定。

4.现状建筑面积（阳台面积按××%，飘楼面积按××%，阳台和飘楼均为不超过×层部分，宅基地范围内阳台按××%计算，飘板、屋檐、滴水线、装饰线等附属物不计）超出证载合法建筑面积的，可参照（二）（三）计算回迁安置建筑面积和补偿。

（二）××××年××月××日前建成的建筑

1.经集体经济组织批准××××年××月××日前建成的×层以下（含×层）住宅建筑。

回迁安置建筑面积=首层建基面积乘以×加上阳台面积乘以××%加上飘楼乘以××%（阳台和飘楼均为不超过×层部分，宅基地范围内阳台按××%计算，飘板、屋檐、滴水线、装饰线等附属物不计）。

2.经集体经济组织批准××××年××月××日前建成不足四层住宅建筑的，其与以上“回迁安置建筑面积”的差额部分作为回迁安置权益面积，由村民按××××元/平方米购买。

3.倒塌房屋、祖屋等其他情况的住宅建筑的回迁安置和补偿标准由改造主体根据村民意愿以及项目所在区域实际情况自行确定。

（三）经村集体经济组织批准××××年××月××日前建成四层以外的建筑，按××××元/平方米予以补偿

五、地上附着物的补偿可参照《广州市农民集体所有土地征收补偿试行办法》（穗府办规〔2017〕10号）中的一般地上附着物（除房屋）补偿标准。

六、村民房屋改为商铺、非本村村民房屋和房屋置换成商业、公寓等情况，回迁安置和补偿标准由改造主体根据村民意愿以及项目所在区域实际情况自行确定。

七、回迁安置补偿其他规定

（一）回迁安置房按照公平、公正、公开方式进行抽签选房，具体选房抽签程序及操作明细由村集体按有关规定另行制定和公布。

（二）每套回迁安置房公摊建筑面积约为×%，回迁安置建筑面积已包含公摊建筑面积。

（三）回迁安置房装修的具体内容参照______安置房装修标准（安置房装修标准由改造主体根据村民意愿自行制定）。

（四）在房源充足的情况下，村民在选择回迁安置房时，可选择不同面积的房屋户型、套数回迁，所选的回迁安置房屋总面积为应得回迁安置面积。

（五）同一权属人选择的回迁安置户型总建筑面积小于应得回迁安置总建筑面积的（以下简称为差额部分），可在本村村民之间合法流转，或由改造主体按以下标准回购：

1.差额部分为权益面积的，按××元/平方米（货币一次性补偿单价减去××××元/平方米，货币一次性补偿单价由改造主体根据村民意愿以及项目所在区域实际情况自行确定）予以回购。

2.差额部分为复建面积（非权益面积）的，按××元/平方米予以补偿（由改造主体根据村民意愿以及项目所在区域实际情况自行确定）。

（六）选择的回迁安置户型总建筑面积大于回迁安置中建筑面积的（以下简称为差额部分），村民可按以下标准购买：

1.超出回迁安置总建筑面积×平方米以内（含×平方米），按××元/平方米（参照弃产回购单价）价格购买。

2.超出回迁安置建筑总面积×平方米以上的，按××元/平方米购买（由改造主体根据村民意愿以及项目所在区域实际情况自行确定）。

（注："飘楼"是指楼房向外飘出、地面无支柱的封闭楼层房屋。"飘板"是指楼房向外飘出、地面无支柱的悬挑板。）

第三部分　集体物业复建补偿标准

八、集体物业可选择按现有建筑面积复建补偿或者用地范围计算权益建筑面积复建补偿（可选择一种或者两种上述核定方式计算集体物业复建总量，但同一地块或同一建筑物只能适用以下其中一种补偿方式）：

（一）村集体经济组织物业合法建筑面积按×：×复建；××××年××月××日前建成的无合法证明的建筑，按现有建筑面积×：×复建；其他现有建筑不予复建，按××××元/平方米予以补偿。

（二）纳入旧村改造范围的村级工业园、堆场、货仓、露天停车场等用地，按现有用地面积和毛容积率不超过××(含××)计算权益建筑面积,由村集体按××元/平方米(建安成本)购买。

九、(其他)。

第四部分 弃产补偿

十、弃产补偿

(一)被拆迁人放弃回迁实物安置建筑面积的,可选择货币补偿,按××元/平方米予以补偿(由改造主体根据村民意愿以及项目所在区域实际情况自行确定)。

(二)被拆迁人放弃权益建筑面积的,可选择货币补偿,按××元/平方米予以补偿(货币一次性补偿单价减去××××元/平方米,货币一次性补偿单价由改造主体根据村民意愿以及项目所在区域实际情况自行确定)。

(三)弃产安置面积归改造主体所有。

第五部分 搬迁费用、临迁费用及签约奖励

十一、搬迁费用

(一)搬家补偿费(含搬出、搬进费用):××××元/户(现状户);

(二)电话、有线电视等迁移费:×××元/户(现状户);

(三)________________(其他费用,由改造主体根据村民意愿以及项目所在区域实际情况自行确定)。

十二、回迁安置建筑面积(不包含权益面积)临迁费如下:

(一)住宅临迁费××元/(平方米·月);

(二)集体物业临迁费××元/(平方米·月);

(三)________________(临迁费起止日期和发放细则由改造主体根据村民意愿以及项目所在区域实际情况自行统筹制定);

(四)核算的权益建筑面积和××××年××月××日之后建成的违法建筑,不予以临迁费。

十三、补偿安置协议签约奖励、房屋搬迁奖励等原则上不超过改造成本的×%(具体标准由改造主体根据村民意愿以及项目所在区域实际情况自行制定)。

第六部分 其 他

十四、________________(其他事项说明)。

(本方案的最终解释权归广州市××区××经济联合社/经济合作社)

广州市××区××经济联合社/经济合作社

日期: 年 月 日

广州市××区××村旧村合作改造项目
公开引入合作企业公告

广州市××区××经济联合社/经济合作社决定委托广州公共资源交易中心以公开招商方式引入广州市××区××经济联合社/经济合作社的广州市××区××村旧村改造项目的合作企业。现将有关事项公告如下:

一、项目基本情况

(一)项目名称:广州市××区××村旧村改造项目。

(二)项目合作内容(包括但不限于):《广州市××区××村合作改造项目公开引入合作企业合作框架协议》《广州市××区××村旧村合作改造项目履约保证金账户监管协议》。

(三)项目拆迁安置总投资额约人民币×××亿元。

具体情况及要求可参阅本公告及其附件。

二、合作企业资格条件

(一)申请合作企业具有独立法人资格和具备房地产开发企业×级以上(含×级)资质(以住房和城乡建设部门核发的资质证书为准);

(二)认缴注册资本金不低于人民币××亿元,实缴注册资本金不低于人民币×亿元(以验资报告为准),且具有与项目相匹配的自有资金及融资能力，企业自有资金比例不得低于项目总投资的××%（竞选文件中需提交竞选承诺书）；

（三）申请合作企业应在报名期限内（以银行到账时间为准）缴纳人民币×亿元的竞选保证金；

（四）企业信誉好，社会责任感强，银行信用记录良好（以中国人民银行征信中心出具的企业信用报告为准），且最近×年在市场监管等部门没有重大违法违规记录，不存在工程“烂尾”等情况（竞选文件中需提交竞选承诺书）；

（五）本项目接受联合体投标，联合体成员不得超过×个，且须由具备上述资格条件的企业在联合体中占有不低于51%的份额；

（六）申请合作企业在××××年年末的公司合并财务报表的总资产不低于人民币××亿元，净资产不低于人民币××亿元（提交××××年度财务审计报告）。

（七）其他条件：

1.申请合作企业或其母公司须为中国（包括香港）上市公司，以相关交易所股票资料页截图为准。如申请合作企业为中国（包括香港）上市公司直接控股或间接控股的子公司，应提交隶属关系证明及相应的公证文书。

2.申请合作企业应属于国家税务部门评定的××××年度纳税信用A级纳税人（以国税部门公布的相关评级查询结果为准）。

3.联合体投标的，主体企业需满足上述本款1~2点条件。

4.因旧村改造工作需要，招商主体已与相关服务方就本项目签署了若干改造相关的业务合同（包括租赁合同、集体物业处置协议等），竞得合作企业应在被招商主体成员表决确认为合作企业之日起×个工作日内，与招商主体、相关服务方就前述合同的承接或后续履行事宜达成一致意见，并签订书面协议，否则视为竞得合作企业无正当理由放弃竞得。

5.申请合作企业应具备与改造地块相匹配的产业布局或产业导入能力（非房地产业），承诺引入企业的行业地位及数量原则上不低于下列条件之一：

(1)引入行业榜单及创新型榜单企业控股公司×家以及上下游企业××家;

(2)引入国家级或(广东)省级科技企业孵化器、国家备案众创空间的运营机构负责运营,打造科技企业孵化器或众创空间×家,并承诺×年内获得市级或以上认定;

(3)引入国家级制造业创新中心、国家级企业技术中心的运营机构负责运营,打造创新中心或者技术中心×家,并承诺×年内获得省级或以上认定;

(4)引入国家级、省级文化创意产业园区(基地)的运营机构×家或者自营,导入文化旅游新业态,集聚一批动漫游戏、数字音乐影视、高清视频、电竞等数字文化创意、文化科技、文旅装备制造、智慧旅游企业,承诺×年内创建×家市级以上文化产业示范园区(基地);

(5)区政府认可的产业类型、企业行业地位和数量。

(八)申请合作企业必须承诺所提交的资格审查材料真实有效,不存在弄虚作假及欺骗性行为,否则,招商主体有权取消其候选合作企业、竞得合作企业资格。

三、报名事项

报名方式:网上报名。

报名前,申请合作企业已办理交易中心供应商信用档案(办理方法请参阅本公告附件)。符合资格的申请合作企业应当在××××年××月××日公告之时至××××年××月××日××时××分的期间登录交易中心网站(http://www.××××.cn)会员专区完成本项目报名信息登记。本项目要求现场递交纸质版竞选文件,申请企业无须在报名时上传竞选文件的电子版。申请企业可在交易中心网站(http://www.××××.cn)本公告附件中自行下载所需资料。

四、踏勘现场及招商答疑会

(一)本项目需要/不需要踏勘现场。

(二)本项目需要/不需要现场招商答疑会。

五、公告时间（不少于×个工作日）：

自本公告发布之日起至××××年××月××日。

六、递交竞选文件

（一）递交竞选文件方式：现场递交竞选文件（报名截止时间前须完成网上报名）。

（二）递交竞选文件时间：××××年××月××日。

（三）递交竞选文件地点。

七、资格审查

（一）本项目采用资格预审方式，资格审查由本项目的资格审查小组负责。资格审查、确认采用多数表决制，经资格审查小组2/3以上表决通过，即确认该报名主体获得候选合作企业资格。

（二）如有1家或1家以上企业通过资格审核，本次公开引入合作企业工作有效。若无企业通过资格审查的，本次招商工作即宣告终止，如有需要将另行组织。

（三）资格审查结果公示期满×个工作日内，由广州市××区××经济联合社/经济合作社组织成员代表会议按相应程序进行表决、公示，择优确定竞得合作企业。

八、合作企业违约与退出

（一）竞得合作企业与拟引入的产业企业签订引入协议，协议约定双方承担责任。竞得合作企业不按照承诺在规定的时间内引入产业、教育、医疗等资源，或者引进产业竣工投产后，经区产业部门核实产出效益指标未达到监管协议约定要求的，或者引入的教育、医疗等资源经区教育、卫生健康部门核实未达到监管协议约定要求的，追究竞得合作企业的违约责任，并按协议约定进行处理。

（二）招商主体负责督促竞得合作企业履行《合作框架协议》，依法推进本项目的实施。对于竞得合作企业违反《合作框架协议》约定且符合退出条款的，经招商主体依程序决策后，按《合作框架协议》启动竞得合作企业退出程序。

（三）区政府或其指定的部门有权对监管协议执行情况进行监督，敦促竞得合作企业依法履约。对于竞得合作企业违反监管协议且符合协议约定的退出条款的，区政府或其指定的部门按监管协议启动竞得合作企业退出程序。

（四）下列任一种情况发生时，经招商主体组织成员大会表决通过后，可以依照《合作框架协议》启动竞得合作企业退出程序：

1.本项目签订监管协议后，竞得合作企业未按时、足额出具银行履约保函的；

2.竞得合作企业在改造有效期内擅自终止《合作框架协议》，放弃投资建设的；

3.竞得合作企业在本项目招商过程中，提供虚假信息骗取项目资格，经行业监管部门查证属实的；

4.因人力、物力、资金不到位等合作企业原因，项目拆迁或者施工滞后约定工期×个月以上，区政府或其指定的部门对竞得合作企业限期整改，在规定时间内仍不整改或整改未达要求的。

（五）区政府或其指定的部门根据监管协议约定条款和竞得合作企业违约的情况，可启动银行保函索赔程序，将结果通报市住房城乡建设、规划和自然资源部门，并按照《广州市公共信用信息管理规定》（市政府令第166号）规定予以处理。竞得合作企业退出后，改造工作尚未完成的城中村，区政府指导××村集体启动新的合作企业遴选工作。对退出的竞得合作企业的前期投入按照协议约定予以合理补偿。

九、本次公开招商引入合作企业的详细资料和具体要求详见附件

十、其他需要公告事项

（一）申请合作企业应详尽了解广州市××区××经济联合社/经济合作社的广州市××区××村旧村改造项目公开招商引入合作企业的项目情况及合作条件，提交资格审查材料视同对本次公开引入合作企业的项目情况及合作条件无异议并全面接受。

（二）本次公开招商引入合作企业不接受邮寄、电话、传真、电子邮件及口头申请，递交资格审查资料详见招商文件。

（三）本次公开引入合作企业竞选表决的成员代表会议于××××年××月××日举行。

（四）表决结果确定后×个工作日内，广州市××区××经济联合社/经济合作社将审查结果在村务公开栏、代理平台、区政府官方网站同步公示，公示期不少于×个工作日。

（五）潜在申请合作企业或利害关系人对此公告及公开引入合作企业的文件有异议的，应以书面形式向广州市××区××经济联合社/经济合作社提出异议。

联系人：

联系电话：

联系地址：

附件：1.广州市××区××村旧村改造项目招商文件项目招商文件

2.广州市××区××村基础数据调查成果

广州市××区××经济联合社/经济合作社

××××年××月××日

竞选承诺书

广州市××区××经济联合社/经济合作社：

我方收到贵社关于"广州市××区××村旧村改造项目"（以下简称本项目）的招商文件，完全理解招商文件的所有内容，决定竞选本项目，据此我方承诺如下：

一、我方具有与本项目相匹配的自有资金及融资能力，企业自有资金比例不低于项目总投资的×%。

二、××××年××月××日至××××年××月××日，我方在市场监管等部门没有重大违法违规记录，也不存在工程"烂尾"等情况；没有出现严重的信用和信誉危机，没有处于资产被接管或冻结状态。

三、我方承诺未参与该村更新改造基础数据摸查和方案编制工作；如有违反承诺的，一经核实，应当自愿退出招标、取消竞投标资格或终止相关合同。

四、我方的竞选文件在竞选截止日后×天内保持有效，如竞得，有效期将延至本项目合作协议执行期满日为止。

五、我方在参与竞选前已仔细研究了招商文件和所有相关资料，我方完全明白并认为此招商文件没有倾向性，也没有存在排斥潜在申请合作企业的内容，我方同意招商文件的相关条款，放弃对招商文件提出误解和质疑的一切权利。

六、我方声明竞选文件及所提供的一切资料均真实无误及有效。由于我方提供虚假资料而造成的责任和后果由我方承担，并同意将不退还竞选保证金(履约保证金)。我方同意按照贵社提出的要求，提供与竞选有关的任何其他数据或信息。

七、我方同意如在本项目招商文件中规定的竞选截止日起的竞选有效期内撤回竞选，或竞得后未在规定期限内签订合作框架协议的，或竞得后自行放弃竞得的，将不退还竞选保证金。

八、我方如果竞得，保证履行竞选文件中承诺的全部责任和义务。

九、我方保证，招商主体在中华人民共和国境内使用我方竞选货物、资料、技术、服务或其任何一部分时，享有不受限制的无偿使用权，如有第三方向招商主体提出侵犯其专利权、商标权或其他知识产权的主张，该责任由我方承担。

十、所有与本招商项目有关的函件请发往下列地址：

联系人		联系电话	
地址		传真	

××公司(盖章)

承诺日期：××××年××月××日

产业导入承诺书

广州市××区××村经济联合社/经济合作社：

我方收到贵社关于“广州市××区××村旧村改造项目”的招商文件，完全理解招商文件的所有内容。针对招商文件第×章《广州市××区××村旧村改造项目公开引入合作企业公告》第×条第×款第×项有关产业布局及产业导入的要求，我方承诺如下：

一、引入企业的行业地位及数量原则上不低于下列条件之一：

（一）引入行业榜单及创新型榜单企业控股公司×家以及上下游企业×家；

（二）引入国家级或（广东）省级科技企业孵化器、国家备案众创空间的运营机构负责运营，打造科技企业孵化器或众创空间×家，并承诺×年内获得市级或以上认定；

（三）引入国家级制造业创新中心、国家级企业技术中心的运营机构负责运营，打造创新中心或者技术中心×家，并承诺×年内获得省级或以上认定；

（四）引入国家级、省级文化创意产业园区（基地）的运营机构×家或者自营，导入文化旅游新业态，集聚一批动漫游戏、数字音乐影视、高清视频、电竞等数字文化创意、文化科技、文旅装备制造、智慧旅游企业，承诺×年内创建×家市级以上文化产业示范园区（基地）；

（五）引入区政府认可的产业类型、企业行业地位和数量。

二、引入企业经济效益要求引入企业的达产营业收入、税收等经济指标原则上不低于同地段国有储备用地引入产业项目准入条件的×%。

特此承诺。

××公司（盖章）

承诺日期：××××年××月××日

房地产开发业绩一览表

序号	项目名称	项目地址	商业、办公物业房屋建筑面积/平方米	完成时间	建设单位名称
1					
2					
3					
……					
商业、办公物业房屋建筑面积合计					

注：以上填写的数据均以项目《建设工程规划验收合格证》或《竣工验收备案表》为依据。申请合作企业请严格按照要求提交相关证明材料，否则有可能影响评审结果。

共同竞选协议书

××公司与××公司就“广州市××区××村旧村改造项目”（以下简称本项目）的竞选有关事宜，经各方充分协商一致，达成如下协议：

一、由××公司牵头，××公司参加，组成联合体共同进行本项目的竞选工作。

二、××公司为本次竞选的主体企业，联合体以××公司主体企业名义报名。主体企业负责竞选项目的一切组织、协调工作，并授权竞选代理人以联合体的名义参加项目的竞选，代理人在报名、竞选、评审、合同谈判过程中所签署的一切文件和处理与本次招商有关的一切事务，联合体各方均予以承认并承担法律责任。联合体竞得后，联合体各方共同与招商主体签订合同，就本竞得项目对招商主体承担连带责任。

三、如联合体竞得，则主体企业负责等工作，占联合体协议合同总金额××%；联合体成员负责等工作，占联合体协议合同总金额××%。

四、联合体中各方相互之间存在/不存在投资关系。

五、各方不得再以自己名义单独在本项目中竞选，也不得组成新的联合体参加本项目竞选。

六、如本项目最终未竞得，本协议自动废止。

（以下无正文）

主体企业（盖章）：

法定代表人/授权代表（签字）：

联系地址：

联系方式：

联合体成员（盖章）：

法定代表人/授权代表（签字）：

联系地址：

联系方式：

签订时间：　　　年　　月　　日

签订点：广州市　　　区

××旧村改造选定合作企业表决表

根据广州市关于旧村改造的相关政策规定，鉴于××旧村改造项目目

前的推进进度,现对××旧村改造项目选定合作企业事项进行表决:

选择合作企业(只能选择其一):

□××××公司　□××××公司　□××××公司

表决说明:本表决表只是签名人对××旧村改造有关事项的意愿表达,不是被拆迁房屋的权属认定依据,更不是拆迁房屋的依据。

表决人(签名按捺):

身份证号码:

日期:　年　月　日

××旧村改造项目选定合作企业表决结果公告

致××旧村改造范围内全体村民:

×××公司、×××公司、×××公司通过公开招商平台的资格审查,成为××旧村改造项目的候选合作企业。根据国家法律法规及广州市旧村改造相关政策的要求,广州市××区××街××股份经济联合社(或经济合作社)于××××年××月××日组织召开了成员会议(或成员代表会议),公开对××旧村改造项目的合作企业选定进行表决,表决情况如下:

本次应参与表决的总人数为×××人,实到的总人数为×××人,其中选择×××公司的人数为×××人(同意率为××%),选择×××公司的人数为×××人(同意率为××%),选择×××公司的人数为×××人(同意率为××%)。表决结果为:×××公司正式成为××旧村改造项目的合作企业。

现将以上表决结果予以公示,公示时间为××××年××月××日至××××年××月××日(×个工作日)。如对表决结果有异议,请于××××年××月××日之前向广州市××区××街××股份经济联合社(或经济合作社)提出书面意见。(联系人:×××,联系方式:

××××××××××××)

特此公告!

广州市××区××街××股份经济联合社(或经济合作社)

××××年××月××日

合作框架协议

甲方:(农村集体经济组织)

法定代表人:

统一社会信用代码:

联系地址:

联系方式:

乙方:(竞得企业)

法定代表人:

统一社会信用代码:

联系地址:

联系方式:

为加快推进广州市××区××村旧村改造项目建设,根据《广州市住房和城乡建设局关于印发关于进一步规范旧村合作改造类项目选择合作企业有关事项的意见的通知》(穗建规字〔2020〕16 号)《广州市住房和城乡建设局关于印发广州市城中村改造合作企业引入及退出指引的通知》(穗建规字〔2021〕1号)等相关规定,甲、乙双方就××村旧村改造项目(以下简称项目)合作开发建设的有关事项,经协商一致,订立如下协议:

一、项目概况

(一)项目基本情况:项目位于广州市××区××村,东至××,南至

××，西至××，北至××。本村集体经济组织的在册总人口为××人，现状建筑面积××万平方米。

（二）项目基础数据（详见附件）。

（三）项目的基本情况、基础数据及相关信息为项目招商文件制定前获得，可能与最终批复的项目实施方案描述的数据及信息存在一定的差异，最终以政府批复的项目实施方案及有关审批文件描述的内容为准。

二、合作基础

（一）甲方是依法设立的广州市××区××经济联合社/经济合作社，负责管理改造范围内集体所有或支配的土地及房产资源。

（二）乙方是依法注册成立和合法存续的企业法人，具有开发的资金实力、丰富的城市建设经验和资源实力。

（三）乙方通过代理机构（广州公共资源交易中心）组织的公开程序，并经甲方成员代表会议表决选定，成为项目竞得合作企业，获得与甲方签订本协议的权利。

三、合作方式

（一）甲方和乙方共同出资在我区行政区划范围内共同设立项目合资公司，负责项目的改造实施和开发经营，项目合资公司组织形式为有限责任公司，注册资本为××万元，其中甲方认缴出资××万元，所占股权比例为××%，乙方认缴出资××万元，所占股权比例为××%。

除应认缴及实缴的注册资本外，甲方不承担项目（包括融资区和安置区）任何建设开发、经营管理等成本和费用，乙方承担项目（包括融资区和安置区）所有建设开发、经营管理等成本和费用。乙方承担这些成本和费用时，须满足自有资金的比例不得低于项目总投资的××%的要求，项目核定的总投资以经政府部门批准的数据为准。

（二）乙方应在协议签订之日起××天内，与村集体经济组织在××区内共同设立项目合资公司，办理工商注册、税务登记等手续。

（三）项目合资公司章程由双方根据法律规定协商制定；股东会表决按注册资本认缴比例并依照公司章程实施表决；项目合资公司董事会由

××人组成，其中甲方有权提名××名董事，乙方有权提名××名董事；董事长由甲方提名担任，并担任法定代表人；董事会的表决机制按公司章程执行。

（四）在乙方完成项目复建安置区全部物业竣工验收、交付使用并进行产权初始登记后，甲方应将项目合资公司所持有股权全部转让给乙方，转让价格为甲方在项目合资公司注册资本的实缴出资额；在此之前，甲方在项目合资公司股权比例不得低于51%。

（五）如甲、乙双方需对其在项目合资公司中的股权比例进行更改，由甲方按照《广东省农村集体经济组织管理规定》进行表决，并报××区城市更新部门、××镇备案。

四、双方权利责任

（一）甲方权利和责任

1.获得项目复建安置区内的所有建设物业的权属和收益，包括但不限于历史建筑，复建安置住宅，复建集体经济物业，及复建安置区相应配套建、构筑物和附属设施（含地下空间部分）等。

2.监督项目开发过程，对于乙方或项目合资公司不符合国家法律法规、规范或损害甲方权益的行为，甲方有权以书面形式要求乙方或项目合资公司纠正有关行为。

3.乙方为甲方通过公开方式引入的合作单位，甲方不得在未经乙方书面许可的情况下，与其他单位签订与项目相关的任何协议。

4.负责向乙方或项目合资公司提供项目建设所需的成员代表大会的表决决议及其他的一切相关文件，协助办理项目立项、规划、报建等手续。

5.负责协助办理项目合资公司确认为项目实施主体有关审批手续。

6.负责协助开展动迁工作，协助项目合资公司与被补偿人签订补偿安置协议。

7.项目用地土地改造公告发布后，协助项目合资公司按国土主管部门要求收集集体土地所有权证、宅基地证等土地房屋权属资料办理土地结案手续。

8.协助项目合资公司依法取得融资地块的国有土地使用权。

9.项目实施方案批复生效后，负责确认建筑方案（含安置房户型等），监督项目合资公司根据设计图纸进行施工。

10.负责复建安置住宅的分配，以及协助项目合资公司开展临迁费、房屋建筑成本补偿、搬迁补偿费、搬迁奖励费等费用的分发工作。

11.负责认真做好村民思想工作，力争创造一个和谐、安定的建设施工环境，并尽量排除可能导致项目顺利开发的干扰因素。

12.负责解除甲方集体经济物业与各承租人签订的租赁合同等法律文件，因提前解除租赁合同所产生的相关赔偿款、补偿款或违约金等由乙方承担。

13.甲方不承担项目合资公司开发经营风险，也不享受项目合资公司开发经营融资区地块和物业所产生的收益。

14.其他应当由甲方承担的责任及履行的相关义务。

（二）乙方权利和责任

乙方直接或通过项目合资公司在项目改造实施中承担以下责任：

1.负责项目改造（包括融资区和安置区）涉及的拆迁安置、建设开发、经营管理等一切成本和费用，包括但不限于前期费、临迁费、补偿费、拆运费、建安费、土地出让金、报批办证费和相关税费等。

2.负责在规定时间内将复建安置资金存入复建安置资金监管账户，签订资金监管协议，确保项目的拆迁补偿及工程资金及时到位，保质、按期推进项目的开发建设。

3.与区政府或其指定部门签订《城中村改造监管协议》（以下简称《监管协议》），明确城中村改造中教育、医疗等公共设施的建设和运营要求，明确导入产业企业类型、数量和经济效益、达产时间、达产标准等具体要求，约定银行履约保函缴交事宜，并指定相应的部门加强事中、事后监管。

4.负责本项目改造范围内的拆迁工作，承担由此所产生的一切费用及法律责任，并保证在合法、合规的前提下在约定的期限内完成拆迁工作，尽量避免因此所产生的对抗性矛盾和纠纷。

5.保证项目的开发优先建设复建安置房，妥善安置村民。保证在约定的时间内按照约定的工程质量和交楼标准完成复建地块上的住宅、集体物业以及相应配套建、构筑物及其附属设施（含地下空间部分）的竣工验收工作。

6.在约定的期限内，按照规划要求及约定的质量和交付标准及交付条件向市、区两级政府交付应返还的物业（如有），以及有关公共服务设施及市政基础设施。

7.承担在向甲方交付物业前，项目拆迁和建设开发过程中包括但不限于安全事故责任等在内的全部义务和法律责任。

8.未经甲方书面同意及有关政府部门审批同意，乙方不得以直接或间接方式转让项目合资公司股权。

9.项目合资公司获得土地使用权后，如需用于抵押贷款的，须事先征得甲方的书面同意，所贷款项只能用于项目开发建设，双方另行签订对该贷款资金的监管协议。

10.自行承担项目合资公司开发经营风险，并享受项目合资公司开发经营融资区地块和物业所产生的收益。

11.编制项目改造实施方案中，按区产业发展导向和布局要求编制产业发展专章，实施城市更新与产业升级、文化传承深度融合的创新发展模式，提升村集体经济发展水平。

12.其他应当由乙方承担的责任及履行的相关义务。

五、担保事项

为了保证本协议履行到位，乙方报名参与本项目招商工作时交纳的竞选保证金人民币××亿元，自本协议签订之日起转化为本协议履约保证金，履约保证金的使用应按照甲乙双方所签订的《广州市××区××村旧村改造项目履约保证金账户监管协议》执行。

六、违约责任

（一）乙方与拟引入的产业企业签订引入协议，协议约定双方承担责任。乙方未按照承诺在规定的时间内引入产业、教育、医疗等资源，或者引进产业竣工投产后，经区产业部门核实产出效益指标未达到《监管协议》约定要求的，或者引入的教育、医疗等资源经区教育、卫生健康部门核实未达到《监管协议》约定要求的，追究乙方的违约责任，并按《监管协议》约定进行处理。

（二）如因国家政策或不可抗力造成该项目不能实施，甲、乙双方均不作违约论，双方互不承担责任；但双方仍需继续处理好项目停止后的后续工作，配合政府处理相关事项。

（三）如因甲方原因造成停工、误工，由甲方承担由此造成的损失，甲方村民个人行为导致的停工、误工损失不在此列，由甲、乙双方共同协商解决。

（四）因甲方原因或甲方未能按照协议约定履行义务造成停工、误工，复建区的竣工、交付、办证等工作时间相应顺延。

（五）如因乙方资金问题造成项目安置房建设停工时间超过半年，本协议自行解除，由甲方按照政府规定程序重新公开选择合作企业参与改造，因此产生的一切责任和费用由乙方承担。

七、合作企业退出

（一）甲方负责督促乙方履行本协议，依法推进本项目的实施。对于乙方违反本协议约定且符合退出条款的，甲方可依照本协议启动乙方退出程序。

（二）区政府或其指定的部门有权对《监管协议》执行情况进行监督，敦促乙方依法履约。对于乙方违反《监管协议》符合退出条款的，区政府或其指定的部门按《监管协议》启动乙方退出程序。

（三）下列任一种情况发生时，经甲方组织成员大会表决通过后，可以启动乙方退出程序：

1.本项目签订监管协议后，乙方未按时、足额出具银行履约保函的；

2.乙方在改造有效期内擅自终止本协议，放弃投资建设的；

3.乙方在本项目招商过程中，提供虚假信息骗取项目资格，经行业监管部门查证属实的；

4.因人力、物力、资金不到位等乙方原因，项目拆迁或者施工滞后约定工期×个月以上，区政府或其指定的部门对乙方限期整改，在规定时间内仍不整改或整改未达要求的。

八、协议的框架性和完整性

（一）为保证项目顺利完成，项目改造实施方案取得政府或政府部门批复后，甲方和乙方可根据项目改造实施方案再签署项目的具体合作协议或补充协议。

（二）甲、乙双方在履行本协议过程中形成的下列文件均为本协议的附件，与本协议具有同等法律效力：

1.政府或有关部门的批复、批准书及附图；

2.经协议各方确认的设计、规划、建设等图纸和相关标准；

3.甲、乙双方签订的其他协议或补充协议；

4.其他经甲、乙双方确认的文件；

5.其他法律文件。

上述附件可视为对本协议的完善和补充，但原则性内容均不与本协议发生冲突。

九、其他约定

其他约定：________________________________。

十、协议的生效及其他

（一）本协议自甲、乙双方盖章签字之日起生效。

（二）未尽事宜，甲、乙双方可根据项目的具体进展情况和甲、乙双方确定的进度计划，及时协商签订补充协议。

补充合同、协议签订后，应当自签订之日起××日内抄送区城市更新部门和××镇人民政府各一份。

（三）本协议在中华人民共和国广东省广州市××区签订。在本协议履行过程中，如有争议，甲、乙双方应及时协商解决；协商不成的，甲、乙双方同意选择向广州市××区人民法院提起诉讼作为争议解决方式。

（四）本协议一式×份，甲、乙双方各执×份，报送××区城市更新局、

××镇各×份存档，具同等法律效力。

（以下无正文）

甲方（盖章）：

法定代表人/授权代表（签字）：

乙方（盖章）：

法定代表人/授权代表（签字）：

签订时间：　　　年　　月　　日

签订点：广州市　　　区

项目履约保证金账户监管协议

甲方：（镇人民政府/街道办事处）

负责人：

联系地址：

联系方式：

乙方：（村集体经济组织）

负责人：

联系地址：

联系方式：

丙方:(竞得合作企业)

法定代表人:

联系地址:

联系方式:

丁方:(监管银行)

法定代表人:

联系地址:

联系方式:

鉴于:为加强对旧村改造项目合作改造的管理,规范保证金使用行为,根据《广州市住房和城乡建设局关于印发关于进一步规范旧村合作改造类项目选择合作企业有关事项的意见的通知》(穗建规字〔2020〕16号)、《广州市住房和城乡建设局关于印发广州市城中村改造合作企业引入及退出指引的通知》(穗建规字〔2021〕1号)的要求,就广州市××区××村旧村改造项目(以下简称本项目)履约保证金收存和使用订立如下协议共同遵守。

一、各方权利

(一)甲方负责对旧村合作改造项目履约保证金收存和使用的日常监督管理,并贯彻实施《广州市住房和城乡建设局关于印发关于进一步规范旧村合作改造类项目选择合作企业有关事项的意见的通知》(穗建规字〔2020〕16号)、《广州市住房和城乡建设局关于印发广州市城中村改造合作企业引入及退出指引的通知》(穗建规字〔2021〕1号)。

(二)丙方通过公开程序竞得本项目合作企业资格,丙方取得乙方发出的《合作改造通知书》和签署本协议后,同意将丙方在本项目招商确定的报名期内(向代理机构)交付的人民币×亿元竞选保证金一次性转入以下监控账号,用作乙、丙双方签订的《广州市××区××村旧村改造项目公开引入合作企业合作框架协议》的履约保证金。

监控账号信息户名：

账号：

开户行：

（三）进入监控账户的履约保证金原则上不得动用；如因特殊情况需要使用履约保证金，乙方或丙方应向甲方提出书面申请，凭甲方出具的《履约保证金拨付批准书》，丁方为乙方或丙方办理保证金拨付手续。

二、各方义务

（一）甲、乙、丙、丁四方必须严格按照《广州市住房和城乡建设局关于印发关于进一步规范旧村合作改造类项目选择合作企业有关事项的意见的通知》（穗建规字〔2020〕16号）的具体要求开设监控专户及签订本协议。

（二）甲方应在收到乙方或丙方使用履约保证金申请之日起×个工作日内作出答复；如不同意使用的，应当以书面方式说明理由。

（三）丁方应积极配合甲方开展监管工作，按甲方出具的《履约保证金拨付批准书》中批准的支付金额给乙方和丙方办理履约保证金拨付。

（四）乙方、丙方均不得以履约保证金向任何第三方提供担保。

三、违约责任

（一）丁方应凭经甲方同意的《履约保证金拨付批准书》进行履约保证金的拨付。如丁方违反此规定或未履行监管义务，丁方须对甲、乙双方因此造成的一切损失承担赔偿责任。

（二）乙方违反规定不通过本监控账户直接收存履约保证金的，甲方应责令其改正。

（三）丙方违反规定使用履约保证金的，甲方应责令改正；并且丙方应对乙方因此造成一切损失承担赔偿责任。

（四）法律适用和争议解决。

四、本协议适用中华人民共和国法律

在本协议履行过程中，如有争议，甲、乙、丙、丁四方应及时协商解决；协商不成的，四方同意选择向广州市××区人民法院提起诉讼作为争议解决方式。

五、其他

本协议自各方法定代表人(负责人)或其授权代表签署并加盖公章之日起生效。

本协议一式×份,甲、乙、丙、丁四方各执×份,具有同等法律效力。

(以下无正文)

甲方(盖章):

负责人或授权代表(签字):

乙方(盖章):

负责人或授权代表(签字):

丙方(盖章):

法定代表人或授权代表(签字):

丁方(盖章):

法定代表人或授权代表(签字):

签订日期:　　　年　　月　　日

签订地点:广州市　　　区

第四章　旧村改造中期之复建安置资金缴存阶段

一、复建安置资金基本概览

（一）缴存复建安置资金的必要性

究其实质，旧村改造是一项浩大的民生工程。对于政府来说，保障村民能够顺利进行复建安置是头等大事。为保障旧村改造项目回迁安置房屋权利人的合法权益，广州市住房和城乡建设局发布《广州市旧村庄全面改造项目复建安置资金监管办法》（穗建规字〔2020〕21号，以下简称《监管办法》）以加强对旧村改造项目复建安置资金的监管，避免项目实施主体改造后期因改造资金不足等原因导致旧村改造项目进度停滞甚至烂尾的风险。因此，无论是自主改造模式下的旧村改造项目还是合作改造模式下的旧村改造项目均须按《监管办法》的规定缴存复建安置资金，这也是旧村改造进程中最能体现行政监管的内容之一。

（二）复建安置资金的涵盖内容及行政监管部门

1.涵盖内容

复建安置资金指的是在旧村庄全面改造过程中用于复建物业（包括回迁安置房和回迁集体物业）及配套设施建设的资金，包括复建物业建造费用、临时安置补助费用、停产停业补助费用、拆卸和搬迁补助费用、市政基础设施建设费用和公共配套设施建设费用等。

2.行政监管部门

广州市住房和城乡建设局负责广州市范围内复建安置资金监管的指导和监督工作，对各区复建安置资金的使用、监管情况进行检查；区政府或区城市更新机构负责本辖区内复建安置资金具体监管工作。

(三)复建安置资金银行监管账户的开立

区政府或区城市更新机构与复建安置资金缴存人在银行设立复建安置资金监管账户,一个旧村改造项目应当设立一个独立账户。采用合作改造模式实施全面改造的旧村庄,由合作企业缴存复建安置资金;采用自主改造模式实施全面改造的旧村庄,由村集体经济组织缴存复建安置资金。

(四)《复建安置资金监管协议》的拟定要点

1.制定背景

根据上述《监管办法》的相关规定,在银行设立复建安置资金监管账户时必须同步订立《复建安置资金监管协议》。因此,《复建安置资金监管协议》的制定与签署是复建安置资金缴存程序中重要的环节之一。

2.签订主体

在旧村改造项目的改造模式为合作改造模式的情形下,《复建安置资金监管协议》的签订主体大致可以分为五方主体或六方主体,甲方为区政府或区城市更新机构、乙方为该旧村改造项目所属街道办事处、丙方为项目实施主体、丁方为合作企业、戊方为监管账户开户银行、己方为农村集体经济组织(如有)。

3.协议内容

根据上述《监管办法》的相关规定,《复建安置资金监管协议》应当包括但不限于:资金监管的数额、使用范围、资金使用计划、具体程序、解除资金监管程序、违约责任等内容。从笔者的旧村改造实务经验出发,《复建安置资金监管协议》一般包括鉴于部分、本项目概况、复建安置资金监管账户开立安排、复建安置资金缴存及拨付安排、监管事项及流程、各方的权利义务、违约责任、争议解决、其他条款等。

(1)鉴于部分

指引:鉴于部分包括各方的合同地位以及监管的法律、法规以及政策依据等内容。

（2）本项目概况

指引：本项目概况包括本项目基本情况（如现状总建筑面积信息、村民住宅面积及栋数信息、集体物业面积及栋数信息、文物及历史建筑面积信息、公共配套设施面积信息）、本项目的改造方式以及改造模式等内容。

（3）复建安置资金监管账户开立安排

指引：本条包括丙方在戊方开立的复建安置资金监管账户信息以及专用账户信息、专款专用的承诺等内容。

（4）复建安置资金缴存及拨付安排

指引：本条主要包括复建安置资金的缴存具体安排、复建安置资金的申请拨付流程及具体拨付程序等内容。

顾问提示

复建安置资金缴存人可根据本项目的分期情况灵活约定具体的缴存节点以及缴存金额，以满足《监管办法》的复建安置资金缴存要求。另外，根据《监管办法》第7条的明确规定，现金缴存不得低于复建安置资金总额的30%；无条件银行履约保函的有效期不得短于项目改造实施方案批复中复建安置工程竣工验收时间。

（5）监管事项及流程

指引：本条主要包括各方主体的具体监管内容、监管方式以及监管流程等内容。

（6）各方的权利义务

指引：甲方的权利义务主要包括负责统筹协调和督办本项目的复建安置资金的监管工作、监督丁方按时足额缴存复建安置资金至监管账户、核发《复建安置资金存入证明》、查询监管账户的相关动态以及根据实际情况决定动用复建安置资金或者无条件银行履约保函担保资金；乙方的权利义务主要包括对复建安置资金拨付申请、资金使用以及本项目的复建项目工程进度等相关事宜进行具体监管；丙方的权利义务主要包括督促丁方将资金按时足额存入本项目的复建安置资金监管账户，配合甲、乙、戊三方方对项目建设现场的检查；丁方的权利义务主要包括缴存本项目的复建安置资金，与丙方共同申办本旧村改造项目的用地、规划、施工许可等相关手续并及时推进本项目的复建工作，根据项目进度申请复建安置资金的拨付以及解除复建安置资金监管；戊方的权利义务主要包括出具存款证明、根据审批意见将同意支付的复建安置资金数额划入复建安置资金专用账户、每月制作监管资金使用明细、根据甲乙方通知解除复建安置资金监管等内容。

(7)违约责任

指引：甲方的违约责任主要包括甲方不履行资金监管的统筹、协调和督办职责的违约责任；乙方的违约责任主要包括乙方不履行监管资金拨付申请审核、监管资金使用及工程进度的具体监管的违约责任；丙方的违约责任主要包括用本项目的复建安置资金用于非复建项目的违约责任、自行终止建设或未按规定建设的违约责任；丁方的违约责任主要包括未按规定缴存复建安置资金的违约责任、挪用复建安置资金的违约责任；戊方的违约责任主要包括未按规定办理监管复建安置资金支付、划转、解除监管手续的违约责任等内容。

(8)争议解决

指引：本协议在履行过程中发生纠纷，各方应及时协商解决，协商不成时，可向本项目所在地人民法院起诉。

(9)其他条款

指引：其他条款主要包括本协议的生效条件、终止条件、未尽事宜的处理程序等内容。

二、旧村改造项目的行政监管

(一)行政监管的背景及内容

旧村改造项目不同于国家征收，并不由行政征收部门作为拆迁人对被拆迁人直接进行补偿，在自主改造模式下由村集体经济组织或其成立的全资子公司作为拆迁人对村民进行补偿；在合作改造模式下由村集体经济组织与合作企业共同成立的项目实施主体作为拆迁人对村民进行补偿。为了保障改造范围内的被拆迁人的合法利益以及旧村改造复建物业的有序建设及回迁，区政府、区城市更新部门、区住房和建设部门以及镇街应当对旧村改造的各个环节进行监管。

当然，本章提到的复建安置资金监管是旧村改造项目的重要监管内容之一，除此之外，一般来说，旧村改造项目的监管内容还包括以下几个方面：一是对改造过程中的各项表决程序及结果的行政监管；二是对合作企业的引入及退出的行政监管；三是对项目实施分期建设、房屋签约以及房屋拆除的行政监管；四是对历史文化保留保护情况的行政监管；五是对回迁安置房建设进度以及移交的行政监管；六是对市政配套设施建设进度和移交的行政监管；七是对社会稳定风险的防范行政监管。

（二）对改造过程中的各项表决程序及结果的行政监管

2021年5月7日，广州市住房和城乡建设局颁行了《表决指引》，至此，广州市才有了关于旧村改造表决指引的正式政策文件。《表决指引》印发之日即生效，即《表决指引》已于2021年5月7日生效。根据《表决指引》的规定，2021年5月7日前已经完成的表决事项不适用《表决指引》，其余尚未完成的表决事项，既可按照批复的要求进行表决，也可以参照《表决指引》进行表决。

旧村改造中的表决事项主要包括以下六类事项：一是旧村改造意愿表决；二是项目改造实施方案表决；三是选择合作意向企业的表决；四是选择合作企业的表决；五是集体建设用地转为国有建设用地的表决；六是拆迁补偿安置方案的表决。

对于上述六类表决事项，如果农村集体经济组织依法制定的组织章程已有明确的规定的，应当按照组织章程进行表决。如果组织章程不明确的，可按照《表决指引》的规定进行表决。

第一，关于旧村改造意愿的表决。改造意愿的表决内容主要包括是否愿意改造、改造方式（分为全面改造和微改造）和改造模式（分为自主改造和合作改造）等内容。关于旧村改造意愿的表决，由农村集体经济组织召开成员大会或者成员代表会议进行表决，若农村集体经济组织召开成员大会表决，应当有该组织具有选举权的成员的半数以上参加，或者有该组织2/3以上的户的代表参加，所作决定应当经到会人员的半数以上通过；若农村集体经济组织召开成员代表会议表决，应当有该组织2/3以上的成员代表参加，所作决定应当经到会代表2/3以上通过。

第二，关于项目改造实施方案的表决。农村集体经济组织可以按照以下两种方式之一进行表决：（1）在项目改造实施方案提交城市更新工作领导小组审议前，由农村集体经济组织召开成员大会对项目改造实施方案进行表决；（2）在项目改造实施方案提交城市更新工作领导小组审议前，由村集体经济组织召开成员代表会议表决通过。项目改造实施方案经城市更新工作领导小组审议通过并批复后，由农村集体经济组织召开成员大会进行表决。表决程序以及表决通过率均同前述对旧村改造意愿的表决。

第三，关于选择合作意向企业的表决。农村集体经济组织就是否引入合作意向企业组织成员代表会议表决。表决程序及表决通过率均同前述对旧村改造意愿的表决。

第四，关于选择合作企业的表决。农村集体经济组织草拟招商文件或者公开招拍挂文件，经征询政府相关部门意见后，组织成员代表会议或成员大会表决。农村集体经济组织按规定程序选择候选企业后，招商文件或者公开招拍挂文件中明确还应进行表决的，由农村集体经济组织召开成员代表会议或成员大会表决确定合作企业。表决程序及表决通过率均同前述对旧村改造意愿的表决。

第五，关于集体建设用地转为国有建设用地的表决。经农村集体经济组织召开成员大会或成员大会授权成员代表会议表决，自愿申请将集体建设用地转为国有建设用地。表决程序及表决通过率均同前述对旧村改造意愿的表决。

第六，关于拆迁补偿安置方案的表决。拆迁补偿安置方案需经被拆迁安置的村民（含村改居后的居民）和世居祖屋权属人总人数的80%以上表决通过。

（三）对合作企业的引入及退出的行政监管

2021年1月11日，广州市住房和城乡建设局颁行了《广州市城中村改造合作企业引入及退出指引》（以下简称《合作企业指引》），以健全广州市城中村全面改造合作企业的引入及退出机制。但在《合作企业指引》施行前，即2021年1月11日前已挂网招商或选定合作企业的旧村全面改造项目不适用《合作企业指引》。

关于合作企业的引入及退出，由区政府或其指定的部门（一般为城市更新部门）进行指导及监管。

关于合作企业的引入，政府有硬性的资格要求，合作企业应具备与改造地块相匹配的开发能力及资金能力以及与改造地块相匹配的产业布局或产业导入能力（非房地产业）。对此，为了更好地履行监管职责，区政府或其指定部门应当与引入的合作企业签订《旧村改造监管协议》，明确本项目改造中教育、医疗等公共设施的建设和运营要求，明确导入产业企业类型、数量和经济效益、达产时间、达产标准等具体要求，约定银行履约保函缴交事宜，并指定相应的部门加强事中、事后监管，确保合作企业履约。

关于合作企业的退出，招商文件、合作框架协议和监管协议均应明确合作企业违约责任和退出的情形。区政府或其指定的部门应加强对监管协议执行情况的监督，敦促合作企业依法履约。对于合作企业违反监管协议符合退出条款的，区政府或其指定的部门按监管协议启动合作企业退出程序。

（四）对项目实施分期建设、房屋签约以及房屋拆除的行政监管

首先，即使是整村纳入旧村改造，项目实施主体也可以根据实际情况分期进行建设及开发。根据《广州市旧村庄更新实施办法》第25条第8项的明确规定，安置房和融资地块可以按照改造方案确定的分期计划进行合理的分期开发。对于旧村改造的分期建设和开发，为保障改造资金的安全以及改造进度的顺利，区政府或其指定的部门也在随时进行动态监管，具体监管内容包括：要求合作企业或融资地块竞得人按规定在旧村庄动迁之前，在指定银行设立复建安置资金专用账户，结合项目分期开发时序，按要求足额

存入复建安置资金；要求合作企业在未完成整体开发之前，单个项目不得转让等。

其次，项目改造实施方案审批确定后，区政府组织农村集体经济组织开展签订拆迁补偿安置协议的工作。根据《广州市旧村庄更新实施办法》第22条第2款的明确规定："补偿安置协议在项目实施方案批复后3年内仍未达到80%以上权属人签约比例的，项目实施方案应当重新报批。"由此可见，对于房屋签约环节，政府也在同步进行统筹监管，以保障旧村改造项目的稳健推进。

最后，即使项目实施主体与被拆迁人已经完成拆迁补偿安置协议的签订并履行完毕拆迁补偿安置协议也并不能应然地拆除被拆迁房屋。根据《广州市旧村庄更新实施办法》第22条第1款的明确规定，对于住宅房屋可分期签订补偿安置协议，每一期应当达到80%以上权属人签约后方可启动房屋拆除工作。由此可知，项目实施主体只能在拆迁补偿安置协议的签约率超过80%的情况下才能向区政府申请《××村旧村项改造目的改造通告》，取得该改造通告后，方可依法启动房屋拆迁工作，这也体现了政府对于房屋拆迁环节的有序监管。

（五）对历史文化保留保护情况的行政监管

因旧村历史文化悠久，在改造过程中可能涉及宗祠等多种历史文化建筑的保留保护工作。对此，《广州市旧村庄更新实施办法》第5条第2款明确规定："旧村庄更新改造应当注重保护具有历史文化价值的古村落、古村庄、古村群，坚持'保护优先、民意优先、生态优先、公建优先'原则，立足实际、因地制宜，发掘历史文化内涵、培育特色，打造宜居、宜业、宜游的历史文化古村品牌。"

另外，《广州市旧村庄更新实施办法》第16条明确规定，历史文化遗存数据由市城市更新部门会同文物主管部门核查。是故，本村的历史文化遗存数据经市城市更新部门会同文物主管部门核查后，相关数据（包括不可移动文物数据、历史建筑线索文物数据、传统风貌线索文物数据等）应当被体现在项目改造实施方案的批复中。相关历史文化的保留与保护也需根据其具体类型由项目实施主体会同文物主管部门采取原址保护、迁移保护等一系列保护措施。

此外，达到一定体量的旧村改造项目，需根据《文物保护法》以及《广州市文物保护规定》的有关规定在施工建设前进行文物考古调查勘探。关于地面勘探，如发现宗祠、公祠、重要历史人物纪念馆、重大历史事件纪念馆、古庙及道观等宗教活动场所应根据广州市文物局的指示进行历史文化保留保护。关于地下勘探，在经广州市文物局考古调查工作完成后确定旧村改造范围内地下未发现需要进一步开展考古工作的古代文化遗存的情形下，项目实施主体才可按规定向相关行政部门申请办理《建设工程施工许可证》等相关手续，从而进行旧村改造项目的实际施工工作，这也体现了政府对于历史文化保留保护情况的相关监管职权。

（六）对回迁安置房建设进度以及移交的行政监管

回迁安置房的建设以及移交是政府监管的重心。区城市更新部门应当统筹回迁安置房建设使用计划，建立审核协调机制，统筹旧村庄更新改造项目审核，并对项目实施进行全方面监督管理。根据《广州市旧村庄更新实施办法》第31条的明确规定，旧村庄改造拆迁补偿安置工作应当遵循“先安置、后拆迁”的原则。村集体给予补偿后，被拆迁人应当在补偿协议约定或者补偿决定确定的搬迁期限内完成搬迁。改造过程中要先行启动回迁安置房建设，在保证工程质量的前提下，加快项目建设，及时妥善安置动迁村民。据此可知，项目实施分期建设的，应当按照安置地块优先于融资地块的顺序安排，即使每期将安置地块与融资地块结合安排，首期也应当优先建设回迁安置房。由此可见，政府也尤为看重对回迁安置房的建设及移交的全面监管。

（七）对市政配套设施建设进度和移交的行政监管

旧村的环境往往较差，公共服务配套设施往往也不太完善。因此旧村改造的重要目的之一其实是改善居住环境及保护历史文化。通过增加市政公共服务设施，管线下地，打通交通道路、消防通道，对单体建筑进行整治修缮和重建，实现“三线”下地、“雨污分流”，改善人居环境和提升社区功能。根据《广州市旧村庄更新实施办法》第29条的明确规定，居住用地内（安置房用地除外）独立设置的市政公用设施和公共服务设施应当在分期开发规划地块建设总量（不含市政公用设施和公共服务设施）完成50%前建设完毕，并取得建设工程规划验收合格证。其中，垃圾压缩站、变电站、公共厕所、综合医院、卫生服务中心、卫生站、消防站、派出所、燃气供应站、公交首末站等设施应当先于住宅首期工程或者与其同时申请建设工程规划许可证，并在住宅首期工程预售前先行验收，取得建设工程规划验收合格证。由此可知，市政公用设施和公共服务设施也应当优先进行建设，建设完毕并验收后，由项目实施主体将市政配套项目按规定移交给市区相关部门。由此可见，市政配套设施建设进度和移交也是政府监管中不可缺少的一环。

（八）对社会稳定风险防范的行政监管

旧村改造项目涉及的村民人数多，时间跨度大，利益分配情况复杂，因此容易出现社会稳定风险。根据《广州市旧村庄更新实施办法》第6条的明确规定，各区政府是该辖区旧村改造工作的责任主体，负责做好与拆迁补偿安置、项目运作、建设管理相关的维护社会稳定等工作。是故，政府部门协同农村集体经济组织、项目实施主体对旧村改造项目的前期、中期、后期进行社会稳定风险防控尤为重要。

在项目实施前期，项目改造实施方案应当纳入社会稳定风险评估的内容；在项目实施中期，尤其是拆迁补偿安置阶段，区政府或相关部门应当对被拆迁人的投诉、信访、举报给予有效接收及反馈路径；在项目实施后期，对回迁安置房建设给予严格管理，确保回迁安置房在预定的回迁期限内建设完毕并在通过验收后顺利移交。总体来说，旧村改造项目不仅仅是一项经济工程，更是一项重大民生工程，政府作为保障民生工程的责任主体，应当对旧村改造进程中的社会稳定风险进行实时防控，畅通沟通途径，广泛听取各方面意见，形成完备的社会稳定风险评估结论和对策建议，以积极化解影响社会稳定的不利因素，尽到政府监管的相关法定职责。

2021年3月22日，广州市番禺区化龙镇明经村就因旧村改造中的相关矛盾未能妥善解决导致了一起恶性刑事案件，一村民携带可燃易爆物到该村的村务办公大楼并现场引爆该爆炸物，造成5人死亡5人受伤的严重社会后果。由此可见，旧村改造过程中极易滋生村民矛盾，是故，政府应当加强村民疏导，畅通投诉机制，依法保障村民的合法利益，共同营造旧村改造的稳定和谐氛围。

附：本章涉及的实用文书范本

文书名称
复建安置资金监管协议

文书范本

复建安置资金监管协议

甲方:(区政府或区城市更新机构)

负责人:

联系地址:

联系电话:

乙方:(项目所属街道办事处)

负责人:

联系地址:

联系电话:

丙方:(项目实施主体)

法定代表人:

社会统一信用代码:

联系地址:

联系电话:

丁方:(合作企业)

法定代表人:

社会统一信用代码:

联系地址:

联系电话:

戊方:(监管银行开户银行)

负责人:

联系地址:

联系电话：

己方（如有）：（村集体经济组织）
社长：
联系地址：
联系电话：

鉴于：

1.甲方系《广州市旧村庄全面改造项目复建安置资金监管办法》（穗建规字〔2020〕21号）第2条第3款规定的复建安置资金的行政监管部门，负责广州市××区××村旧村改造项目（以下简称本项目）的复建安置资金的监管工作。

2.乙方系广州市××区人民政府的派出机关，承担对本项目的复建安置资金的具体使用范围、使用计划以及改造进度的具体监管职责。

3.丙方系经广州市××区城市更新局确认的本项目的改造实施主体，由丙方按照规定开展本项目改造实施相关工作。

4.丁方系经公开招商途径确定的本项目的合作改造企业，系《广州市旧村庄全面改造项目复建安置资金监管办法》第6条规定的本项目的复建安置资金缴存义务人。

5.戊方系本项目的复建安置资金监管账户的开户银行，严格根据本协议项下的相关约定执行复建安置资金的拨付并进行监管。

6.己方系本项目的村民自治组织及村务管理组织，有权对本项目的复建安置资金进行监管。（如有）

为加强对本项目复建安置资金的监管，保障本项目复建房屋权利人的合法权益以及复建安置资金的安全，现依据《人民币银行结算账户管理办法》《广州市城市更新办法》《广州市旧村庄更新实施办法》《广州市旧村庄全面改造项目复建安置资金监管办法》的有关规定，本协议的各方主体经协商一致，就本项目的复建安置资金的监管事宜达成如下协议，以资共同遵守：

一、项目概况

1.根据《广州市××区人民政府关于××旧村改造实施方案的批复》

（文号为：×××），本项目改造范围内现状总建筑面积为××万平方米，其中村民住宅为××万平方米，集体物业××万平方米，文物及历史建筑××万平方米，公配设施××万平方米，私宅栋数总计××栋。

2.本项目采取全面改造的方式和合作改造的模式，经确定的合作改造企业为本协议的丁方。

二、复建安置资金监管账户及专用账户开立安排

丙方作为本项目的实施主体，在戊方开立的复建安置资金监管账户信息如下：

开户名：

账号：

开户行：

丙方在戊方开立的专用账户信息如下：

开户名：

账号：

开户行：

上述复建安置资金监管账户及专用账户设立后，该复建安置资金监管账户及专用账户的资金只能用于本项目的复建安置事宜，专款专用。禁止任何人、任何单位以任何理由挪用复建安置资金。

三、复建安置资金缴存及拨付安排

1.丁方作为本项目的复建安置资金缴存义务人，严格根据《广州市旧村庄全面改造项目复建安置资金监管办法》第7~9条的规定以及丁方与××村集体经济组织签订的《××村旧村改造合作协议》的相关约定缴存本项目的复建安置资金总计不低于人民币××亿元，其中，采用无条件银行履约保函方式缴存的金额为人民币××亿元，采用现金方式缴存的金额为人民币××亿元。同时，丙方、丁方还应当提供人民币××亿元复建安置资金的使用构成明细，作为本协议项下的复建安置资金申请、拨付以及监管的依据。

2.本项目采用分期改造模式，当期复建安置资金足额缴存后，戊方应当在缴存当日出具存款证明并出具给甲、乙、丙、丁四方。甲方应自收到戊方

发出的存款证明之日起××个工作日内向丁方出具当期《复建安置资金存入证明》。

3.丙方及丁方保证本协议项下的复建安置监管资金只用于本项目的复建物业(住宅或其他物业)及配套设施建设资金,包括复建物业建造费用、临时安置补助费用、停产停业补助费用、拆卸和搬迁补助费用、市政基础设施建设费用和公共配套设施建设费用等。

4.本项目的改造过程中,复建安置资金额度发生调整的,按照批准后的复建安置资金额度进行监管。

5.《××村旧村改造合作协议》约定的义务全面履行完毕之前,丁方保证本协议项下的复建安置资金银行账户内的现金余额不低于人民币××元。在当期复建安置工程竣工之前,丁方应当确保监管账户内备有当期复建安置资金总额10%以上的现金用于支付;缴存的现金少于当期复建安置资金总额10%时,丁方应当及时补缴本协议项下的监管账户现金,当期无条件银行履约保函额度可以按照补缴的现金金额相应调减。当期现金累计缴存额不低于当期复建安置资金总额。

6.本协议项下的复建安置资金产生的利息用途与复建安置资金的用途保持一致。

7.丙方以及丁方应当按照《××村旧村改造合作协议》编制本项目的动迁计划以及资金使用计划交由甲方以及乙方进行审查。丙方以及丁方应当按照年度/季度/月度的标准,于每一年度/季度/月度届满之前××个工作日内向甲方以及乙方提交动迁计划以及资金使用计划。经甲方以及乙方审核同意后的资金使用计划是丙方以及丁方申请拨付的依据。丙方以及丁方因特殊情况可根据本项目的实际资金需求向甲方以及乙方书面申请调整资金使用计划,经甲方以及乙方审核同意后可进行调整。

8.监管账户对外付款时应当由丙方或丁方向戊方提交由甲、乙、丙、丁四方盖章确认的《复建安置资金拨付审批表》原件,戊方应当在收到该《复建安置资金拨付审批表》原件之日起××个工作日内核实《复建安置资金拨付审批表》上盖的印鉴是否与《预留印鉴样式》一致,如一致,则由戊方按照《复建安置资金拨付审批表》上确认的支付数额由资金监管账户支付至资金专用账户。

9.在本项目的复建项目竣工验收交付使用，完成结算、决算，且《××村旧村改造合作协议》履行完毕之后，丙方或丁方有权向甲方申请解除复建安置资金监管。甲方应自收到申请之日起××个工作日内核实完毕。经核实同意解除的，由甲方向戊方发出解除复建安置资金监管的通知，戊方向丁方返还结余的资金及利息。

10.未经甲方批准，自行中止复建项目建设1个月以上或者拖欠临迁费1个月以上的，甲方或乙方可以单方决定使用监管账户内的复建安置资金或者动用无条件银行保函担保资金，由此产生的经济损失由丙方及丁方承担；涉及违法违规行为的，丙方及丁方应当承担相应的法律责任。

11.丙方、丁方不按照批复的项目实施方案组织建设或者违反相关规定组织建设，甲方及乙方有权要求丙方、丁方进行整改（整改方式包括但不限于停工等），整改期间产生的经济损失和法律责任由丙方、丁方承担。拒不整改或者在限期内未完成整改的，甲方或乙方可以单方决定使用监管账户内的复建安置资金或者动用无条件银行履约保函担保资金组织建设；涉及违法违规行为的，丙方、丁方应当承担相应的法律责任。

四、复建安置资金监管事项及流程

1.甲方按照《广州市旧村庄全面改造项目复建安置资金监管办法》的相关规定以及本协议的相关约定确定的复建安置资金缴存额度，向丙方以及丁方发出《复建安置资金缴存通知书》，丁方按照《复建安置资金缴存通知书》中规定的缴存时限、缴存额度以及缴存方式将足额资金存入本协议项下的监管账户或提供合法有效的无条件银行履约保函。

2.丙方、丁方可凭甲方出具的《复建安置资金存入证明》办理本项目后续用地、规划、施工许可等相关手续。

3.丙方、丁方向甲方、乙方提交《复建安置资金拨付审批表》时应当一并备齐项目实施计划、资金使用计划、复建安置资金预算表、已拨付资金使用明细表、采购合同（包括项目设计、项目施工、项目监理等）等相关材料，以供甲方、乙方能够了解该笔资金的用途，进而作出是否同意拨付的决策，便于进行复建安置资金的监管工作。

4.戊方应当在每个月第××个工作日前,将监管账户中上月的资金使用情况的明细分别送达给甲、乙、丙、丁四方。甲、乙、丙、丁方任意一方均可向戊方提出查阅监管账户中资金使用情况的要求,戊方应当在收到申请之日起××个工作日内向申请方书面披露。

5.戊方根据丙方、丁方提出的解除安置资金监管的申请事由以及相关材料进行初步审查,审查完毕后形成书面审查报告发送给甲方及乙方。甲方及乙方在结合戊方的审查意见的基础上形成是否同意解除安置资金监管的意见,如果不同意解除监管,应当由甲方及乙方作出详细的说理并书面回复丙方、丁方。

五、甲方的权利义务

1.甲方负责统筹、协调和督办本项目的复建安置资金的监管工作。

2.甲方负责监督丁方按时足额缴存复建安置资金至监管账户。

3.甲方负责根据丙方、丁方的申请以及戊方出具的存款证明向丙方、丁方核发《复建安置资金存入证明》。

4.甲方负责根据丙方、丁方的申请以及戊方出具的审查意见审查是否同意解除复建安置资金。

5.在丙方、丁方未按照本协议约定履行相关义务时,甲方有权决定使用监管账户内的复建安置资金或者动用无条件银行履约保函担保资金。

6.甲方有权随时查询监管账户的相关情况,包括但不限于资金到账情况、资金使用情况、资金余额情况等。

六、乙方的权利义务

1.乙方负责对复建安置资金拨付申请、资金使用以及本项目的复建项目工程进度等相关事宜的具体监管工作。

2.乙方负责根据丙方、丁方提交的《复建安置资金拨付审批表》及相关资料出具审批意见并报送给甲方。

3.乙方负责审查丙方、丁方就已拨付的复建安置资金的具体使用情况并向甲方及时作出情况汇报。

4.乙方有权随时查询监管账户的相关情况，包括但不限于资金到账情况、资金使用情况、资金余额情况等。

七、丙方的权利义务

1.丙方按照《××村旧村改造合作协议》及甲方出具的《复建安置资金缴存通知》中规定的缴存总额、缴存时限和缴存额度督促丁方将资金按时足额存入本项目的复建安置资金监管账户。

2.丙方凭甲方出具的《复建安置资金存入证明》与丁方共同申办改造项目的用地、规划、施工许可等相关手续，及时推进本项目的复建工作。

3.丙方与丁方共同向甲方、乙方提交项目实施计划、复建安置资金明细表等；并在每年年底前向甲方、乙方提交下一年度的复建安置资金使用计划。

4.丙方保证未经区政府或甲方批准，不自行中止本项目的复建建设，并与丁方共同配合甲方、乙方、戊方对项目建设现场的检查。

八、丁方的权利义务

1.丁方负责严格根据《广州市旧村庄全面改造项目复建安置资金监管办法》的相关规定以及《××村旧村改造合作协议》的相关约定缴存本项目的复建安置资金。

2.丁方凭甲方出具的《复建安置资金存入证明》与丙方共同申办改造项目的用地、规划、施工许可等相关手续，及时推进本项目的复建工作。

3.丁方负责编制项目实施计划、复建安置资金总额构成明细、资金使用计划等。在本协议签订后，与丙方共同向甲方、乙方提交复建安置资金总体使用计划；并在每年年底前向甲方、乙方提交下一年度的复建安置资金使用计划。

4.丁方确保本协议中项下的复建安置资金监管账户的资金仅用于本项目改造过程的复建安置，保证专款专用。

5.丁方有权根据相关规定及约定向甲方、乙方申请复建安置资金的拨付以及解除复建安置资金监管。

6.丁方同意复建安置资金只能用于本项目改造过程中的复建安置，专款专用。监管账户资金拨付、转账等所产生的相关手续费、杂费等费用均由丁方承担。

九、戊方的权利义务

1.有权按本协议约定监管复建安置资金，并协助完成复建安置资金的缴存、支付、解除监管等工作。对本协议所指监管账户受执法机关、司法部门等依法进行查封、冻结、扣划不承担任何责任；且戊方对甲、乙、丙、丁四方之间出现的任何纠纷不承担任何责任。

2.戊方负责在复建安置资金按约定足额到账后向丙方、丁方出具存款证明。

3.戊方凭甲方、乙方审批通过的《复建安置资金拨付审批表》原件，将本期同意支付的复建安置资金数额划入丙方设立的复建安置资金专用账户。

4.戊方负责每月将监管账户和专用账户上月的资金监管使用明细分别发送至甲、乙、丙、丁四方。

5.戊方负责对丙方、丁方提出的解除复建安置资金监管事项及有关资料进行审查，提出书面审查意见。

6.戊方凭甲方、乙方出具的解除复建安置资金监管的通知，为丙方、丁方办理解除复建安置资金监管手续并进行结算，将结余资金和利息依约全部转入本复建安置资金专用账户，解除复建安置资金监管。

十、违约责任

1.甲方不履行资金监管的统筹、协调和督办职责，不及时按要求办理《复建安置资金存入证明》《复建安置资金拨付审批表》及解除复建安置资金监管的通知的，丙方、丁方有权向其上一级主管部门反映，由上一级主管部门核实后责令甲方改正。因甲方责任，未能按时办理监管资金的审批手续，造成丙方、丁方经济损失，由甲方负责。

2.乙方不履行监管资金拨付申请审核、监管资金使用及工程进度的具体监管，未依本协议约定的程序和要求对复建安置资金的使用、监管和解除进行审核、审批的，丙方、丁方有权向甲方反映，由甲方核实后责令乙方改正。因乙方责任，未能按时办理监管资金的审批手续，造成丙方、丁方经济损失的，由乙方负责。

3.丙方挪用本项目的复建安置资金用于非复建项目的，甲方、乙方有权迟延审批丙方的拨付申请，直至丙方将挪用资金全部归还。由此产生的经济损失由丙方承担，涉及违法违规行为的，丙方依法承担相应的法律责任。

4.因丙方原因中止建设1个月以上（含1个月）或拖欠临迁费1个月以上（含1个月）的，甲乙双方有权共同决定使用监管账户（含复建安置资金专用账户）内的复建安置资金或者动用无条件银行履约保函担保资金，由此产生的经济损失由丙方承担；涉及违法违规行为的，丙方依法承担相应的法律责任。

5.丙方不按照经批复的本项目的改造实施方案组织建设或违反相关规定组织建设的，甲方及乙方有权要求丙方停工整改，整改期间产生的经济损失由丙方承担；丙方拒不整改或在限期内未完成整改的，甲乙双方有权共同决定使用监管账户（含复建安置资金专用账户）内的复建安置资金或者动用无条件银行履约保函担保资金组织建设，由此产生的经济损失由丙方承担；涉及违法违规行为的，丙方依法承担相应的法律责任。

6.丁方未按《广州市旧村庄全面改造项目复建安置资金监管办法》《××村旧村改造合作协议》以及本协议规定缴存复建安置资金，从而导致无法申办规划、国土、施工等手续，影响安置区工程建设的，依法承担相关法律责任并赔偿丙方的经济损失。

7.丁方未按本协议要求配合丙方提交复建安置资金申请材料，或未在规定时间内提交相关材料，从而造成复建安置资金申请办理时限延长引发的经济损失，由丁方承担。涉嫌构成犯罪的，由司法机关依法追究刑事责任。

8.丁方违反本协议的约定，挪用或者与丙方共同挪用复建安置资金的，须按甲方通知的期限向复建安置资金监管账户存入与挪用资金等额的现金作为担保资金。丁方逾期不存入等额现金的，甲方或乙方有权要求丁方停工整改，整改期间产生的经济损失由丁方承担。涉及违法违规行为的，丁方依法承担相应的法律责任。

9.戊方未按照相关法律、法规规定以及本协议约定办理监管复建安置资金支付、划转、解除监管等手续，造成甲、乙、丙、丁四方损失的，戊方须承担相应的法律责任。

10.由于戊方工作失误，造成监管资金不安全，导致复建物业建设无保证资金的，戊方须承担相应的法律责任和经济损失。

11.戊方不按照本协议的约定，或不依据甲方最终审批的《复建安置资金审批表》或者甲方、乙方的使用资金决定拨付复建安置资金或者擅自解除资金监管，由此造成的损失全部由戊方承担。涉及违法违规行为的，戊方依法承担相应的法律责任。

十一、争议解决

本协议在履行过程中发生纠纷，甲、乙、丙、丁、戊五方应及时协商解决，协商不成时，可向本项目所在人民法院起诉。

十二、合同生效

本协议自甲、乙、丙、丁、戊五方签字盖章后即生效，五方履行完本协议的职责后，本协议即自行终止。

十三、其他

1.本协议生效后，甲、乙、丙、丁、戊五方任何一方不得擅自变更或解除本协议。其他未尽事宜需经甲、乙、丙、丁、戊五方共同协商，并签订书面补充协议，补充协议为本协议的组成部分。

2.本协议一式××份，五方各执××份，具同等法律效力。

（以下无正文）

甲方（盖章）：

负责人/授权代表（签字）：

乙方（盖章）：

负责人/授权代表（签字）：

丙方(盖章):
法定代表人/授权代表(签字):

丁方(盖章):
法定代表人/授权代表(签字):

戊方(盖章):
负责人/授权代表(签字):

己方(盖章):(如有)
负责人/授权代表(签字):

签订时间:　　　年　　月　　日
签订地点:广州市　　　区

第五章　旧村改造中期之私宅签约阶段

一、私宅签约前的准备工作

（一）签约流程概览

根据笔者亲历的旧村改造项目的相关经验，私宅签约流程一般分为以下七大环节：

1.第一环节为签约预约环节

（1）与被拆迁人的联系，分为项目实施主体的动迁人员主动联系和被拆迁人主动到签约中心了解签约相关情况。此时应要求被拆迁人填写《基本信息登记表》（内容包括姓名、房屋地址、房屋权属情况、所属经济社等基础信息）。

（2）被拆迁人的身份审核（包括村民和非村民两大类型），动迁人员及农村集体经济组织相关工作人员根据该旧村改造项目的《拆迁补偿安置方案》的规定，对被拆迁人的身份进行核查。

（3）动迁人员与被拆迁人预约被拆迁房屋首次测量的时间。

2.第二环节为被拆迁房屋测量环节

在被拆迁人的同意下，由动迁人员协同测量单位对被拆迁房屋进行现场测量，并出具《房地产查丈原图》（被拆迁房屋现状的测量报告）。

3.第三环节为安置补偿谈判磋商环节

动迁人员与被拆迁人对被拆迁房屋的房屋测量结果进行确认，确认无误后，项目实施主体出具《拆迁补偿安置计算表》，并与被拆迁人进行签约谈判以达成签约意向。

4.第四环节为被拆迁房屋复测环节（如有）

被拆迁人达成签约意向后，动迁人员与被拆迁人预约房屋复测时间，由动迁人员协同测量单位，对被拆迁房屋进行现场再次测量，检验初测的《房地产查丈原图》（被拆迁房屋现状的测量报告）结果是否准确，并由被拆迁人与项目实施主体对最终复测结果进行确认。

5.第五环节为正式签约环节

动迁人员与被拆迁人预约签约时间，被拆迁人携带本人身份证原件、被拆迁房屋的有效产权证明材料原件及收款的银行卡原件到项目实施主体的签约中心进行正式签约。

6.第六环节为房屋移交环节

被拆迁人按照已签署的《拆迁补偿安置协议（私宅）》约定的房屋移交时间向项目实施主体移交房屋，并签署《房屋移交确认书》。

7.第七环节为拆迁补偿安置费用支付环节

项目实施主体按照已签署的《拆迁补偿安置协议（私宅）》约定的支付时间向被拆迁人支付拆迁补偿安置费用。

（二）部门专项法律培训

根据笔者的旧村改造实务经验，项目实施主体需要进行部门分工，才能实现工作效率的最大化，一般来说，可以组建以下部门，并对相应部门的工作人员进行专项法律培训。

1.动迁组

动迁组，顾名思义即动员签约拆迁的小组，具体是指在旧村改造项目私宅签约阶段代表项目实施主体与各被拆迁人进行联系、磋商，并帮助被拆迁人完成所有私宅签约工作的全体工作人员。

（1）专项法律培训内容

培训内容1：

为动迁人员逐条详细讲解《拆迁补偿安置方案》，就《拆迁补偿安置方案》中容易引发歧义的条款进行合理解释，建议所有动迁人员就《拆迁补偿安置方案》的所有内容统一对外输出口径，避免动迁人员输出口径的不同而人为导致的拆迁补偿安置标准的个体差异化。

培训内容2：

为动迁人员逐条讲解《拆迁补偿安置协议（私宅）》以及相关配套文件范本，并就需要被拆迁人履行相关义务的条款进行重点说明。

培训内容3：

为动迁人员详细讲解私宅签约的相关签约事项（例如，如何核查被拆迁人的签约资格，如何核查被拆迁人提供的产权证明材料的真实性、合法性，如何避免侵害被拆迁人的隐私权、财产权等合法权利）。

培训内容4：

为动迁人员进行刑事风险防控（如故意毁坏财物、破坏文物、故意伤害等罪名的立案及构罪量刑标准）的法律讲解。

（2）动迁人员应当具备的基本法律素养

法律素养1——动迁人员如何对本村旧村改造的必要性进行解释：

××村目前存在居住品质较低（如公共空间匮乏，公共配套不足，日照、采光、通风、卫生等环境条件差）、基础设施薄弱（如本村的基础设施、市政设施及公共设施不够齐全、规模较小、数量较少，难以满足本村村民需求）、治安和消防隐患大（如住宅密集、道路狭窄，村民的人身和财产安全无法得到充分保障）等众多问题。通过旧村改造，将极大改善××村的居住条件，在大大降低建筑密度的同时，增加公园绿化面积，从而整体提升××村村民的生活便利程度。而且，改造之后，集体物业的收益将大大提升，每位村民的集体分红也自然水涨船高。如果村民通过表决将集体土地转为国有土地，那么回迁安置房即可上市流转，房屋的市场价值亦成倍增长，有利于整体提高村民的经济收入以及居住幸福指数。

法律素养2——动迁人员如何对《拆迁补偿安置方案》的合法性进行解释：

根据《广州市旧村庄更新实施办法》第20条规定，《拆迁补偿安置方案》应当经过村民（含村改居后的居民）和世居祖屋权属人总人数的80%以上表决通过。本村的《拆迁补偿安置方案》已于××××年××月××日经过本村村民（含村改居后的居民）和世居祖屋权属人总人数的80%以上表决通过，因此，本村的《拆迁补偿安置方案》已经生效，对改造范围内的全体村民具有法律约束力。

法律素养3——动迁人员如何对合作企业身份的合法性进行解释：

本村选定的合作企业为××公司。××公司是严格根据《合作企业指引》（如果项目所属区有关于引入合作企业的更为细化的政策指引，可引用各区的合作企业引入的具体政策，如《广州市黄埔区　广州开发区旧村合作改造类项目公开引入合作企业工作指引（试行）》等）的规定，由农村集体经济组织通过公开招商途径选定并经本村的成员大会/成员代表大会表决通过（表决率为××%）的合法主体。

法律素养4——动迁人员如何对项目实施主体身份的合法性进行解释：

本旧村改造项目的项目实施主体是××公司。××公司是由本村的农村集体经济组织和合作企业就本村旧村改造事宜依法共同成立的专门实施本村的拆迁补偿安置全部事宜的项目公司。××公司于××××年××月××日依法取得××区城市更新局作出的《关于××村改造实施主体的复函》，同意××公司作为××村旧村改造项目的项目实施主体，由其按规定开展××村旧村改造项目的改造实施相关工作。

法律素养5——动迁人员如何对《拆迁补偿安置协议（私宅）》的合理性进行解释：

《拆迁补偿安置协议（私宅）》是以经本村民主表决程序表决通过的《拆迁补偿安置方案》的补偿标准为基础进行制定的统一文本。而且，《拆迁补偿安置协议（私宅）》约定的具体的补偿标准不低于《拆迁补偿安置方案》规定的补偿标准。是故，《拆迁补偿安置协议（私宅）》并没有削减或侵害村民的任何合法权益，村民可以放心订立。

法律素养6——动迁人员如何向被拆迁人提示《拆迁补偿安置协议（私宅）》约定的被拆迁人的合同义务：

根据《民法典》第496条的规定："格式条款是当事人为了重复使用而预先拟定，并在订立合同时未与对方协商的条款。采用格式条款订立合同的，提供格式条款的一方应当遵循公平原则确定当事人之间的权利和义务，并采取合理的方式提示对方注意免除或者减轻其责任等与对方有重大利害关系的条款，按照对方的要求，对该条款予以说明。提供格式条款的一方未履行提示或者说明义务，致使对方没有注意或者理解与其有重大利害关系的条款的，对方可以主张该条款不成为合同的内容。”可知，项目实施主体作为《拆迁补偿安置协议（私宅）》范本的统一制定者，对于《拆迁补偿安置协议（私宅）》中要求被拆迁人履行相应合同义务的条款负有提示义务。因此，动迁人员在协助被拆迁人与项目实施主体正式签约时应向被拆迁人进行相关提示。另外，为确保签约过程的合法性以及《拆迁补偿安置协议（私宅）》的有效性，有条件的项目实施主体可聘请公证机关对签约全过程进行公证，对于没有条件的项目实施主体，笔者也建议其应当对与被拆迁人的签约过程进行录音录像以固定证据，以便后续与被拆迁人就《拆迁补偿安置协议（私宅）》的效力问题发生相关争议时，作为有利证据提交给审判机关。

法律素养7——动迁人员如何向被拆迁人解释《拆迁补偿安置方案》或《拆迁补偿安置协议（私宅）》范本中尚未明确约定的事项（如摇珠选房的具体规则等）：

根据经本村民主表决程序表决通过的《拆迁补偿安置方案》的规定可知，《拆迁补偿安置方案》中未明确约定的事项，由本村的农村集体经济组织按照本村的议事规则与合作企业共同确定。因此，对于改造进程中尚未明确的事宜，将由项目实施主体在履行完毕前述程序后，向改造范围内的全体村民公布具体的实施细则。

法律素养8——如被拆迁房屋存在租赁情形，动迁人员如何指引被拆迁人合法收回被拆迁房屋：

根据被拆迁房屋租赁的具体情形，在实践中，主要有如下几种合法收回拆迁房屋的方式：

情形一：被拆迁人与承租人之间未订立书面租赁合同或者订立了书面租赁合同，但租赁合同约定的租赁期限已经届满，如何处理？

指引：《民法典》第734条第1款规定："租赁期限届满，承租人继续使用租赁物，出租人没有提出异议的，原租赁合同继续有效，但是租赁期限为不定期。”第730条规定：“当事人对租赁期限没有约定或者约定不明确，依据本法第五百一十条的规定仍不能确定的，视为不定期租赁；当事人可以随时解除合同，但是应当在合理期限之前通知对方。”由此可知，情形一的被拆迁人与承租人之间已经构成不定期租赁合同法律关系，被拆迁人可随时向承租人发出解除租赁合同的书面通知书，要求承租人在合理期限（法律实务中半个月可被认定为合理搬迁期限）内清空、搬离并交还被拆迁房屋。此时，被拆迁人无须承担任何违约责任。

情形二：被拆迁人与承租人订立了书面租赁合同，租赁合同约定的租赁期限尚未届满，如何处理：

指引：建议被拆迁人查阅租赁合同，确认租赁合同是否约定了被拆迁人可单方解除租赁合同的条件（如遇政府征收、城中村改造、承租人转租等情形，出租方可单方解除租赁合同），若满足单方解除租赁合同条件的，被拆迁人可依据上述解除事由向承租人发出解除租赁合同的书面通知书，要求承租人在合理期限内清空、搬离并交还被拆迁房屋。此时，被拆迁人无须承担任何违约责任。如果租赁合同并没有约定被拆迁人可单方解除租赁合同的条件，此时则需要被拆迁人与承租人进行协商，友好解决租赁合同的解除问题。

法律素养9——如被拆迁房屋的承租人向动迁人员询问相关补偿事宜时，动迁人员如何解释：

根据广州市旧村改造相关政策的规定，因旧村改造产生的相关拆迁补偿仅由被拆迁房屋的被拆迁人（权属人）享有。承租人并非旧村改造法律关系中的当事人，承租人因被拆迁人提前解除房屋租赁合同而遭受的相关损失，只能按照租赁合同的相关约定向被拆迁人主张相关违约责任，承租人并不具有向项目实施主体直接主张损害赔偿或相关补偿的请求权。因此，承租人不能直接起诉本项目的项目实施主体，只能以租赁合同纠纷为由起诉被拆迁人。

法律素养10——关于私宅“住改商”（“住改商”指本应用于居住用途的宅基地私宅实际用于经营商业用途）的补偿，如何解释：

情形一：如果经村民民主表决程序通过的《拆迁补偿安置方案》中对于“住改商”的私宅没有规定额外的补偿，即居住用途的私宅和经营商业用途的私宅的补偿标准完全一致，如何合理性解释？

指引：根据《土地管理法》等相关法律规定，宅基地申请的唯一用途即为居住用途，因此，在宅基地私宅上进行商业经营的行为本身就不受法律保护，因此，宅基地上的私宅不分用途均应适用相同的拆迁补偿安置标准。

情形二：如果经村民民主表决程序通过的《拆迁补偿安置方案》中对于“住改商”的私宅规定了额外的补偿，如何证明其符合“住改商”的条件？

《拆迁补偿安置方案》中对于“住改商”的私宅有规定额外补偿的，一般会在《拆迁补偿安置方案》中制定符合“住改商”补偿标准的认定条件。根据各个旧村改造项目的实际情况，各个旧村改造项目的“住改商”认定条件的严苛程度也不尽相同。一般来说，“住改商”认定条件主要有以下几种：

a.“住改商”私宅须于××××年××月××日前取得商铺营业执照并且该营业执照在签约时仍在有效期限内；

b.“住改商”私宅须于××××年××月××日前取得商铺营业执照；

c.证明“住改商”私宅于××××年××月××日前进行商业经营（如提供当时经营照片、经营流水等）。

2.签约组

签约组，工作主要内容有二：一是负责按照被拆迁房屋的证载数据及现状测量数据，确定被拆迁房屋的具体拆迁补偿安置数额，并在《拆迁补偿安置协议（私宅）》范本的基础上，为被拆迁人出具载明被拆迁房屋各项拆迁补偿安置数据的《拆迁补偿安置协议（私宅）》；二是负责核查动迁人员收集到的签约相关证明材料的真实性、有效性，并负责核实被拆迁人是否享有签约资格。

（1）专项法律培训内容

培训内容一：为签约组人员讲解签约流程及签约相关注意事项；

培训内容二：对被拆迁人的主体身份认定即签约资格认定问题进行专项法律培训；

培训内容三：为签约组人员进行《拆迁补偿安置协议》及其签约相关配套文件范本进行专项法律培训，重点说明范本的适用情况、填写须知。

（2）签约组人员应当具备的基本法律素养

法律素养1——如何核查被拆迁人是否具有签约资格以及享有的补偿标准：

本村经村民民主程序表决通过的《拆迁补偿安置方案》，会明确规定享有受补偿权的权利主体类型，一般来说存在以下三种情形：

情形一：项目实施主体只对在改造范围内拥有房屋且符合《拆迁补偿安置方案》中关于"本村村民"认定标准的被拆迁人进行拆迁安置补偿，如果被拆迁人不是"本村村民"，则不能获得拆迁补偿安置权益。

情形二：项目实施主体对在改造范围内拥有房屋的被拆迁人均进行拆迁安置补偿，无论被拆迁人的身份属于"本村村民"还是"非本村村民"，均按照相同的补偿标准进行拆迁安置补偿，即"本村村民"的补偿标准与"非本村村民"的补偿标准一致。

情形三：项目实施主体对在改造范围内拥有房屋的被拆迁人均进行拆迁安置补偿，根据被拆迁人的身份属于"本村村民"还是"非本村村民"，按照不同的补偿标准进行拆迁安置补偿，即"本村村民"的补偿标准高于"非本村村民"的补偿标准。

鉴于此，签约组需要根据本村经村民民主程序表决通过的《拆迁补偿安置方案》的具体规定来认定被拆迁人是否具有签约资格以及享有的具体补偿标准。

法律素养2——如何核查被拆迁人提交的产权证明材料的真实合法性：

第一，被拆迁人应提交被拆迁房屋的有效产权证明原件供签约组人员核对，签约组人员一般情况下应当直接收取被拆迁人提供的产权证明原件便于后续注销产权证。

第二，如果被拆迁人无法提供被拆迁房屋的有效产权证明原件，签约组人员则需要根据本村的《拆迁补偿安置方案》的规定来判断被拆迁人提交的其他产权辅证材料是否能够作为《拆迁补偿安置方案》规定的有效产权证明文件。

顾问提示

由于旧村改造"一村一策"的原则，各村对于有效产权证明材料的认定范畴大小存在一定差异。有效产权证明材料直接影响被拆迁人适用的拆迁安置补偿标准，一般分为以下两种类型：

第一种：本村经表决的《拆迁补偿安置方案》规定的补偿标准仅分为：(1)被拆迁房屋有有效产权证明材料的补偿标准；(2)被拆迁房屋无有效产权证明材料的补偿标准。那么只要被拆迁人能够提供《拆迁补偿安置方案》规定的材料范畴内的被拆迁房屋有效产权证明材料都适用同一种拆迁补偿安置标准，被拆迁人未能提供有效产权证明材料的，则适用另一种拆迁补偿安置标准或不予补偿。

第二种：本村经表决的《拆迁补偿安置方案》规定的补偿标准分为：(1)被拆迁房屋有有效产权证明材料的补偿标准；(2)被拆迁房屋视为有有效产权证明材料的补偿标准；(3)被拆迁房屋无有效产权证明材料的补偿标准。那么根据《拆迁补偿安置方案》规定的材料范畴，被拆迁人提交的被拆迁房屋产权证明材料适用不同的拆迁补偿安置标准，被拆迁人未能提供有效产权证明材料的，则适用另一种拆迁补偿安置标准或不予补偿。

例如，根据《拆迁补偿安置方案》的规定，只有行政机关出具的被拆迁房屋产权证明材料(如不动产权证，集体土地房产证，集体建设用地使用证，宅基地土地使用权证)以及司法机关出具的生效的被拆迁房屋的确权法律文书，才可认为被拆迁人提供了有效产权证明材料，被拆迁人只能提供住宅性质的建设用地规划许可证、建设工程规划许可证或者施工许可证，确认产权归属的公证书，经农村集体经济组织盖章确认的房屋权属声明的被拆迁房屋属于视为有有效产权证明的房屋。

法律素养3——被拆迁人因不慎遗失产权证明文件原件等原因无法提供产权证明原件时，如何进行产权核查：

如果被拆迁人保留有被拆迁房屋的产权证明文件复印件，则可携带复印件前往相关行政部门（一般为房管部门或所属街道办事处）进行查档，经查档认定复印件与原件一致的，由查档部门在该复印件上加盖"本复印件与原件一致"的校对章以及公章；如果被拆迁人没有保留被拆迁房屋的产权证明文件复印件，则需要被拆迁人先前往房管部门打印被拆迁房屋的查册表，再携带查册表原件前往查档部门进行查档，查档部门根据查档情况向被拆迁人出具被拆迁房屋的产权证复印件并加盖"本复印件与原件一致"的校对章以及公章。

法律素养4——被拆迁人提供的产权证明文件原件存在涂改痕迹的，如何进行相关证载信息认定：

在旧村改造实务中，因集体土地使用权证、集体土地房产证或宅基地使用权证等产权证明文件发放时间较早，并不一定均为电脑打印件，也可能存在手写信息的情况。如果被拆迁人提供的产权证明原件存在涂改痕迹的，签约组人员需告知被拆迁人前往房管部门进行被拆迁房屋的查册并打印查册表交回签约组进行核查认定，如果涂改后的产权证明文件原件与查册结果信息一致的，则可予以认定；如果涂改后的产权证明文件原件与查册结果信息不一致的，签约组人员需告知被拆迁人前往查档部门进行被拆迁房屋的房产证档案查询，由查档部门进行证载信息认定，并出具相应书面证明，拆迁人应当将查档部门出具的书面证明交回签约组，签约组可以按照书面证明的内容进行证载信息的认定。

法律素养5——被拆迁房屋的产权人在签约前去世，如何确定被拆迁人的签约资格：

签约组人员应当向动迁人员确认已去世的产权人在生前是否订立了合法有效的遗嘱或遗赠协议，如有，则遗嘱或遗赠协议确定的继承人或受遗赠人。享有被拆迁房屋的签约资格。需要注意的是，根据《民法典》第1124条，受遗赠人需在知道遗赠之日起60日内作出是否接受遗赠的意思表示，默示视为拒绝接受。若无，则按照法定继承的方式确定继承人，具体继承人的身份确定，要求所有合法的法定继承人前往公证机关就接受继承或放弃继承的事宜进行继承公证，并出具《公证书》。鉴于继承公证的程序要求烦琐，有些项目实施主体采取由农村集体经济组织核实继承人身份并出具《房屋继承声明》的方式确定最终的合法继承人，并确定其享有签约资格。

法律素养6——被拆迁房屋的产权人转让被拆迁房屋产权的，如何确定被拆迁人的签约资格：

此时需区分受转让人与转让人是否属于同一个农村集体经济组织，如属于，则二人之间的转让行为有效，项目实施主体可依据《房屋转让协议》确定受转让人的签约资格。如不属于，则二人之间的转让行为无效，项目实施主体应当与产权人进行签约。

顾问提示

转让人与受转让人不属于同一农村集体经济组织，双方之间的转让行为违反了强制性效力性法律规定，该转让行为应属无效。但在实践中，还是会存在双方都明知该转让行为无效但仍旧订立《房屋转让协议》并由转让人向受转让人实际交付房屋的情形，在这种情形下，因《房屋转让协议》无效，项目实施主体仍应当与产权人签约，要求产权人自行解决与受转让人之间的买卖合同债务关系，并腾空移交房屋。此时，项目实施主体与转让人签订《拆迁补偿安置协议（私宅）》并支付相应的拆迁补偿安置款项后，受转让人无权要求项目实施主体向其再支付拆迁补偿款。受转让人只能就《房屋转让协议》对转让人提起买卖合同之诉，并根据合同无效的过错比例原则与转让人各自承担合同无效后的相应责任。经笔者查阅相关司法判例，法院倾向于认为转让人与受让人双方的过错责任相当，转让人应当向受让人返还购买房屋的价款及房屋自然增值的部分价款。

另外，笔者认为，“一户一宅”的规定并不是效力性强制性规定而是行政性管理性规定，因此违反“一户一宅”原则并不必然导致宅基地房屋转让协议的无效。根据“一户一宅”原则，受转让人在签订宅基地房屋转让协议之前已拥有一处宅基地建造房屋，不得再另行审批建房。但由于宅基地审批建房属于另一法律关系的调整范畴，且宅基地使用权人有权利用宅基地建造房屋或其他附属设施，故从这一角度来说，即使受转让人在协议签订前已有一处宅基地，也不必然导致宅基地房屋转让协议的无效。

法律素养7——无民事行为能力人及限制民事行为能力人具有签约资格的情况下，如何签约：

首先，无民事行为能力人及限制民事行为能力人为未成年人时，签约组人员应当找到该未成年人的第一顺位法定监护人，根据《民法典》第27条规定："父母是未成年子女的监护人。未成年人的父母已经死亡或者没有监护能力的，由下列有监护能力的人按顺序担任监护人：(一)祖父母、外祖父母；(二)兄、姐；(三)其他愿意担任监护人的个人或者组织，但是须经未成年人住所地的居民委员会、村民委员会或者民政部门同意。"可知，签约组人员应当取得该未成年人第一顺位法定监护人的签名确定。

其次，无民事行为能力人及限制民事行为能力人为成年人时，签约组人员应当找到该无民事行为能力人的法定监护人，根据《民法典》第28条规定："无民事行为能力或者限制民事行为能力的成年人，由下列有监护能力的人按顺序担任监护人：(一)配偶；(二)父母、子女；(三)其他近亲属；(四)其他愿意担任监护人的个人或者组织，但是须经被监护人住所地的居民委员会、村民委员会或者民政部门同意。"可知，签约组人员应当取得该成年人第一顺位法定监护人的签名确定。

法律素养8——享有签约资格的被拆迁人系完全民事行为能力人但不具有文字书写能力，如何签约：

如《拆迁补偿安置协议》范本的生效条款存在"签字按捺之日起生效"的表述，签约组可将前述条款的表述变更为"盖章按捺之日起生效"，可要求被拆迁人提供经备案的个人私章。同时，笔者建议项目实施主体对被拆迁人签约时盖章按捺的全过程进行录音录像，有条件的项目实施主体也可以采取全程公证的形式，确保已签署的《拆迁补偿安置协议（私宅）》的真实合法性。

法律素养9——被拆迁房屋的证载地址与被拆迁房屋的现状地址不一致，或被拆迁房屋的证载权属人与被拆迁人的身份证信息不一致，如何签约：

建议签约组人员指引该被拆迁人前往农村集体经济组织办理《同一房屋证明》或《同一人证明》，签约组在确认农村集体经济组织出具的《同一房屋证明》或《同一人证明》真实有效后，可与被拆迁人签约。如果被拆迁房屋的证载权属人的名称为被拆迁人的曾用名，出于签约效率角度考虑，也可要求被拆迁人提供能够显示其曾用名的其他有效材料（如户口本、变更名称前的身份证等），而无须再提供农村集体经济组织出具的《同一人证明》。

法律素养10——被拆迁人因故无法亲自办理签约相关事宜，委托代理人办理签约相关事宜的，如何签约：

为尽可能地规避签约相关法律风险，原则上不建议项目实施主体同意被拆迁人委托代理人代办签约相关事宜，除非被拆迁人在境外或国外因疫情等特殊原因确实无法亲自到场办理签约手续的，才能公证委托代理人代办签约相关事宜。

如被拆迁人在中国香港特别行政区的，被拆迁人的授权委托书要经司法部认可的香港公证人公证，由中国法律服务（香港）有限公司盖章转递。

如被拆迁人在中国澳门特别行政区的，被拆迁人的授权委托书要经司法部认可的澳门公证人公证，由中国法律服务（澳门）有限公司盖章转递。

如被拆迁人在中国台湾地区的，被拆迁人的授权委托书要经司法部认可的台湾公证机关公证，公证书正本交至本村所在地省级公证员协会或中国公证员协会，请求转递和认证，公证书副本交由台湾财团法人海峡交流基金会加章转递至海峡两岸关系协会，再转递至前述接受公证书正本的公证员协会进行对比，经确认核实真实性后出具《证明书》。

如被拆迁人在国外的，被拆迁人的授权委托书要经当地的公证机构公证，经所在国外交部或有权办理领事认证的当地机构申办所在国领事认证，最后向中国驻地大使馆/领事馆申请领事认证，再转递回国。

顾问提示

受疫情影响和两岸政治关系影响，我国台湾地区公证机关的公证是否被房管部门承认需要项目实施主体的报建人员与项目所在地的房管部门提前进行沟通。

法律素养11——具有签约资格的被拆迁人正在服刑的，如何签约：

被拆迁人羁押在看守所的，可由被拆迁人的近亲属委托律师前往看守所会见，通过律师会见的形式让被拆迁人签署《拆迁补偿安置协议（私宅）》。

被拆迁人在监狱服刑的，可由被拆迁人的近亲属直接前往监狱探望被拆迁人，并让被拆迁人签署《拆迁补偿安置协议（私宅）》。

法律素养12——被拆迁房屋的产权人在签约后去世，如何处理：

如果产权人生前已订立遗嘱或遗赠协议的，签约组应在核实并确认遗嘱或遗嘱协议的合法有效性后，联系遗嘱或遗赠协议确定的合法继承人或受遗赠人，通知其签订协议（协议内容为遗嘱或遗赠协议确定的合法继承人或受遗赠人概括承受去世的产权人与项目实施主体已签订的《拆迁补偿安置协议（私宅）》约定的应属去世的产权人的权利义务）。

如果去世的产权人没有订立合法有效的遗嘱或遗赠协议的，签约组应按照《民法典》关于继承的相关规定，联系去世的产权人的全部合法继承人，并要求其前往公证机关办理公证继承手续，出具《继承公证书》，签约组通知《继承公证书》确定的合法继承人签订协议（协议内容为《继承公证书》确定的合法继承人概括承受去世的产权人与项目实施主体已签订的《拆迁补偿安置协议（私宅）》约定的应属去世的产权人的全部权利义务）。

法律素养13——产权人下落不明，如何签约：

《民法典》第40条规定："自然人下落不明满二年的，利害关系人可以向人民法院申请宣告该自然人为失踪人。"第42条第1款规定："失踪人的财产由其配偶、成年子女、父母或者其他愿意担任财产代管人的人代管。"由此可知，产权人下落不明的，法院会依照利害关系人的申请为其指定财产代管人，为其妥善代管财产。此时，签约组可通知法院指定的财产代管人进行签约相关事宜。项目实施主体可根据财产代管人提供的民事裁定书确认其签约资格，并由财产代管人进行签约，在产权人重新出现之前，财产代管人代为签署的《拆迁补偿安置协议（私宅）》的义务由财产代管人代为履行。

3.村务协办组

村务协办组，是指项目实施主体在旧村改造项目过程中，与农村集体经济组织就重要事项的决策以及重要文件的审核、盖章等事宜专门成立的村务协办部门。

一般来说，需要农村集体经济组织决策的重要事项为涉及本项目复建安置区的全部事项，主要内容包括开发报建、勘察设计、建造施工、监理、采购以及与之相关的招标评标定标、各类招标文件的制作、与本项目相关各类合同文件的制定、相关证照的办理以及验收、移交及产权证明的办理等相关工作。

通常情况下，需要农村集体经济组织审核、盖章的文件有以下几种：

《村民身份确认书》《房屋权属声明》《房屋转让声明》《房屋继承声明》《同一房屋证明》《同一村民身份证明》《法定监护人证明书》《亲属关系证明》《死亡证明》《离婚证明》等。

（1）专项法律培训内容

培训内容一：为村务协办组人员讲解需要农村集体经济组织审核、盖章的文件类型及填写须知；

培训内容二：对如何核查被拆迁人提供的相关举证材料（如遗嘱、遗赠协议、地契等）的真实性、合法性进行专题法律培训；

培训内容三：为村务协办组人员讲解审核、盖章后可能产生的相关法律效力及法律风险；

培训内容四：为村务协办组人员进行被拆迁人举证材料的保管及归档等事宜的专项法律培训。

（2）村务协办组人员应当具备的基本法律素养

法律素养1——农村集体经济组织出具《村民身份确认书》时需要被拆

迁人举证的材料：

分红权书面凭证、在本村出生的出生证明、迁入本村的迁入证明。

法律素养2——《房屋权属声明》审核、盖章需要被拆迁人举证的材料：

四邻确认声明、历史报建材料、房屋修筑建筑材料购买凭证。

法律素养3——《房屋转让声明》审核、盖章需要被拆迁人举证的材料：

转让协议/合同（需合同当事人前往所属经济社现场确认）、经公证转让协议/合同（受让人一方前往经济社现场确认即可）、离婚协议书和离婚证（需夫妻双方前往所属经济社现场确认）、经民政部门备案的离婚协议书和离婚证（最终确定的房屋权属人一方前往经济社现场确认即可）。

法律素养4——《房屋继承声明》审核、盖章需要被拆迁人举证的材料：

被拆迁房屋的有效产权证明、被继承人已去世的死亡证明、全部继承人的身份证、全部继承人与被继承人的亲属关系证明。

法律素养5——《法定监护人证明》审核、盖章需要被拆迁人举证的材料：

被拆迁人（成年人）为无民事行为能力人或限制民事行为能力人的证明文件，如医学证明（精神分裂症等）、智力残疾证、生效法律文书（法院判决书或裁定书）。

4.报建组

报建组，负责与街道办事处、区房管部门、区城市更新局、区政府等相关政府部门对接旧村改造过程中涉及的相关行政事务（如集体土地房产证等不动产产权证明的注销登记事宜，相关表决结果、完善历史用地手续的上报，申请《改造通告》、施工许可证、国有土地证等相关行政许可等），报建组是旧村改造中的核心部门。

（1）专项法律培训内容

培训内容一：为报建组人员讲解办理注销集体土地房产证等不动产产权证明的流程；

培训内容二：为报建组人员讲解旧村改造项目的全部表决事项（包括表决主体、表决程序、表决通过率、表决公告等）；

培训内容三：为报建组人员讲解旧村改造项目对公法律文件的相关撰写格式、用语要求；

培训内容四：为报建组人员讲解完善历史用地手续和申请办理集体土地转国有土地的手续及流程。

（2）报建组人员应当具备的基本法律素养

法律素养1——注销集体土地房产证等不动产产权证明手续，所需的材料：

A.如项目实施主体统一注销的，需要提供被拆迁人委托项目实施主体办理注销登记手续的经公证的授权委托书；

B.被拆迁人的身份证复印件；

C.被拆迁房屋的产权证明材料原件；

D.项目实施主体委托报建组人员办理注销登记相关事宜的经公证的授权委托书；

E.项目实施主体的营业执照原件；

F.项目实施主体的法定代表人身份证明书原件及法定代表人的身份证复印件；

G.被委托的报建组人员的员工身份证明书及身份证原件；

H.被拆迁人已签署的《拆迁补偿安置协议》原件。

法律素养2——注销集体房产证所需材料以及流程：

与区房管部门（项目所属区不动产登记中心）紧密联络，明确了解注销集体土地房产证等不动产证明手续所需的流程，如继承公证、委托公证等，具体流程和所需文件详见本书第九章旧村改造后期之注销房产证阶段。

法律素养3——对公函件的起草以及审查：

与区城市更新局、区政府相关政府部门紧密联络，及时沟通并上报本村旧村改造项目中的对公函件和报告等，熟悉各项对公函件的内容，做到精准的上传下达。

5.宣传组

宣传组，负责旧村改造进程中的对外宣传事宜，如运营专为本村旧村改造设立的公众号，制作宣传手册、宣传栏、宣传横幅、宣传报纸、宣传喇叭车等的宣传内容，发布致全体被拆迁人的签约流程、签约奖励金制度、回迁安置地块施工进程、摇珠选房制度等重要公告，统一回复被拆迁人的疑难问答等。

（1）专项法律培训内容

培训内容一：为宣传组人员讲解最新的广州市城市更新相关政策及本村所在辖区关于旧村改造的相关政策；

培训内容二：为宣传组人员讲解本村旧村改造项目的全流程以及相关阶段的重要节点问题；

培训内容三：对旧村改造项目过程中涉及的表决、行政许可等法律问题进行专题培训；

培训内容四：对旧村改造项目对外宣传过程中可能出现的刑事、民事风险进行专题培训。

（2）宣传组人员应当具备的基本法律素养

法律素养1——宣传内容需要注意的法律风险问题：

作为项目实施主体的对外宣传、发言部门，宣传组人员制定的所有宣传内容，必须保证宣传内容真实、合法、有效。例如，关于旧村改造项目相关表决事宜所涉及的表决主体、表决程序、表决通过率、表决公示等内容的宣传必须保证符合广州市城市更新相关政策及本村所在辖区关于旧村改造的相关政策。

尤其需要宣传组人员注意的是，宣传组人员所对外作出的宣传内容（如回迁安置房标准、奖励金标准、同意被拆迁人同等条件下优先承租集体物业或融资商业的单方承诺、摇珠选房规则等），均会被认定为项目实施主体所对外作出的真实意思表示，如后续就相关宣传内容产生法律争议的，宣传组人员所对外作出的宣传内容对项目实施主体具有约束力，因此，旧村改造律师以及项目实施主体的法务部门有必要对宣传组人员的对外宣传函件进行法律风险性审查。

法律素养2——悬挂大型、巨型宣传横幅或广告牌需要注意的法律风险问题：

根据《民法典》第1253条规定："建筑物、构筑物或者其他设施及其搁置物、悬挂物发生脱落、坠落造成他人损害，所有人、管理人或者使用人不能证明自己没有过错的，应当承担侵权责任。所有人、管理人或者使用人赔偿后，有其他责任人的，有权向其他责任人追偿。"可知，项目实施主体作为宣传横幅或广告牌的所有人、管理人及使用人，有义务尽到最大限度的行人行车的安全保障义务。因此，在悬挂大型、巨型宣传横幅或广告牌时，宣传组人员应当提高警惕，高度重视，及时履行定期维护等义务，严格防控因高空坠物导致的伤人或毁财等意外事故。

法律素养3——避免侵害他人隐私权以及保密义务：

宣传组在项目实施中后期协助项目开展促进签约的宣传工作时，就未签约的被拆迁人的信息应当保密，不能够直接将未签约的被拆迁人的身份信息曝光，以免造成对公民个人信息的侵害，同时在通知、公告或横幅中所使用的词语应当充分斟酌，避免造成对公民名誉权的侵害。

6.核心领导组

核心领导组，负责决策选定旧村改造过程中的第三方合作单位（如测量公司、拆卸公司、建设公司、广告公司、评估公司、融资银行银团、法律顾问团队、公证机关、安保公司等），审核与第三方合作单位的合作服务协议，对接第三方合作单位的领导负责人以及决策旧村改造项目进程中的其他重大核心事项。

（1）专项法律培训内容

培训内容一：为核心领导组人员讲解最新的广州市城市更新相关政策及本村所在辖区关于旧村改造的相关政策；

培训内容二：为核心领导组人员讲解本村旧村改造项目的全流程；

培训内容三：对核心领导组人员就旧村改造项目过程中涉及的税务、融资等法律问题进行专题培训；

培训内容四：对核心领导组人员就旧村改造项目过程中可能出现的刑

事、民事风险进行专题培训。

(2)核心领导组人员应当具备的基本法律素养

法律素养1——充分知悉旧村改造进程中的重大事项以及涉及的政府监管:

对旧村改造中的重大事项,如对于合作企业的引入以及退出机制、复建安置资金监管、复建安置区的建设监管等都有充分的了解,并知悉现行政策的规定以及未来政策的导向。

法律素养2——《拆迁补偿安置方案》的补偿标准稳定输出:

对《拆迁补偿安置方案》的每一项条款有正确的法律理解,能够领导旧村改造项目的全体人员共同开展项目的各项工作,并能够在被拆迁人提出异议时,领导动迁组人员统一对外输出口径,保障《拆迁补偿安置方案》执行的一致性。

(三)关于动迁外包的实务经验介绍

1.背景介绍

从本章前述内容可以看出,旧村改造项目对动迁组人员的法律素养要求较高,培训耗时耗力,项目实施主体组建动迁组需要投入较大的人力、时间成本,因此,项目实施主体除了考虑自行组建动迁组,还可以考虑聘用专业的动迁服务公司。专业的动迁服务公司能够提供具备动迁法律素养及动迁实务经验的工作人员供项目实施主体开展动迁工作,有利于节省项目实施主体自行组建动迁组所需的人力、时间成本,为旧村改造的签约工作提速。

2.《动迁服务合同》的条款设计

通常情况下,《动迁服务合同》的甲方为项目实施主体,乙方为动迁服务公司。《动迁服务合同》应当包含以下内容:鉴于部分,服务概况,甲方的权利义务,乙方的权利义务,合同价款、支付和结算,双方的违约责任,不可抗力条款,保密条款,通知送达条款,争议解决条款,生效条款,其他条款。

（1）鉴于部分

指引：鉴于部分主要说明双方的身份地位以及说明双方拟就旧村改造项目的动迁服务达成合作意向。

（2）服务概况

指引：服务内容包括摸底调查、政策宣传、表决动员、动迁谈判、解释补偿标准、指引签约、签约留档等内容。同时，也应当在此明确约定服务标准要求以及服务期限要求。

顾问提示

第一，关于动迁服务范围的问题。动迁的被拆迁房屋范围应根据本村旧村改造项目实施范围内的实际被拆迁房屋类型进行约定。有的旧村改造项目实施范围内并无国有土地，故也无须约定对国有土地上房屋的动迁。另外，旧村改造项目实施范围内的被拆迁房屋通常情况下都是指用于自住或出租的住宅类房屋，但也存在用于经营的私宅改建的商铺类房屋。商铺类房屋由于涉及商业经营活动，相较于住宅类房屋的动迁难度更大，故也需要双方对乙方应当负责的动迁房屋类型进行明确约定，以避免双方对服务范围的歧义理解。

第二，关于拆迁补偿标准的问题。为了保障旧村改造项目补偿标准的一致性，动迁服务公司应当保证严格遵守并执行本项目经表决通过的《拆迁补偿安置方案》，并以项目实施主体提供的《拆迁补偿安置协议》及其相关配套文件的模板为唯一依据开展动迁工作，项目实施主体如对上述文件进行修改的，应当及时书面通知动迁服务公司，以保证双方对外输出口径的一致性。

第三，关于适当增加拆迁补偿福利的问题。项目实施主体虽然不直接参与被拆迁人补偿诉求的谈判，但是动迁服务公司与被拆迁人之间的谈判情况应该及时告知项目实施主体，以便项目实施主体掌握被拆迁人的签约意向，适时适当地增加签约奖励或福利，促进本项目实施范围内被拆迁人的签约积极性。通常情况下，项目实施主体通过银行转账形式向被拆迁人发放临迁费和签约奖励金、搬迁奖励金等货币补偿，需要动迁服务公司协助发放的可能为项目实施主体在节日作为项目福利向被拆迁人发放的米、油、抽纸等日用品礼品。

第四，关于动迁服务的标准及期限的问题。旧村改造项目实施范围内的被拆迁房屋的动迁难度各异，虽然项目实施主体想通过外包动迁服务公司的形式将动迁工作一次性解决，但是从实际出发即使是经验丰富的专业动迁服务公司也难以保证完成旧村改造项目实施范围内的全部动迁工作。因此，项目实施主体和动迁服务公司应当根据本项目的实际情况制定上述具体服务标准及服务期限要求，例如，可约定自签署本《动迁服务合同》之日起12个月达到私宅签约率80%及以上的具体要求。

(3)甲方的权利义务

指引：甲方的权利义务包括向乙方明确动迁工作的具体内容、为乙方解释工作重点并协助乙方解决工作中存在的疑难问题、对本项目实施过程中乙方提出的属于甲方权利和义务的事务进行配合处理、按本合同的约定及时履行支付义务以及对乙方工作的开展进行全程监督管理等具体内容。

顾问提示

动迁服务公司的具体工作已在服务概况这一条款中列明，如动迁服务公司的工作人员认为上述条款内容有歧义的，应当由项目实施主体向动迁服务公司明确动迁工作的具体内容，而不应当由动迁服务公司自行决策，否则将极大影响整个旧村改造项目的动迁进程。而且，在动迁服务公司工作人员与被拆迁人谈判的过程中，对于被拆迁人提出的补偿诉求或有关项目实施主体的咨询，由于动迁服务公司没有承诺补偿诉求的权利，也没有主动公开项目实施主体相关信息的权利，因此，项目实施主体应当根据动迁服务公司的反馈，给出补偿诉求或相关问题的答复以配合动迁服务公司顺利开展动迁工作。

（4）乙方的权利义务

指引：乙方的权利义务包括配备足够的管理人员及工作人员对动迁工作负责、提前做好签约解释工作及签约指引、根据甲方的动迁要求及动迁进度开展工作并对工作结果负责、促成被拆迁人与甲方签订《拆迁补偿安置协议》、负责受理解决或配合受理解决动迁服务过程中的投诉和各类纠纷问题等内容。

顾问提示

第一，关于动迁服务办公地点的选址问题。动迁工作是签约阶段的核心工作，为了项目实施主体第一时间掌握动迁进度，同时便于旧村改造项目其他组别的工作人员与动迁组工作人员紧密合作，共同完成签约工作，项目实施主体在办公条件允许的情况下，应当尽可能安排动迁服务公司的工作人员与核心领导组、签约组、村务协办组、报建组、宣传组等在同一个办公场所办公。

第二，关于签约证明材料的核查问题。为避免动迁服务公司与被拆迁人恶意串通，谋取不正当利益，除了要求被拆迁人在签订《拆迁补偿安置协议》时承诺其提供的相关证明文件真实合法有效之外，有必要让动迁服务公司也同时保证其转递给项目实施主体的所有材料均真实合法有效，否则应当由动迁服务公司承担因其递交虚假材料导致的一切法律责任与经济损失。

第三，关于动迁服务过程中的监督管理问题。项目实施主体应当约束并全程监督管理动迁服务公司在开展动迁服务工作中的行为，避免因动迁服务公司损害被拆迁人或其他第三人的合法权益，而连累项目实施主体和合作企业，使其商誉受损。

（5）合同价款、支付和结算

指引：本条主要约定动迁服务费的具体明细以及总额、支付动迁服务费的方式以及支付条件等内容。

顾问提示

项目实施主体与动迁服务公司应共同评估本旧村改造项目的动迁难度，并共同协商出适合本旧村改造项目的动迁服务费用总额、具体的支付标准及支付方式。项目实施主体应结合自身财务部门的支付规定，约定符合实际需要的服务费用申请流程和合理期限。根据《广州市旧村庄全面改造成本核算的通知》的相关规定，旧村全面改造成本主要包括前期费用、建安费用、临迁费用、拆除费用、市政费用、农转用费用、不可预见费用等，其中并没有明确约定动迁服务费是否可以纳入改造成本，因此，项目实施主体也应当综合考量是否有充分理由聘请专业的动迁服务公司来进行动迁工作。

毫无疑问，旧村改造已经成为了房地产商在广州市拿地的主流方式之一，如果房地产商打算深耕旧村改造领域，那么可以考虑培养一支完全属于自己的动迁人才队伍，规范动迁签约的统一流程，这也有利于房地产商在旧村改造领域版图的快速扩张，提高房地产商在旧村改造领域的核心竞争力。

（6）双方的违约责任

指引：甲方的违约责任主要有逾期付款的违约责任；乙方的违约责任主要有逾期完成本项目动迁服务工作的违约责任。同时还需要约定合同解除权的具体事由，如乙方蓄意与被拆迁人弄虚作假造成甲方严重损失、乙方在履行本合同过程中存在过错经甲方指出并要求改正后仍不符合本合同约定、乙方未按时完成动迁服务等内容。

（7）不可抗力条款

指引：本条应当明确约定属于不可抗力的情形（如地震、台风、海啸、瘟疫、骚乱、戒严、暴动、战争、政策变更等情形）以及不可抗力发生后的应对措施以及法律后果。

顾问提示

根据《民法典》第180条的规定，不可抗力是指不能预见、不能避免且不能克服的客观情况。在旧村改造的进程中，极有可能出现因政府政策变更、留守户迟迟不签约等第三方原因导致旧村改造项目无法继续实施的情形，这种情形是项目实施主体本身不能预见、不能避免且无法克服的客观情形。因此，应当在此条中明确约定在不可抗力的具体类型以及发生不可抗力事件时的具体处理机制，尽可能减小双方的损害并按照公平原则明晰双方的责任比例。

(8)保密条款

指引：保密条款包括保密的义务主体、保密的具体内容、保密义务的时限、保密义务的豁免情形以及违反保密义务的后果等内容。

顾问提示

动迁服务公司在提供动迁服务时，会掌握大量被拆迁人的个人隐私信息以及项目实施主体的相关商业隐私信息，动迁服务公司应当对此予以严格保密。因上述相关信息泄露，有可能导致本旧村改造范围内的社区不稳定，甚至可能存在导致本旧村改造项目全面停滞的不利后果。因此，在《动迁服务合同》中约定保密条款具有现实的必要性。

(9)通知送达条款

指引：通知送达条款包括确定双方的有效通信地址以及确定通知送达方式等内容。

顾问提示

通知送达条款是区别于前述提到的一般的商务条款，不涉及对双方权利义务进行处分的实体性问题，故在签订《动迁服务合同》时往往会忽略该条款的重要性。但是，《动迁服务合同》涉及的服务事项较多，而且服务标准也并不能够完全通过文字做到100%的精确性，因此双方对《动迁服务合同》的履行在后期容易发生争议，一旦发生争议，通常的解决方式为双方通过司法途径进行处理。那么，涉及诉讼或仲裁时，如果《动迁服务合同》中未设置通知送达条款，则极有可能会遇到开庭传票、裁判文书无法送达只能公告送达的情形，这不利于保障双方诉讼权利的有效行使。

(10)争议解决条款

指引：本条款主要约定争议解决的方式以及具体的管辖机构等内容。

顾问提示

诉讼和仲裁均为解决纠纷的法律途径，相较于诉讼而言，仲裁更加灵活（可根据自身的情况选择仲裁机构、仲裁员等）、更有效率（仲裁为一裁终局制）、更加私密（仲裁不公开审理）。鉴于项目实施主体与动迁服务公司就《动迁服务合同》的履行一旦产生纠纷则极有可能导致该旧村改造项目动迁工作的延缓甚至停滞，因此，双方约定仲裁管辖可能更加有利于纠纷处理的高效性。

(11)生效条款

指引：生效条款主要包含合同生效条件等内容。

(12)其他条款

指引：其他条款包括本合同未尽事宜如何处理、附件法律效力等内容。

(四)宣传手册的制定

1.制定背景

旧村改造项目实质是一项民生工程，旧村改造实施范围内的被拆迁人有权利也有义务了解本村旧村改造中的相关重大事项（如改造基本情况、改造范围、改造模式、改造后的目标、拆迁补偿安置方案内容梳理及解读、签约流程指引、动迁人员联系方式、法律咨询途径等）。因此，宣传手册的制定有利于让本村改造范围内的被拆迁人充分了解上述相关事宜，顺利推进旧村改造项目的进程。值得注意的是，宣传手册的内容是农村集体经济组织或者项目实施主体对外公开作出的相关书面陈述及承诺，具有法律拘束力，因此，项目实施主体对于目前不确定的事项（如摇珠选房规则等）不能够进行具体的书面承诺，以免后续与被拆迁人产生法律争议后，被拆迁人据此作为项目实施主体的书面保证材料提交给司法机关，恐对项目实施主体不利。

2.制定指引

宣传手册一般由项目实施主体或农村集体经济组织单独发布，为了加强被拆迁人对宣传手册的信赖也可以由二者共同联合发布。宣传手册通常由以下五个部分组成：

第一部分为关于旧村改造的历程。

（1）改造基本情况：包括本村的四至情况、人口情况、本村的特色（如岭南水乡特色、宗祠文化特色等）、改造前的现状情况（如居住品质、基础设施、治安和消防情况等）。

（2）本次改造范围：包括拆旧范围、建新范围、复建安置区及融资区规划（含政府产业用地）。

（3）改造模式：模式为合作改造，可具体介绍公开引入的合作企业的相关情况（如合作企业在全国房地产行业中的最新排名、旧改业绩、产业导入能力等）。

（4）改造后的目标：可抽象表述为“实现经济、环境、社会、文化四大目标的共同发展”“实现村民自身利益和集体收益共同增长”“保护村落文化、珍贵文物，促进村落传统文化与城市文化融合”等。也可根据本村经区政府批复同意的《项目改造实施方案》的具体内容，将已经确定的未来将建设的相关公建配套设施情况以及对宗祠、牌坊等历史文化建筑的保护规划等改造后的目标进行宣传。同时，需再次提醒项目实施主体注意，对于不确定的内容（如引入学校的具体品牌、引入公交站或地铁站的路线规划、引入医院的等级等）不能够作出具体的书面承诺，以免后续因客观原因无法引入导致与村民之间产生法律争议。

第二部分为关于拆迁补偿安置方案。

(1)经表决通过的《拆迁补偿安置方案》全文;

(2)关于《拆迁补偿安置方案》重点条款的全面解读(如对村民身份的认定、具体的补偿标准、回迁安置房装修标准等内容进行解读);

(3)拆迁补偿计算参考案例;

(4)关于《拆迁补偿安置方案》表决情况的介绍(如表决流程、表决现场照片、表决结果公示情况等)。

第三部分为关于旧村改造中的问与答。

根据笔者的旧村改造实务经验,村民对旧村改造进程中较为关心的常见问题如下:

(1)本旧村改造项目的项目实施主体的身份介绍;

(2)回迁安置房所在地块的土地性质(如集体土地、国有划拨土地、国有出让土地);

(3)改造后的回迁安置房所在的地块及相应地理位置;

(4)临迁费标准的制定法律、法规或政策依据;

(5)回迁安置房建设过程中的工程质量保障及工程进度保障;

(6)改造过程中的意见、建议或投诉的表达途径;

(7)孤寡老人的安置;

(8)村落历史建筑(如宗祠、牌坊等)的保留及保护;

(9)公摊面积计入回迁安置面积的依据;

(10)回迁安置区停车位的分配;

(11)回迁安置区的物业管理;

(12)改造后导入的商业情况。

第四部分为关于签约的注意事项。

(1)签约流程指引;

(2)被拆迁人需要提供的签约资料清单(如身份证、产权证、银行卡等);

(3)动迁人员联系方式;

(4)本项目相关的法律咨询途径；

(5)本项目相关的公证咨询途径。

第五部分为关于合作企业的相关介绍。

(1)合作企业基本情况介绍(如成立时间、注册资本金、公司形式等)；

(2)合作企业主要的核心业务及企业文化；

(3)合作企业的旧改业绩及产业导入能力；

(4)合作企业的社会影响力。

顾问提示

第一，关于宣传图片的知识产权问题。农村集体经济组织、项目实施主体或合作企业应当确保其完全拥有本宣传手册中所涉图片的合法的知识产权。另外，在本宣传手册所展示的效果图图片下方建议加上“本效果图仅供参考，最终以实际实施结果为准”类似的表述。

第二，关于旧村数据的表述问题。因制定宣传手册之前并未能完全确定相关数据，故笔者建议在宣传手册中所涉旧村改造相关数据信息(如拆旧范围、建新范围等)处加上“最终以政府公布的官方文件所载信息为准”类似的表述。

第三，关于解释权的约定问题。为避免理解的歧义，笔者建议在宣传手册封面或者底页处加上“××公司(项目实施主体)或农村集体经济组织拥有对本宣传手册的最终解释权”类似的表述。

二、私宅签约必备文件的签订

(一)私宅签约文件梳理

在旧村改造项目签约过程中，可能涉及多个民事法律关系，如转让、继承、婚姻等民事法律关系，签约时需要被拆迁人提供相应的特殊材料，因此各被拆迁人的《拆迁补偿安置协议(私宅)》及相关配套文件并不完全相同，相关签约必备材料以及非必备材料大致梳理见表6：

表6　签约材料梳理

分类	文件名称	
签约必备资料	1.《拆迁补偿安置协议（私宅）》	
	2.被拆迁人身份证复印件	
	3.被拆迁房屋产权证明原件	
	4.被拆迁人收款银行卡或存折复印件	
	5.房地产查丈原图即测量报告	
	6.拆迁补偿安置计算表	
	7.房屋移交确认表	
	8.产权人承诺书	
	9.注销房产证的公证委托书	
签约非必备材料	1.适用由于历史原因，被拆迁人没有取得有效产权证明资料的情形	视同有证房屋权属声明
	2.适用被拆迁人无法提供任何相关产权资料的情形	无证房屋权属证明
	3.适用被拆迁人为一人以上或者产权人提供的银行账号非本人所有的情形	具结书
	4.适用被拆迁人有代理人的情形	（1）代理人身份证复印件
		（2）经公证的授权委托书
	5.适用法定继承、遗嘱或遗赠继承的情形	（1）所有继承人或受遗赠人的身份证复印件
		（2）经公证的法定继承书、经公证的遗嘱或遗赠协议
		（3）被继承人的死亡证明书
		（4）继承关系证明
		（5）继承人承诺书
	6.适用房屋转让的情形（转让给同村村民）	（1）转让人身份证复印件
		（2）受让人身份证复印件
		（3）经公证的房屋转让声明
		（4）受让人承诺书

续表

分类	文件名称	
签约非必备材料	7.适用离婚的情形	（1）离婚证复印件
		（2）离婚双方身份复印件
		（3）离婚判决书/调解书或经民政局备档的离婚协议
	8.适用房屋实际地址与证载地址不一致的情形	《同一房屋证明》
	9.适用身份证名字与房产证名字不一致的情形	《同一人证明》
	10.适用产权人为成年人，但该成年人为无或限制民事行为能力人	《法定监护人证明书》
	11.适用被拆迁人因下落不明，被拆迁房屋存在代管的情形	确定财产代管人的民事裁定书

（二）《拆迁补偿安置协议（私宅）》的条款设计

1.制定原则

《拆迁补偿安置协议（私宅）》范本系以经表决通过的《拆迁补偿安置方案》为基础制定的针对被拆迁人的被拆迁房屋的具体补偿安置文件。因此，《拆迁补偿安置协议（私宅）》应当包含《拆迁补偿安置方案》中所有的补偿类别，并且，《拆迁补偿安置协议（私宅）》的补偿标准应当不得低于《拆迁补偿安置方案》中确定的补偿标准。经农村集体经济组织和合作企业在平衡各自权益，并综合考虑项目实际改造成本、签约效率、签约难度的基础上，确定《拆迁补偿安置协议（私宅）》中的相关商务条款内容。

2.签订主体

通常情况下，《拆迁补偿安置协议（私宅）》的签订主体为两方主体，甲方为项目实施主体，乙方为被拆迁人。

特殊情况下，《拆迁补偿安置协议（私宅）》的签订主体为多方主体，除了前述提到的改造实施主体公司及被拆迁人之外，还可根据实际情况加入其他主体，如农村集体经济组织、街道办事处、合作企业等。

（1）关于农村集体经济组织作为签订主体的背景及利弊比较

农村集体经济组织作为村务管理部门，具有保障村民合法利益的法定职权，为监督项目实施主体对被拆迁人是否履行相关拆迁补偿安置义务，农村集体经济组织可作为签订主体加入《拆迁补偿安置协议（私宅）》。

利处：

被拆迁人考虑到农村集体经济组织作为签订主体一方，农村集体经济组织会督促项目实施主体履行相关拆迁补偿安置义务，被拆迁人的签约意愿可能大幅提高，这将有利于提高本项目的签约效率。

弊端：

a.因《拆迁补偿安置协议（私宅）》约定的生效条款为“各方签署之日起生效”，增加签约主体，则相应增加《拆迁补偿安置协议（私宅）》的盖章审批流程，故《拆迁补偿安置协议（私宅）》生效时间也会相应迟延。如果《拆迁补偿安置协议（私宅）》约定的临迁费支付标准为“本协议生效之日起计算临迁费”，那么，被拆迁人受领临迁费的起算时间也会相应迟延。

b.农村集体经济组织作为签订主体一方，依约具有监督项目实施主体履行职责的合同义务。如果被拆迁人与项目实施主体就《拆迁补偿安置协议（私宅）》产生法律争议，则被拆迁人极有可能将农村集体经济组织列为被告或第三人，即使被拆迁人没有起诉农村集体经济组织，也可能存在司法机关根据《拆迁补偿安置协议（私宅）》依法追加农村集体经济组织作为诉讼当事人的情形，进而导致农村集体经济组织可能承担监督不利的合同责任。

c.对项目实施主体而言，农村集体经济组织作为签订主体一方如不配合签约相关工作，极有可能拖慢签约进度，而且因创设了农村集体经济组织的监督合同义务，增加了项目实施主体需要对农村集体经济组织履行相应的汇报工作等接受监督的合同义务，为项目实施主体推进旧村改造项目进程增加了一定的工作负担。

（2）关于街道办事处作为签订主体的背景及利弊比较

针对旧村改造范围内因地方政府特殊政务情况（如市政规划、河涌整治等）而需要街道办事处作为签订主体一方督办项目实施主体和被拆迁人的拆迁补偿安置履行情况，以确保地方政府的相关政务得到顺利推行。

关于街道办事处作为签订主体的利弊与农村集体经济组织作为签订主体的利弊大致相同。

(3)关于合作企业作为签订主体的背景及利弊比较

一般来说，合作企业不会作为《拆迁补偿安置协议(私宅)》的签订主体，但基于其与农村集体经济组织的谈判、磋商，合作企业可能同意在项目实施主体违约的情况下，与项目实施主体共同承担相关违约责任。

利处：

合作企业都是公开招商平台引入的，满足农村集体经济组织招商时的全部要求，其资金实力和企业信誉相比项目实施主体更具有影响力，合作企业作为签订主体一方，并与项目实施主体共同承担违约责任，将有利于提高被拆迁人对项目实施主体的信任度，有利于提高签约效率。

弊端：

对于合作企业而言，其作为签订主体的一方，增加了合作企业在被拆迁人与项目实施主体之间的一切争议中作为被告或第三人的可能性，将影响合作企业的企业信用，影响合作企业自身的融资及社会评价等。

3.协议内容

通常情况下，《拆迁补偿安置协议(私宅)》应当包含以下内容：鉴于部分，被拆迁房屋现状，拆迁补偿及回迁安置，回迁安置房分配的方法和原则，回迁安置房的交楼标准，补偿款的支付，委托注销房屋产权证、甲方的权利义务，乙方的权利义务，甲方的违约责任，乙方的违约责任，保密条款，通知送达条款，争议解决条款，生效条款，其他条款(如委托签约条款，税务承担条款等)。

(1)鉴于部分

指引：鉴于部分通常要包含本村旧村改造项目所在地适用的市级和区级的城市更新政策文件及本村获得的相关政府批复文件以及本村经表决通过的《拆迁补偿安置方案》等文件依据。同时，鉴于部分也需列明各方签订主体在本村旧村改造项目中的合同地位。

(2)被拆迁房屋现状

指引:本条包括被拆迁房屋的地址信息、产权人信息、产权证证载信息、经指定的测量公司测量后被拆迁房屋的现状信息等内容。

顾问提示

需要注意的是,在本条中相关法律用语需尽可能做到精确表述,确保不存在歧义理解。

例如,“乙方确保其为被拆迁房屋的唯一合法产权人”“乙方作为本协议约定被拆迁人保证合法拥有被拆迁房屋的合法产权,并向甲方承诺不存在任何其他合法权利人,因被拆迁房屋产生的一切产权和债权争议,乙方保证妥善处理,因此引发的一切法律责任和经济损失,概由乙方自行承担”。通过协议形式让乙方保证为被拆迁房屋的唯一合法产权人,可在后续就该被拆迁房屋的权属问题出现争议,且有相关生效法律文书确定乙方不是被拆迁房屋的权属人时,项目实施主体以该条款主张乙方违反了合同义务,并有权单方解除《拆迁补偿安置协议(私宅)》并要求乙方承担相应的违约责任。

又如,“乙方同意甲方委托的测量公司进行测量,并出具附件《房地产查丈原图》(房屋测量报告)作为房屋现状的唯一依据,甲乙双方对此均无异议”。通过约定乙方同意甲方委托的测量公司进行房屋测量,可在后续乙方以“测量公司未经其同意侵入其住宅”为由向测量公司追究非法侵入住宅及故意毁坏财物等刑事责任或侵犯隐私权、名誉权等民事责任时,用该条款进行法律抗辩。另外,被拆迁房屋在拆卸完毕、房屋实体灭失后,如乙方主张重新计算迁拆安置补偿款项,可根据该条款的约定,以甲方委托的测量公司出具的《房地产查丈原图》作为被拆迁房屋的唯一房屋现状数据依据。《房地产查丈原图》需要作为《拆迁补偿安置协议(私宅)》的附件,只有作为附件才可在《拆迁补偿安置协议(私宅)》里对附件的效力进行约定,约定附件与《拆迁补偿安置协议(私宅)》具有同等的法律拘束力。

(3)拆迁补偿及回迁安置

指引:本条包括具体的拆迁补偿标准以及方式(包括各项具体类别的货币补偿、回迁安置面积补偿等),被拆迁房屋的移交标准、移交手续以及移交时限,被拆迁房屋移交后的管理以及暂定回迁时间等内容。

顾问提示

第一,关于拆补协议统一化的问题。被拆迁房屋的具体的拆迁补偿标准以及方式可统一表述在本协议附件《拆迁补偿安置计算表》当中,甲方以《拆迁补偿安置计算表》为依据向乙方支付被拆迁房屋的拆迁补偿安置款。甲乙双方确认《拆迁补偿安置计算表》的全部数据后,即可按照该表所载数据履行本协议的相关约定。前述提到的实操方式主要是从旧村改造签约实务的准确性及效率性角度考虑。其一,人工填写被拆迁房屋的各项数据容易出错,对《拆迁补偿安置协议(私宅)》和《拆迁补偿安置计算表》进行分别填写,将增加签约组人员对两份文件的数据校对的时间成本。如数据校对后,签约组人员仍未能发现数据填写错误的,将引发以哪一份文件所载数据为有效数据的争议。其二,将被拆迁房屋的各项数据统一填写于《拆迁补偿安置计算表》当中,既能够提高签约组人员的填写效率,又能方便被拆迁人查阅、核对被拆迁房屋的各项数据分别对应的补偿金额。其三,因《拆迁补偿安置协议(私宅)》中无须载明被拆迁房屋的各项数据,将便于项目实施主体对《拆迁补偿安置协议(私宅)》范本的统一化管理。

第二,关于被拆迁房屋的移交要求。乙方应当在约定时限内向甲方移交被拆迁房屋的钥匙和有效产权证明原件(包括但不限于集体土地房产证、不动产权证、宅基地证、建房许可证、规划局规划审查批文、经政府部门审批且公示的文书等)并将被拆迁房屋整体清空后移交甲方,甲方在接收房屋后应当向乙方出具《房屋移交确认表》,且声明不再就乙方房屋及房屋内任何遗留物品的丢失、损害等承担任何赔偿责任。乙方必须在此处明确移交被拆迁房屋的最后时限,如果乙方在签订《拆迁补偿安置协议(私宅)》后以任何理由拒不向甲方移交被拆迁房屋的,甲方可根据该条款向乙方提起诉讼,要求乙方履行移交被拆迁房屋的义务,胜诉后可向法院申请强制执行。

第三,关于被拆迁房屋移交后的被拆迁问题。自本协议签订之日起,乙方应当确认其对被拆迁房屋的所有权益(包括但不限于所有权、使用权、处分权、收益权等)全部由甲方承继。自乙方向甲方移交被拆迁房屋之日起,乙方不能以任何理由要求甲方返还房屋,甲方有权对被拆迁房屋进行全权处理。该约定的核心目的是确保自甲乙双方签订《拆迁补偿安置协议(私宅)》之日起甲方完全享有被拆迁房屋的所有权益,除甲方未能按时支付拆迁补偿安置款的情况外,乙方不得以任何理由解除《拆迁补偿安置协议(私宅)》,亦不得要求甲方返还被拆迁房屋,该条款能够有效保证本村旧村改造进程中的签约秩序稳定。

第四,关于回迁时间的约定问题。因旧村改造项目存在时间跨度大、改造难度大等不可控的客观因素,故在《拆迁补偿安置协议(私宅)》中约定"回迁时间"时,应采用"初定""暂定"的表述方式,切忌约定明确的回迁时间,否则在约定明确回迁时间但未能按时回迁时,项目实施主体将承担相应的违约责任。回迁时间的起算日如果在已经表决通过的《拆迁补偿安置方案》中有明确规定,那么则从其规定,如果在《拆迁补偿安置方案》中没有明确规定,可约定以"所在地块上盖建筑全部拆平之日"或"以乙方向甲方移交被拆迁房屋之日"等作为回迁时间起算日。毫无疑问,回迁时间的起算与本村被拆迁人的切身利益紧密相关,该条款应根据本村农村集体经济组织与合作企业的谈判、磋商结果制定,选定各方一致同意的起算节点。

(4)回迁安置房分配的方法和原则

指引:本条包括回迁安置房分配的原则及方式(如摇珠选房或抽签选房等)、回迁安置房优先分配的情形等内容。

顾问提示

根据笔者的旧村改造项目的实务经验，项目实施主体一般会在首期回迁安置房基本建设完毕之时，才制定回迁安置房的摇珠选房的规则及操作细则。故在制定《拆迁补偿安置协议（私宅）》之时，甲方不能就摇珠选房的具体规则和操作细则向乙方作出具体而确定的书面承诺，仅能用较为抽象的表述对回迁安置房分配的方式和原则进行概括。例如“回迁安置房分配按公平、公正、公开的形式进行选房。具体选房程序及操作细则由甲方制定后另行公布，乙方承诺遵照执行，不持异议”等表述。但同时要注意的是，此处也可以增加“乙方保证遵守后续公布的回迁安置房选房规则和操作细则的书面承诺”的约定，该约定对乙方具有法律拘束力，为后续回迁安置房选房规则和操作细则的稳定实施奠定了客观的实施基础。

（5）回迁安置房的交楼标准

指引：本条包括回迁安置房的具体交楼标准如装修标准等内容。

顾问提示

回迁安置房的装修标准是被拆迁人最为关心的核心内容之一，一般来说，经本村表决通过的《拆迁补偿安置方案》中就回迁安置房装修标准事宜应当有明确约定，在《拆迁补偿安置协议（私宅）》中可不再赘述，避免协议过于冗长。即在《拆迁补偿安置协议（私宅）》中简单约定为“回迁安置房装修标准具体以经本村表决通过的《拆迁补偿安置方案》为准”即可。如回迁安置房装修标准较之《拆迁补偿安置方案》有所提高的，可在该表述的基础上增加提高后的回迁安置房装修标准。

（6）补偿款的支付

指引：本条主要约定乙方的收款账户信息（包括开户名、开户行、账号）以及变更收款账户的条件等内容。

顾问提示

项目实施主体财务部门所承担的拆迁补偿款支付的工作量巨大，且付款流程的发起也较为烦琐，一般来说，不应允许乙方任意变更收款账户。除非存在特殊情况（如乙方签约后去世、乙方银行卡被盗刷等），此时，乙方或乙方的全部合法继承人应当向甲方提交书面变更申请，请求变更收款账户，甲方在确认乙方具备实质变更收款账户的条件之后，可向乙方作出一个《回复通知》，载明其将于×年×月×日起将拆迁补偿款支付至乙方新的收款账户，《拆迁补偿安置协议（私宅）》约定的原收款账户的条款作废。在项目实施主体进行拆迁补偿款支付时，还可能遇到因银行等第三方原因导致付款时间迟延的问题，因此该条款还应当约定付款延迟的豁免条款，即“如因银行原因等第三方原因导致甲方付款延迟或不能付款的，甲方无须承担违约责任”的约定，该豁免条款有利于避免因第三方原因导致付款时间迟延而导致的甲方承责问题。

（7）乙方授权委托注销房屋产权证

指引：本条主要约定乙方委托甲方代理其办理注销房屋产权证的相关事宜，包括但不限于乙方同意由甲方全权代理乙方办理相关的房产证补办手续并办理注销登记手续、配合甲方到不动产登记中心办理被拆迁房屋产权证注销登记、配合甲方到公证处办理被拆迁房屋产权证注销登记的授权委托书等内容。

顾问提示

对于合作企业而言，房屋实体拆除工作与注销房屋房产证工作同等重要，即使该地块上的全部被拆迁房屋实体已经被拆除，但是该地块上仍有部分房屋产权证因查封、抵押等权利瑕疵导致房产证未能注销，合作企业因此不能取得该地块的国有土地使用权证，进而将影响本村旧村改造项目工程建设进度。关于委托注销房屋产权证条款制定前，需要报建组人员与本村旧村改造项目所属辖区内的城市更新部门和不动产登记中心沟通明确注销房屋产权证所需的相关手续，尤其需要明确被拆迁人的注销授权委托书是否需要公证。

根据笔者在旧村改造项目提供法律服务的经验，为了取得签约启动阶段的成果即签约率快速达到80%及以上，项目实施主体会放宽对房屋产权证能否注销的这一签约条件的审查，仅以签约时能否移交被拆迁房屋实体为主要审查条件，导致项目实施主体在后续注销房屋产权证的过程中，会耗费预期之外的时间、金钱及人力成本。而且，《广州市旧村庄更新实施办法》第34条规定，旧村庄改造完成拆迁补偿安置并注销原土地、房屋产权登记后申请办理土地确权登记。《广州黄埔区 广州开发区城市更新工作领导小组关于印发广州市黄埔区 广州开发区城市更新全面改造项目实施审批"流程再造"工作指引（试行）的通知》（穗开更新〔2020〕7号）第10条规定："旧村改造项目建新范围在完成集体建设用地转国有建设用地手续后，改造主体通过承诺方式先行申请办理用地结案（审批时限10个工作日），再按程序办理相应地块的土地供应，该地块在全部注销原土地、房屋产权登记后再办理土地确权登记（审批时限5个工作日）。"可知，如果项目实施主体未能全部注销该地块上原土地、房屋产权登记的，则不能申请办理集体土地转为国有土地的相关手续，对合作企业来说，如无法顺利将该地块土地性质从集体土地转为国有土地性质，则影响后续在该地块上的施工建设及申请预售许可等，加大了合作企业在该地块的相关运营成本。

（8）甲方的权利义务

指引：甲方的权利义务主要包括审查乙方提供的产权证明的真实性，按本协议及其附件《拆迁补偿安置计算表》的约定审核支付各项拆迁补偿款项，负责按国家相关建筑规范建设回迁安置房，并做好回迁安置房屋的分配工作，负责本协议约定的开发、报建、安置房工程施工期间的所有相关项目及费用，协助为乙方办理回迁安置房的产权证明等内容。

顾问提示

甲方依据广州市旧村改造回迁安置房相关政策的规定，协助为乙方办理回迁安置房的产权证。一般的旧村改造项目中，项目实施主体均会为被拆迁人办理每一套回迁安置房的独立产权证明。但该独立产权证明中的土地性质为“集体土地”、“国有划拨土地”还是“国有出让土地”，需要根据本村农村集体经济组织的表决结果来确定。另外，关于办证时间的问题，因为办证时间的快慢综合取决于旧村改造项目本身的签约拆迁进度、建设施工进度以及相关政府部门的审批进度，在《拆迁补偿安置协议（私宅）》中不宜直接约定具体的办证期限，这对于项目实施主体来说违约风险过大。即使为了提高签约率这一现实需求，笔者建议也需要约定顺延条款，即建议添加“如因旧改政策、相关政府单位以及留守户等第三方主体的客观原因导致办证条件不能达成的，项目实施主体有权顺延相关办证交付期限并不构成违约”这一表述。

（9）乙方的权利义务

指引：乙方的权利义务包括按照本协议的约定获得各项补偿费用等权利以及提供真实合法有效完整的产权证明原件给甲方、按时移交被拆迁房屋等义务。

顾问提示

第一，关于被拆迁房屋的产权瑕疵保证问题。为避免后续因被拆迁房屋权属问题而引发的司法争议，乙方须书面承诺向甲方交付被拆迁房屋时，乙方对本协议项下的被拆迁房屋拥有完全的所有权并且保证被拆迁房屋未被司法或行政机关查封以及未设置抵押等他项权利。笔者建议，甲方在与乙方正式签约前，应当要求乙方提交被拆迁房屋所在地不动产登记中心于一周内出具的《房屋查册表》原件，确认被拆迁房屋存在查封及抵押等权利瑕疵。

第二，关于水、电、气等业务的销户问题。因甲方不是办理水、电、煤气、网络、电话、电视等业务报停销户手续的义务主体，甲方可能无法代替乙方直接办理相关手续。故甲方应当要求乙方结清被拆迁房屋水、电、煤气、网络、电话、电视等费用并办理完毕报停销户，否则乙方的行为属于自陷风险行为，产生的费用仍应由乙方自行承担。

第三，关于房屋附着物和构筑物的拆除问题。因拆除电线电表、水管龙头、水表、煤气表、煤气管道等固定的附着物和构筑物需要具有专业技术人员佩戴专业技术设备进行操作，如操作不慎可能造成巨大的财产损害和人身损害后果，故从保障被拆迁人的角度出发，不宜让被拆迁人自行拆除上述设施。甲方应约定乙方在清空房屋时，不得自行拆除电线电表、水管龙头、水表、煤气表、煤气管道等固定的附着物和构筑物，以保障乙方的人身财产安全。

第四，旧改秩序的保障问题。旧村改造项目的实施推进需要本村全体被拆迁人的通力合作、大力支持，因此甲方可以约定一条较为抽象的"警告"条款，以起到一定的警示作用，即建议加上"乙方在签订《拆迁补偿安置协议(私宅)》后，保证不借故闹事、阻挠甲方正常开展旧村改造的相关工作及影响本村旧村改造项目的建设工作"这一类似表述。

(10)甲方的违约责任

指引：甲方的违约责任主要为逾期付款的违约责任。

顾问提示

在《拆迁补偿安置协议(私宅)》中，甲方最核心的合同义务为按本协议约定支付拆迁补偿安置款项，如乙方向甲方移交被拆迁房屋后甲方未能按时支付拆迁补偿安置款项时，乙方可根据该条款向甲方主张违约金，以保障乙方自身的合法权益。违约金的具体比例作为商务条款之一，应根据本村旧村改造项目的实际情况确定。此外，为体现《拆迁补偿安置协议(私宅)》的公平性，也为让被拆迁人更加信赖项目实施主体，可以在此约定一条甲方违约的兜底条款，即“甲方违反本协议的约定，对乙方造成损失的，应向乙方承担赔偿责任”这一类似表述。由于旧村改造项目过程中的损失难以认定，约定该条款并无实质用途，但该条款有利于获取乙方的信任，使乙方感到与甲方之间的权利义务的对等性。

（11）乙方的违约责任

指引：乙方的违约责任包括违反交楼时限的违约责任、违反注销房产证义务的违约责任、乙方闹事阻碍旧村改造工程的违约责任等内容。

顾问提示

第一，关于合理拒发临迁费的情形。乙方选择产权置换的补偿方式时，甲方需按约定持续向乙方支付临迁费。如乙方违反本协议的相关约定（如未按约清空并移交房屋的义务、被拆迁房屋存在查封或抵押等权利瑕疵、阻扰项目工程建设、提供虚假产权证明文件、隐瞒房屋共有事实等）的，甲方可以通过约定拒绝向乙方发放临迁费的方式来惩戒乙方，且甲方因此不向乙方支付临迁费的行为不构成违约。

第二，关于逾期交楼违约金的约定。乙方按约履行交楼义务对旧村改造项目的实施进程的推进具有重要意义，因此，关于乙方违反交楼搬迁时限约定的，甲方应当约定较为严苛的违约责任，例如可约定乙方按照逾期天数支付高额的违约金。

第三，关于恶意闹事的违约责任的问题。乙方如在本村旧村改造范围内借故闹事、阻扰施工建设，不仅影响本村的旧村改造项目的正常推进，而且扰乱了本村所在辖区的社会环境稳定，并容易激发被拆迁人与项目实施主体工作人员之间的群体矛盾，可能演变为社会性事件，甚至导致相关人员的财产损失及人员伤亡。因此，在《拆迁补偿安置协议（私宅）》中有必要对乙方闹事等不良行为也进行有效约束。

第四，关于提前约定维权成本分配的必要性。关于违约方应当承担的诉讼费、仲裁费、律师费、保全费、公证费、保函费等费用，应当在《拆迁补偿安置协议（私宅）》中明确约定，如无明确约定，在后续诉讼中主张前述费用由违约方承担，存在不被法院支持的可能性。

（12）保密条款

指引：保密条款包括保密的义务主体、保密的具体内容、保密义务的时限、保密义务的豁免情形以及违反保密义务的后果等内容。

顾问提示

如《拆迁补偿安置协议（私宅）》约定的补偿项目与经本村表决通过的《拆迁补偿安置方案》的补偿标准完全一致的，由于《拆迁补偿安置方案》已对外公开，故《拆迁补偿安置协议（私宅）》亦无须保密，无制定保密条款的必要性。

另外，如需制定保密条款，可表述为“甲乙双方应当对本协议、本协议附件内容以及在本协议履行过程中知悉的相关信息履行保密义务，不得以任何形式向其他第三方泄露或披露。若任何一方违反保密义务，其导致的一切损失由违约方自行承担”。但该表述对违反保密义务一方的违约责任界定较为笼统、抽象，后续诉讼中举证难度较大，不易得到法院的支持。如果确有追索违反保密义务的违约责任的必要性，可约定为“若任何一方违反保密义务，则按照乙方实际收取的拆迁补偿款总额的百分之××支付违约金”的类似表述。该表述对于违反保密义务的违约责任的赔偿范围界定更为明晰，有利于在后续诉讼中以该条款向违约方主张相应违约金。

（13）通知送达条款

指引：通知送达条款包括确定双方的有效通信地址以及确定通知送达方式等内容。

顾问提示

由于后续甲方需要通知乙方有关注销房产证、摇珠选房等事宜，因此在《拆迁补偿安置协议（私宅）》中有约定乙方通信地址、联系方式及电子邮箱的必要性。需要特别注意的是，乙方填写通信地址时不得填写被拆迁房屋地址，否则，乙方移交被拆迁房屋后该通信地址的约定无实际意义。另外，如乙方提供的通信地址系临时租房或借住地址，应当要求乙方在有稳定住所后向甲方提供该稳定住所的地址作为有效的通信地址。考虑到当前互联网通讯技术的发展，电子邮箱的通信方式便捷、稳定，有条件的也可以约定电子邮箱作为有效的送达方式。

甲乙双方约定了有效的通信地址、联系方式及电子邮箱后，甲方即可根据上述的有效联系方式，向乙方提供的通信地址有效送达与《拆迁补偿安置协议（私宅）》相关的书面文件。有效送达在旧村改造实施进程中具有重要的意义，例如，乙方提供虚假产权证明材料后与甲方签订《拆迁补偿安置协议（私宅）》，后被拆迁房屋的真正权利人出现，此时甲方可通过单方行使约定解除权的方式，与乙方解除《拆迁补偿安置协议（私宅）》的合同约定，并要求乙方承担相应赔偿责任，根据《民法典》第565条规定，当事人一方依法主张解除合同的，应当通知对方。合同自通知到达对方时解除。可知，甲方行使解除权须向乙方送达相关的书面通知，因此约定有效送达的条款，能够确保解除权的行使不存在程序上的瑕疵，解除行为能够发生法律效力。

（14）争议解决条款

指引：本条款主要约定争议解决的方式以及具体的管辖机构等内容。

顾问提示

根据双方选定的管辖机构不同，可约定为“甲乙双方在执行本协议时如产生纠纷，应协商解决，经协商不成的，双方有权向本协议签订地有管辖权的人民法院提起诉讼解决”或“因本协议引起的或与本协议有关的任何争议，均提请中国××仲裁委员会按照该会仲裁规则进行仲裁。仲裁裁决始终局的，对双方均有约束力”这一类似的表述。

但是，城中村改造下的《拆迁补偿安置协议》纠纷属于民事纠纷还是行政纠纷，即该协议的法律定性为民事协议还是行政协议，在当前的审判实务中仍存在不同的审判观点，但是在广州市中级人民法院的审判指引中一般认为城中村改造项目系在政府主导下开展的，其改造方案得到市级、区级两级政府的同意，应视为项目实施主体是受到政府拆迁管理部门的委托签订《拆迁补偿安置协议》，故该协议的性质应属于行政协议，与该协议有关的纠纷或因该协议引起的纠纷应当属于行政诉讼受案范围。综上，即使《拆迁补偿安置协议（私宅）》中就争议解决约定了由本村旧村改造项目所在地的人民法院管辖或约定某一仲裁机构仲裁，但因该争议解决条款违反了强制性法律规定从而导致该争议解决条款无效。

（15）生效条款

指引：生效条款主要包含合同生效条件等内容。

顾问提示

生效条款的要件一般为双方签署之日即发生法律效力。《拆迁补偿安置协议（私宅）》的甲方为项目实施主体，公司的签署形式为加盖公章并由法定代表人或授权代表（需有项目实施主体出具的授权委托书）签名；乙方为被拆迁人或经公证委托的代理人，自然人的签署形式为亲笔签字并按捺。因为乙方为村民，有可能存在不识字或者因肌肉萎缩无法书写的情形，因此可以用加盖经备案的私章的方式签署《拆迁补偿安置协议（私宅）》。

（16）其他条款

指引：其他条款包括限定受补偿对象的特别说明、合同项下的纳税义务的承担、未尽事宜的处理、附件法律效力等内容。

顾问提示

第一，受补偿对象的范围问题。本协议受补偿对象仅为被拆迁房屋的权属人，如被拆迁人与房屋共有人、共同居住人、实际居住人、承租人或经营者之间存在其他民事法律关系，应当由被拆迁人自行妥善处理并解决。项目实施主体与被拆迁房屋共有人、共同居住人、实际居住人、承租人或经营者等争议人之间并无法律关系，即使争议人就拆迁补偿安置相关事宜提起诉讼，法院也会以没有明确的事实依据为由驳回争议人的起诉。

第二，关于税费承担的相关问题。本村旧村改造项目的回迁安置房所在地块的土地性质可能是集体土地、国有划拨土地或国有出让土地，如经本村农村集体经济组织表决通过后，因土地性质转化而产生的相应房屋转让税费，可以约定由甲乙双方按照税收法律法规相关规定各自承担，也可约定由甲方或乙方全部承担，应根据本村旧村改造项目的实际情况约定。

第三，关于新增补偿的问题。由于旧村改造项目的时间跨度大，随着社会经济水平的提高，旧村改造项目实施进程中后期可能出现因新增补偿项目、提高补偿标准或被拆迁人自身的经济状况，而需要对《拆迁补偿安置协议（私宅）》未尽事宜进行补充约定的情形，该补充协议与原拆迁补偿安置协议具有同等的法律效力。

第四，关于拆补协议的附件内容。协议附件作为协议不可分割之组成部分，应当约定协议附件与协议具有同等法律效力。《拆迁补偿安置协议（私宅）》的附件一般包括但不限于：乙方及代理人（如有）身份证复印件、乙方产权证明文件、收款银行卡或存折复印件、《房地产查丈原图》、《××村城中村改造房屋（私宅）拆迁补偿安置计算表》、《××村城中村改造房屋移交确认表》、《产权人承诺书》、《注销房产证授权委托书》、特殊材料清单（如有）。

（三）产权人承诺书

1.《产权人承诺书》的必要性说明

第一，《产权人承诺书》作为《拆迁补偿安置协议（私宅）》的附件之一与原协议具有同等的法律效力。

第二，《产权人承诺书》系被拆迁人的单方书面承诺与保证，对项目实施主体没有创设新的义务，有利于项目实施主体在后续的诉讼中进行举证，项目实施主体可根据实际诉讼需要，选择提交整套的《拆迁补偿安置协议（私宅）》签约文件或者仅提交《产权人承诺书》。

2.《产权人承诺书》的内容

《产权人承诺书》主要包括被拆迁人拥有被拆迁房屋的唯一合法权属的承诺、所提供的产权证明文件原件属实以及其他签约所需材料属实的承诺、保证按约腾空交付被拆迁房屋的承诺、无条件配合办理被拆迁房屋的产权证注销登记手续的承诺、绝不“签一留一”的承诺等内容。

3.《产权人承诺书》的实务评析

《产权人承诺书》的义务主体为被拆迁人，该承诺书仅系被拆迁人向项目实施主体作出的单方承诺，对被拆迁人有法律拘束力而对项目实施主体并没有法律拘束力。虽然在《拆迁补偿安置协议（私宅》中已经载明被拆迁房屋的详细地址，一般在附件中可以不用再次赘述，但是为了便于项目实施主体在后续诉讼中可以单独将《产权人承诺书》作为证据提交给法院，建议在《产权人承诺书》中也载明被拆迁房屋的详细地址，以明确被拆迁人的承诺是针对特定的被拆迁房屋的拆迁补偿安置事宜所作出的书面承诺。

另外，在笔者的旧村改造诉讼实务经验中，经常遇到被拆迁人主张项目实施主体提供的协议内容为格式条款的情形。被拆迁人以及其代理律师根据《民法典》第496条规定，即：“格式条款是当事人为了重复使用而预先拟定，并在订立合同时未与对方协商的条款。采用格式条款订立合同的，提供格式条款的一方应当遵循公平原则确定当事人之间的权利和义务，并采取合理的方式提示对方注意免除或者减轻其责任等与对方有重大利害关系的条款，按照对方的要求，对该条款予以说明。提供格式条款的一方未履行提示或者说明义务，致使对方没有注意或者理解与其有重大利害关系的条款的，对方可以主张该条款不成为合同的内容。”主张《产权人承诺书》系格式合同且加重了被拆迁人的合同义务，以此要求审判法院确认该《产权人承诺书》无效。但实际上，《产权人承诺书》约定的各项义务均为旧村改造过程中承诺人作为被拆迁人应当履行的合理的合同义务，项目实施主体公司并未刻意加重被拆迁人的责任，也并未排除被拆迁人的主要权利，因此审判法院一般都倾向于认定《产权人承诺书》并不符合格式条款无效的情形，故被拆迁人在签订《产权人承诺书》后又想随意撤销或反悔上述承诺的行为是不受法律保护的，项目实施主体公司有权根据《产权人承诺书》要求被拆迁人履行相关义务。

概括而言，《产权人承诺书》是除《拆迁补偿安置协议（私宅）》之外最重要的私宅必备签约文件之一，对于项目实施主体而言，该《产权人承诺书》是项目实施主体针对被拆迁人签约后的不履约行为进行合理维权的主要文件依据之一。因此，《产权人承诺书》的承诺内容需尽可能全面齐备，以备项目实施主体的起诉或者应诉之需。

（四）房屋移交确认表

1.《房屋移交确认表》的必要性说明

第一，被拆迁房屋的移交是旧村改造项目实施进程中的重要环节，关乎项目拆卸工作的推进效率。

第二，一般来说，《拆迁补偿安置协议（私宅）》关于拆迁补偿款的发放时间通常约定为：“自被拆迁人移交被拆迁房屋之日起××个工作日内发放”。在《房屋移交确认表》确认房屋具体的移交时间，有利于项目实施主体财务部门确定拆迁补偿款发放的起算时间进而有序进行拆迁补偿款的发放工作。

第三，《房屋移交确认表》记载的被拆迁房屋的各项数据（如电表读数、水表读数、燃气表读数等）有利于确定房屋移交时相关情况的具体现状，该数据经被拆迁人签字确认，也有利于避免后续相关争议。

2.《房屋移交确认表》的内容

《房屋移交确认表》主要包括房屋基础信息、房屋情况说明以及房屋移交情况说明等内容。

房屋基础信息：被拆迁人的基础信息（包括姓名、身份证号码、联系方式），代理人的基础信息（如有），被拆迁房屋地址，《拆迁补偿安置协议（私宅）》协议编号。

房屋情况说明：主体结构属性（如砖木结构、混凝土结构、钢筋混凝土结构等），房屋现状总建筑面积，是否属于危房，首层/二楼以上门窗的完整性及拆除情况，水表/电表/燃气表读数、报停情况及费用清缴情况，是否安装有线电视，有线电视的报停及费用清缴情况，房屋钥匙总数量及交回情况，门牌拆除情况。

房屋移交情况说明：房屋移交时间，被拆迁人签名并按捺，房屋接收经办人的签名。

3.《房屋移交确认表》的实务评析

《拆迁补偿安置协议（私宅）》签订后，被拆迁人应当严格按照协议约定的腾房期限进行房屋整体清空以及移交工作。被拆迁人在移交房屋之时，应当保证房屋整体结构的完整性，不得破坏房屋的整体结构，不得自行拆除电线水表、水管龙头、水表、煤气表、煤气管道等固定的附着物及构筑物。至于门、窗等可移动设施能否自行拆除的问题，由项目实施主体根据项目实施具体情况以及拆除行为的危险系数等因素进行综合考虑后再具体约定是否可以自行拆除。因为门窗等可移动设施具有一定的经济利益，因此，项目实施主体也可通过向被拆迁人支付一定经济利益的方式统一回收被拆迁房屋的门窗，再进行旧物的利用或者变卖。此外，被拆迁人移交被拆迁房屋时还需同时将被拆迁房屋的全部钥匙移交给项目实施主体。房屋移交后，房屋的拆卸工作也可能同步进行，因此，项目实施主体的房屋移交经办人也需明确告知被拆迁人在移交房屋之后不能随意进出被拆迁房屋这一规定，以规避被拆迁人意外进入施工现场而受伤的情形。

（五）拆迁补偿安置计算表

1.《拆迁补偿安置计算表》的必要性说明

《拆迁补偿安置计算表》是被拆迁人就被拆迁房屋补偿安置各项数据

进行汇总的一览表，便于被拆迁人总览拆迁补偿类别、标准及具体金额等内容，是私宅签约文件中被拆迁人最关心的文件材料之一。

2.《拆迁补偿安置计算表》的内容

《拆迁补偿安置计算表》主要包括房屋基础信息、房屋情况说明以及拆迁补偿数据说明等内容。

房屋基础信息，包括：被拆迁人的基础信息（包括姓名、身份证号码、联系方式），被拆迁房屋地址，《拆迁补偿安置协议（私宅）》协议编号，栋号，社别（所属经济社）等内容。

房屋情况说明，包括：房屋结构、层数，有效建基面积，现状总建筑面积，二到四层总建筑面积，四层以上超建面积，房屋构筑物及附着物的建筑面积等内容。

拆迁补偿数据说明，包括：回迁总建筑面积，拆迁补偿计算过程，拆迁补偿总额等内容。

顾问提示

《拆迁补偿安置计算表》虽然是作为《拆迁补偿安置协议（私宅）》的附件，但鉴于该计算表的重要性，建议让被拆迁人核对数据无误后以签名并按捺的方式确认。

（六）注销房产证的授权委托书

1.《注销房产证的授权委托书》的必要性说明

对于项目实施主体来说，房屋实体的拆除与集体土地房产证的注销同等重要，只有注销了集体土地房产证之后，合作企业才能以协议出让的方式取得融资地块的国有土地使用权。

在旧村改造实务中，项目实施主体需要根据项目所属区的不动产登记中心对集体土地房产证的注销的材料要求和程序要求办理注销手续。根据笔者的实务经验，2021年之前，有些不动产登记机关是不必然要求提供注销的授权委托公证书的，但是，2021年以来，广州市的绝大部分区属不动产登记机关要求项目实施主体必须出具公证形式的关于注销的授权委托书，否则，不能由项目实施主体代办注销事宜，只能由集体土地房产证的权属人前往不动产登记中心现场办理注销手续。是故，项目实施主体在签订《拆迁补偿安置协议（私宅）》之前提前与项目所在地的不动产登记中心进行沟通确认注销流程和手续是非常有必要的。

2.《注销房产证的授权委托书》的内容

《注销房产证的授权委托书》主要包括委托人信息、受托人信息（一般为项目实施主体或其工作人员）、委托事项（注销集体房产证）、委托权限（填写申请表、提交资料、办理注销登记手续、领取有关回执、查询及领取注销证明文件等）、委托期限、是否有转委托权等相关内容。

3.《注销房产证的授权委托书》的实务评析

项目实施主体可根据项目具体进展阶段灵活选择受委托人的类别。

受委托人若为项目实施主体，后续项目实施主体可根据实际工作安排，灵活委派员工办理具体的《集体土地房产证》注销登记事宜，适用于签约前期还未启动《集体土地房产证》注销登记工作的阶段。

受委托人若为项目实施主体的特定工作人员，优点是后续项目实施主体无须再针对办理注销登记事宜的员工额外出具一份授权委托书，缺点是如受托的员工突然离职，那么项目实施主体则需要让被拆迁人再次出具授权委托书。该版本适用于旧村改造项目已经启动《集体土地房产证》注销登记工作的阶段，一旦被拆迁人出具授权委托书，项目实施主体的员工即可便捷完成注销登记手续。

三、私宅签约的常见情形处理

（一）被拆迁人选择货币补偿方式的情形

1.关于《弃产协议》适用情形说明

"弃产"一词即指被拆迁人选择货币补偿的补偿安置方式。一般来说，被拆迁人选择的具体补偿安置方式这一内容应当作为《拆迁补偿安置协议（私宅）》的核心内容之一。但是，从笔者的旧村改造实务经验来说，较之产权置换的补偿安置方式，被拆迁人选择货币补偿的情形较为少见。鉴于此，项目实施主体考虑到实际上并不是所有被拆迁人都会选择货币补偿的安置方式，为了最大限度地保证《拆迁补偿安置协议（私宅）》的条款能够适用于全体被拆迁人，故项目实施主体倾向于将《弃产协议》作为非必备的签约文件，仅在被拆迁人选择货币补偿的安置方式时使用。

2.《弃产协议》的内容

《弃产协议》主要包括被拆迁房屋现状、弃产面积信息、可获得的最终回迁安置总建筑面积信息、可获得的弃产补偿款具体金额、弃产补偿款的支付方式以及支付条件、被拆迁人的收款信息等相关内容。

3.《弃产协议》的实务评析

对于被拆迁人来说，签订《弃产协议》的核心目的在于在明确被拆迁人选择全部货币补偿或部分货币补偿的补偿安置方式的情况下，被拆迁人能够获取的具体的货币补偿款项。对于项目实施主体来说，签订《弃产协议》的核心目的则在于在明确项目实施主体支付完毕全部的弃产补偿款之后，该部分的弃产面积权益将全部转让给项目实施主体。

在广州市的旧村改造实务中，一般来说，农村集体经济组织和被拆迁人享有的权益为回迁安置房的权益以及回迁集体物业的所有权益，合作企业享有的权益为融资地块的所有权益以及回迁安置地块上因村民弃产而享有的弃产面积权益。关于被拆迁人领取弃产补偿款后对应的弃产面积权益归属问题，一般都会在农村集体经济组织与合作企业签订的《合作框架协议》中明确约定。通常情况下，因旧村改造的所有改造成本都由合作企业承担，故在合作企业代项目实施主体向被拆迁人支付完毕全部弃产补偿款之后，被拆迁人的弃产面积权益归属于合作企业享有。另外，即使合作企业因某些特殊原因退出旧村改造项目，村民也无须将获得的弃产补偿返还给项目实施主体，而应当由退出的原合作企业与引入的新合作企业自行结算相关改造成本，以确保旧村改造进程的稳定。

（二）被拆迁人委托代理人代为签约的情形

1.《委托签约的授权委托书》适用情形说明

一般来说，被拆迁人都应当前往项目实施主体专门为本村改造而设立的旧村改造项目签约中心进行现场签约并同步进行录音录像的证据保全。但是，被拆迁人如因疫情等特殊客观原因确实无法亲自前往签约中心办理拆迁补偿安置相关事宜的，应当由被拆迁人与受托人前往公证处办理授权委托书的公证，再由受托人携带本人的有效身份证明原件以及经公证的授权委托书原件前往签约中心处理被拆迁房屋的签约事宜。

2.《委托签约的授权委托书》的内容

《委托签约的授权委托书》包括委托人的基本信息、受托人的基本信息、委托签约的房屋的基本信息、委托事项（如代为就被拆迁房屋拆迁事宜与相关方进行谈判、磋商；代为进行被拆迁房屋测量及确认测量结果；代为签署房屋拆迁补偿安置协议及其全部配套文件等与被拆迁房屋拆迁补偿安置事宜有关的一切法律文件；代为领取拆迁补偿款；代为向不动产登记中心办理被拆迁房屋的注销登记手续；代为处理后续的摇珠选房事宜及签署与之相关的一切文件，以及代为办理回迁安置房产权登记等回迁手续等）、委托期限、转委托权的限制等内容。

3.《委托签约的授权委托书》的实务评析

委托签约的受托人虽无村民身份的限制，但出于便于项目实施主体与其顺畅沟通、交流的角度考虑，受托人应限制为中国人。如被拆迁人在境外、国外需办理公证的，相关公证事宜的办理参考“签约组法律素养10”。而鉴于目前国内外疫情还在蔓延当中，有些公证处为了便于民众足不出户办理公证，也在线上及时开通了视频公证这一创新公证形式，这也在一定程度上降低了办理公证的难度。

另外，项目实施主体还需重点核查委托人的委托事项范围，例如，受托人是否仅仅有权代为签约，而不能代委托人受领拆迁补偿款，在此情况下，项目实施主体还是应当将拆迁补偿款支付至委托人本人的账户而非受托人的账户，否则存在签约过错；又例如受托人是否仅仅有权代理委托人办理注销集体土地房产证事宜而没有代办后续摇珠选房事宜的委托权限，此时，项目实施主体应当在后续摇珠选房时直接通知委托人本人而非受托人，因此，在签约时留存委托人和受托人的有效通信信息也是非常重要的一个步骤，否则项目实施主体很可能存在相关书面材料的送达的瑕疵。

(三)被拆迁人要求由第三人领取拆迁补偿款的情形

1.《具结书》适用情况说明

被拆迁房屋为共有产权，因产权人为一人以上，故需要确认唯一的收款银行账号。此外，被拆迁人指定的收款账号并非被拆迁人本人所有的，也需要被拆迁人与收款人对唯一的收款银行账号达成一致意见，避免拆迁补偿安置款项错误发放的情形。

2.《具结书》的内容

《具结书》主要包括共有产权人的信息或委托收款人以及受托收款人的基本信息、被拆迁房屋的具体位置、指定收款银行账户的基本信息(如开户名、开户行、账号等)、支付后的免责声明等内容。

3.《具结书》的实务评析

一般情况下，旧村改造项目下的拆迁补偿款并非完全一次性发放。如果被拆迁人选择产权置换的补偿方式时，项目实施主体则需要向其按月支付临迁费。鉴于此，出于对项目实施主体财务付款的压力减轻的角度考虑，建议一栋被拆迁房屋的拆迁补偿款只约定一个收款账号。另外，由于收取拆迁补偿款系《拆迁安置补偿协议(私宅)》中约定的被拆迁人的核心权利，一旦收款账号约定得不明晰，在实务中则极有可能衍生出较多的司法诉讼。因此，建议被拆迁人与实际收款人可前往公证处办理《具结书》的公证书。如被拆迁人有委托代理人时，也可将《具结书》与委托授权书一并公证，确保《具结书》完全合法有效。

(四)被拆迁房屋无合法产权证明的情形

1.《房屋权属声明》适用情况说明

一般情况下，无论改造范围内的被拆迁房屋是否具有有效产权证明材料，《拆迁补偿安置方案》中都会对被拆迁房屋进行拆迁补偿安置(在旧村改造项目中，针对特定的违章建筑也会给予拆迁补偿）。某些旧村改造项目的《拆迁补偿安置方案》对是否具有有效产权证明材料的拆迁补偿标准都一致，而某些旧村改造项目的《拆迁补偿安置方案》则有区别，有有效产权证明的被拆迁房屋的补偿标准会高于没有有效产权证明的被拆迁房屋。因此，对于没有有效产权证明的被拆迁房屋的被拆迁人也需要进行拆迁补偿，故对没有有效产权证明的被拆迁房屋的权属认定也非常重要。

（1）确权主体

一般来说确权主体只能是司法机关，但是根据法院不告不理的审判原则，需要有明确原告及被告启动该确权纠纷之诉，否则司法机关无法介入。即使有原告发动该确权之诉，但因司法确权的时间较长，项目实施主体从签约效率的考虑也无法承担司法确权的时间成本。而且，司法确权还有另外一个显著的弊端，即如果被拆迁人没有取得宅基地使用权证，被拆迁房屋也没有合法报建手续或办理确权手续，那么需要先由行政主管部门处理后才能司法确权，如果被拆迁人径行提起民事诉讼，极大可能以其不符合民事诉讼受案范围为由被法院裁定驳回起诉。鉴于此，在旧村改造实务中一般不轻易启动司法确权程序，而由城中村改造项目中涉及的主体进行确权事宜，一般来说，确权主体可以分为以下三大类型，即农村集体经济组织、项目实施主体、农村集体经济组织与合作企业共同成立的确权专组。

（2）确权主体的利弊比较

关于农村集体经济组织作为确权主体的利处，相较其他两个主体来说，农村集体经济组织最为熟悉本村宅基地申请及使用情况、宅基地上建的建筑物和构筑物的权属情况。而且，农村集体经济组织作为村务管理机构，其决断村民之间的权属纠纷也更具权威性和信服力。但实务中，农村集体经济组织不愿承担确权的责任，因为很多没有有效房产证明的被拆迁房屋的建设年代久远，现任的农村集体经济组织干部成员也并不清楚该房屋的具体情况，而且农村集体经济组织的村务档案保管能力有限，部分相关材料如宅基地使用的申请材料因办公场所变迁、干部成员交接等历史原因遗失，导致该部分房屋的权属情况无法查明。

关于项目实施主体作为确权主体的利处，相较其他两个主体来说，项目实施改造改造主体公司更有决心推动该确权事宜，且能够实际把控，将被拆迁房屋确权给能实际移交给项目实施主体的利害关系人，能够切实促进签约工作，推进拆迁工作。但是，因项目实施主体的确权存在较大的主观目的性，为推进签约工作，项目实施主体可能忽略被拆迁房屋的真正权利人，反而将被拆迁房屋直接确权给被拆迁房屋的实际占用人，此时如果被拆迁房屋的真正权利人通过司法程序确权成功，则真正权利人极有可能起诉项目实施主体要求其承担相应的侵权损害赔偿责任。甚至可能以项目实施主体与实际占用人恶意串通、侵害真正权利人财产为由向公安机关提出故意毁坏财物罪的刑事控告。当然也存在项目实施主体因被拆迁房屋的实际占用人隐瞒房屋权属情况而产生确权错误的过失行为，即使项目实施主体不用承担故意毁坏财物的刑事责任，也需要根据其过失比例大小承担相应的民事损害赔偿。

关于农村集体经济组织与合作企业共同成立的确权专组的优势，确权专组可以结合农村集体经济组织熟悉村务的优势和项目实施主体推进签约工作的决心，共同保障城中村改造范围内的被拆迁房屋的确权工作。但是，每次进行确权工作时，需要协调农村集体经济组织、项目实施主体及权利人各方的时间，协商后还需要统一农村集体经济组织、项目实施主体的确权意见，如迟迟未能统一意见的话，反而拖慢签约进度。

顾问提示

为确保确权的公证，笔者建议确权主体进行确权后的相关确权文件，可以在本村的村务公告栏对确权文件进行公示，相关公示要求可参照《广东省农村集体经济组织管理规定》第9条第2款规定，将成员代表会议表决通过的事项公示5天。

2.“历史遗留建筑(房屋)”的认定

根据广州市住房和城乡建设局发布的《关于印发广州市旧村庄全面改造成本核算办法的通知》第7条第4项规定，2009年12月31日后建成的无合法证明的建筑，原则上不计入改造成本。由此可知，广州市的城市更新政策倾向于将2009年12月31日前建成的无合法证明的建筑认定为历史遗留建筑，可以计入改造成本；而2009年12月31日后建成的无合法证明的建筑原则上不能认定为历史遗留建筑，不应当计入改造成本，对于2009年12月31日后建成的无合法证明的建筑的处理路径主要系由相关行政部门按照违章建筑进行认定进而依法予以拆除。然而，在旧村改造实务中，为顺利开展旧村改造工作，合作企业一般会扩大旧村改造的受补偿对象范围，把历史遗留建筑的认定时间推延至该农村集体经济组织进行改造意愿表决之时，从签约效率的角度考虑，合作企业甚至还有可能将历史遗留建筑的认定时间推延至开发商正式取得合作企业身份之时。此时的历史遗留建筑因没有合法产权证明文件，便只能通过前述提到的确权主体签署《房屋权属声明》的形式进行确权。

3.《房屋权属声明》的内容

《房屋权属声明》主要包括认定的权属人的基本信息、被拆迁房屋的基本信息、权属人对产权的保证、被拆迁房屋的四至图等内容。

4.《房屋权属声明》的实务评析

农村集体经济组织审批该《房屋权属声明》时，需要被拆迁人提供证明其享有该房屋产权的证明文件，如报建材料、宅基地使用申请、历史修建凭证等。如果完全没有前述证明文件，那么也应当提供《四邻声明》由该房屋四周房屋的权属人确认该房屋的产权人。如果该房屋存在产权争议且争议人均能提供相关证明文件，则需要由农村集体经济组织具体审查相关材料在司法意义上的证明力，同时，在公示期内如有其他村民提出异议并举出相应证据的，农村集体经济组织可在综合评判之后决定是否撤销原作出的房屋权属声明。

5.宅基地上旧有房屋灭失后新建房屋确权的法律探讨

在笔者的旧村改造实务经验当中，在父母的宅基地上将原有房屋推倒重建的情形非常常见。而且，新建房屋一般来说都没有经过合法报建流程，自然也并未取得合法的房产证。而后，该新建房屋又遇旧村改造，因此关于该房屋是应当认定为父母的遗产予以继承，还是认定为新建人的个人财产也是法律实务中的一大难点。

在司法实务中，判断该案是不是属于《土地管理法》第16条第1款“土地所有权和使用权争议，由当事人协商解决；协商不成的，由人民政府处理。”规定的情形，是决定该案能否进行民事司法实体审判程序的前提。有的审判观点认为，一方当事人主张虽未依法取得房地产权证，但是被拆迁房屋确属于其父母所申请的宅基地上建筑的房屋，因此应当按照遗产的分配原则进行继承；而另一方当事人主张上述被拆迁房屋是其自行新建的房屋，非父母遗产，应当为其单独所有。故认为该房屋所处宅基地的土地使用权权属并不明晰，当事人对房屋的归属发生争议，根据《土地管理法》第16条规定，该案应先由人民政府对土地及其地上建筑物的权属进行处理之后，才能确定相应拆迁补偿权益的归属，因此，应当裁定驳回起诉。而有的审判观点认为，双方当事人主要是对被拆迁房屋的拆迁补偿权益是属于对双方父母遗产房屋的拆迁补偿还是属于对房屋新建人的个人财产拆迁补偿而产生的争议，进而涉及一方当事人能否就案涉被拆迁回迁房主张相应的继承份额，可见双方并非因案涉被拆迁房屋的宅基地使用权的归属而产生争议。双方作为平等民事主体因此引发的纠纷，应属于《民事诉讼法》第3条“人民法院受理公民之间、法人之间、其他组织之间以及他们相互之间因财产关系和人身关系提起的民事诉讼，适用本法的规定”规定的人民法院可直接受理的民事诉讼受案范围，且符合《民事诉讼法》第119条规定的起诉条件，人民法院应予受理并作出实体裁判。

如前所述，尽管司法实务中的裁判准则不尽相同，但笔者认为，此类争议其实质并不是对集体土地使用权的争议，而是对于集体土地上盖房屋的拆迁补偿安置利益的补偿对象存在争议，因此，从司法便民及实质正义角度，应当由人民法院予以受理。

（五）私宅签约涉及继承的情形

1.《房屋继承证明》适用情况说明

一般情况下，若被继承人生前并未订立有效的遗嘱或者遗赠协议，有有效产权证明的房屋的全部合法继承人应通过办理公证继承的形式确定其为对被拆迁房屋具有签约资格的最终合法继承人。但是，有以下两种情形公证机关无法进行继承公证：

第一种情形：并不是所有的被拆迁房屋都有有效产权证明，针对没有有效产权证明的被拆迁房屋，公证机关会因被拆迁房屋没有合法权属文件，无法办理公证继承手续。

第二种情形：被拆迁房屋虽然有有效产权证明，但是某些合法继承人下落不明，穷尽所有途径仍不能与其取得联系，在不能满足全部合法继承人都到场进行继承份额确认的条件的情况下，公证机关无法办理公证继承手续。

是故，针对以上两种特殊情形的被拆迁房屋的继承事宜，只能通过农村集体经济组织进行继承权确认的方式确认最终合法继承人及继承份额，从而确定《拆迁补偿安置协议（私宅）》的签约主体。值得注意的是，该《房屋继承证明》的法律证明力虽不及继承公证，但是农村集体经济组织作为见证人确认该《房屋继承证明》的真实性，其在法律上也具有法律约束力。但是，仍需注意一点，如果采用《房屋继承证明》的形式，项目所属区不动产登记中心可能对这种形式不予认可进而导致集体土地房产证注销不能的法律风险，因此，有证房屋是否能够采用《房屋继承证明》这一形式确定合法继承人需项目实施主体与项目所属区不动产登记中心核实确认。

2.《房屋继承证明》的内容

《房屋继承证明》包括被继承人的基本信息、被继承房屋的相关情况、全部合法继承人的身份信息、放弃继承权人以及最终合法继承人的相关信息等内容。

3.《遗嘱/遗赠效力确认书》适用情况说明

为落实对旧村改造范围的每一栋被拆迁房屋的拆迁补偿安置事宜，在被拆迁房屋产权人去世且其在去世前已订立遗嘱或遗赠协议的情况下，项目实施主体有必要对产权人订立的遗嘱或遗赠协议的效力进行确认，以明确合法有效的继承人或受遗赠人资格进而明确签约主体。

4.《遗嘱/遗赠效力确认书》的确认主体

一般来说，遗嘱或遗赠协议的形式符合上述《民法典》规定的，均应当认定为具有法律效力的遗嘱或遗赠协议，对继承人或受遗赠人均有约束力。但是，也存在相关利害人员对遗嘱或遗赠协议效力产生质疑的情形，在此情形下应当由其启动司法程序，请求法院确认案涉遗嘱或遗赠协议的效力问题。如果相关利害关系人员对旧村改造范围内涉及的被拆迁房屋作为遗产的遗嘱或遗赠协议没有争议，可再次召回所有继承人和受遗赠人，在确认主体的见证下再次对遗嘱或遗赠协议内容进行确认，一般来说，确认主体可以分为以下两种类型，即农村集体经济组织和项目实施主体。

5.确认主体的利弊比较

农村集体经济组织作为村务管理机构具有调解村民纠纷、保护村民合法利益的职权，相较于项目实施主体而言，其作出的确认更具有公信力，能让村民信服；项目实施主体基于旧村改造项目签约效率和推动项目进程的考量，在确认遗嘱或遗赠协议的效力问题时，可能夹杂主观目的性，并不完全从继承法角度进行审查、确认。

顾问提示

项目实施主体作为确认主体时，可能认为其聘用的专项法律顾问律师更具有法律判断力，从而要求服务律师对每一份遗嘱或遗赠协议的效力性问题进行法律分析并出具法律意见。服务律师仅能就村民提供的遗嘱、遗赠协议、亲属关系证明、户口本、户籍档案信息等材料进行法律分析，但不具有核实材料真实性的能力，因此，在村民捏造、隐瞒相关事实的情形下，将影响服务律师的判断，故服务律师出具相关法律意见时，须列明相关免责声明，规避律师执业的个人风险。

6.《遗嘱/遗赠效力确认书》的内容

内容:《遗嘱/遗赠效力确认书》主要包括立遗嘱人或立遗赠人的基本信息、遗嘱或遗赠的具体约定、该遗嘱或遗赠为最后一份遗嘱或遗赠的声明、立遗嘱人或立遗赠人在立遗嘱或遗赠时具有完全民事行为能力的声明、遗嘱或遗赠的法律效力确认等内容。

7.继承问题的法律探讨

如果要适用法定继承,需要确定被继承人生前就被继承财产并未订立有效的遗嘱或遗赠协议。

第一,关于法定的遗嘱形式。遗嘱的形式分为:自书遗嘱、代书遗嘱、打印遗嘱、录音录像遗嘱、口头遗嘱、公证遗嘱。第二,关于遗嘱效力的认定原则。被继承人生前立有数份遗嘱,内容相抵触的,以最后的遗嘱为准。《继承法》第20条规定,自书、代书、录音、口头遗嘱,不得撤销、变更公证遗嘱。在《民法典》实施之前,公证遗嘱的效力优于遗嘱的其他形式,而《民法典》第1142条取消了《继承法》公证遗嘱的优先效力。不难猜想,《民法典》继承编把公证遗嘱效力规则彻底删除,是为了真实还原遗嘱人的意愿,因为在实践中会存在一个人原来订立了公证遗嘱,但是在他去世之前,他突然想要修改遗嘱,但此时情况危急撤销原公证遗嘱并订立新的公证遗嘱的手续来不及办理,导致遗嘱人在去世前不能按照自己的真实意思表示处分自己的合法财产,因此,在现行的《民法典》中无论遗嘱人立遗嘱的形式如何,只以最后的遗嘱为准。

关于自书遗嘱的效力。根据《民法典》第1134条规定可知,自书遗嘱想要合法有效需满足以下三个条件:一是遗嘱内容真实,是具备订立遗嘱能力的遗嘱人本人亲笔书写;二是遗嘱内容完整,有遗嘱人亲笔签名并同时注明立遗嘱的精确日期(包括年月日),体现遗嘱人的真实意思表示;三是遗嘱内容合法,没有违反法律法规的禁止性规定(如遗嘱中的遗产来源合法,遗嘱人应当对缺乏劳动能力又没有生活来源的继承人保留必要的遗产份额)。只有同时具备上述真实性、完整性、合法性的自书遗嘱才能最终被认定为有效的遗嘱。在法律实务当中,由于自书遗嘱的遗嘱人已去世,无法对其遗嘱书写内容进行笔迹鉴定,因此,虽然《民法典》规定自书遗嘱文本无须见证人见证，但为了更利于司法审查上对自书遗嘱真实性的认定，建议由两个无利害关系的见证人对自书遗嘱文本进行见证，从而更好地应对司法审查。

关于代书遗嘱的效力。根据《民法典》第1135条规定可知，代书遗嘱合法有效的条件相比自书遗嘱更加严苛，代书遗嘱想要合法有效需满足以下三个条件：一是需要有两个以上见证人在场对立遗嘱的全过程进行见证，并由其中一人代书；二是遗嘱人、代书人和全部见证人须在遗嘱上亲笔签名并同时注明立遗嘱的精确日期（包括年月日），体现遗嘱人的真实意思表示；三是遗嘱内容没有违反法律法规的禁止性规定。

关于打印遗嘱的效力。《继承法》及相关司法解释并未就打印遗嘱这种遗嘱形式的效力作出规定，故在司法实践中，各地法院对此持有不同的审判观点，不利于确立司法的公信力以及法治社会的和谐稳定性。是故，在现行的《民法典》继承编中第1136条明确规定了打印遗嘱这一遗嘱形式，打印遗嘱想要合法有效需满足以下三个条件：一是有两个以上见证人在场见证；二是遗嘱人和见证人须在打印的每一页遗嘱上亲笔签名并同时注明立遗嘱的精确日期（包括年月日），体现遗嘱人的真实意思表示；三是遗嘱内容没有违反法律法规的禁止性规定。在实务当中，律师可对打印遗嘱进行律师见证。旧村改造过程中，可能存在大量打印遗嘱需要律师见证的事务，项目实施主体或合作企业基于签约效率的考量或者回馈村民福利的考量，可能会要求旧村改造的专项法律顾问团队提供统一的打印遗嘱律师见证服务，笔者一般不建议在专项法律顾问合同中提供律师见证服务项目，若经服务律师与服务对象协商一致，可另行就律师见证事项签订法律服务合同，提供律师见证服务时，服务律师须严格按照中华全国律师协会发布的《律师见证业务工作细则》提供见证服务，如见证律师必须持有律师执业证（非实习证），律师见证业务须有两个律师进行见证等。

关于录音录像遗嘱的效力。《继承法》及其相关司法解释中规定了录音遗嘱，但并未就录像遗嘱的形式进行明确规定，根据《最高人民法院关于适用〈中华人民共和国民法典〉时间效力的若干规定》第3条规定："民法典施行前的法律事实引起的民事纠纷案件，当时的法律、司法解释没有规定而民法典有规定的，可以适用民法典的规定，但是明显减损当事人合法权益、增加当事人法定义务或者背离当事人合理预期的除外。”是故，即使在《民法典》生效前以录像订立的遗嘱也可以适用《民法典》录像遗嘱的相关规定。录像遗嘱想要合法有效需满足以下三个条件：一是有两个以上见证在场见证；二是遗嘱人和见证人应当在录音录像中记录其姓名或者肖像并同时记录立遗嘱的精确日期（包括年月日），体现遗嘱人的真实意思表示；三是遗嘱内容没有违反法律法规的禁止性规定。

关于公证遗嘱的效力。须由遗嘱人亲自前往依法设立的公证机构办理公证遗嘱事宜，办理公证遗嘱一般需要向公证机构提供以下材料：遗嘱人的身份证、户口簿，受益人的身份证，遗嘱人的亲属关系证明，遗嘱人的财产凭证。公证机构会对公证遗嘱的效力进行担保并出具公证书，因此，只要未被遗嘱人或司法机关撤销的公证遗嘱均具有法律效力。

关于口头遗嘱的效力。根据《民法典》第1138条规定：“遗嘱人在危急情况下，可以立口头遗嘱。口头遗嘱应当有两个以上见证人在场见证。危急情况消除后，遗嘱人能够以书面或者录音录像形式立遗嘱的，所立的口头遗嘱无效。”可知，只有在危急情况下，遗嘱人才可以订立口头遗嘱。危急情况指诸如战争、突发性自然灾害、遗嘱人患重病濒临死亡等情形，遗嘱人只有在前述危急情况存在且无法以其他方式订立遗嘱的情形下，才可以订立口头遗嘱。不过患重病的遗嘱人在订立口头遗嘱时，神志是否清醒，是否具有认识和辨认能力也是口头遗嘱能否生效的要件之一。

上述代书遗嘱、打印遗嘱、口头遗嘱及录音录像遗嘱均要求有两个以上见证人见证，见证人须符合《民法典》第1140条规定，下列人员不能作为遗嘱的见证人；无民事行为能力人、限制民事行为能力人以及其他不具有见证能力的人；继承人、受遗赠人；与继承人、受遗赠人有利害关系的人。

关于如何认定遗赠及遗赠扶养协议的效力。遗赠及遗赠扶养协议的形式在《民法典》中未作另行规定，遗嘱人要订立遗赠或遗赠扶养协议的，应当参考有关遗嘱形式的规定。需要注意的是，根据《民法典》第1124条的规定，在继承开始后，继承人对遗产继承没有作出表示的，视为接受继承。但是受遗赠人应当在知道受遗赠后60日内，作出接受或者放弃受遗赠的表示；到期没有表示的，视为放弃受遗赠。关于遗赠扶养协议及附有义务的遗嘱继承，根据《民法典》第1144条的规定，遗嘱继承或者遗赠附有义务的，继承人或者受遗赠人应当履行义务。没有正当理由不履行义务的，经利害关系人或者有关组织请求，人民法院可以取消其接受附义务部分遗产的权利。另外，根据《最高人民法院关于适用〈中华人民共和国民法典〉继承编的解释（一）》第3条规定："被继承人生前与他人订有遗赠扶养协议，同时又立有遗嘱的，继承开始后，如果遗赠扶养协议与遗嘱没有抵触，遗产分别按协议和遗嘱处理；如果有抵触，按协议处理，与协议抵触的遗嘱全部或者部分无效"可知，遗赠扶养协议相较于遗嘱继承或遗赠具有优先性。

关于法定继承的遗产继承顺位规定。继承开始后，由第一顺序继承人（配偶、父母、子女）继承，第二顺序继承人不继承；没有第一顺序继承人继承的，由第二顺序继承人（兄弟姐妹、祖父母、外祖父母）继承。《民法典》继承编所称的子女，包括婚生子女、非婚生子女、养子女和有扶养关系的继子女；所称父母，包括生父母、养父母和有扶养关系的父母；所称兄弟姐妹，包括同父母的兄弟姐妹、同父异母或者同母异父的兄弟姐妹、养兄弟姐妹、有扶养关系的继兄弟姐妹。另外，如果上述继承人先于被继承人死亡的，应当按照《民法典》有关代位继承规定，被继承人的子女先于被继承人死亡的，由被继承人的子女的直系晚辈血亲代位继承；被继承人的兄弟姐妹先于被继承人死亡的，由被继承人的兄弟姐妹的子女代位继承；代位继承人一般只能继承被代位继承人有权继承的遗产份额。

关于法定继承的遗产分配原则。原则为一般应当均等分配，对生活有特殊困难又缺乏劳动能力的继承人，分配遗产时，应当予以照顾。对被继承人尽了主要扶养义务或者与被继承人共同生活的继承人，分配遗产时，可以多分。有扶养能力和有扶养条件的继承人，不尽扶养义务的，分配遗产时，应当不分或者少分。继承人协商同意的，也可以不均等。对继承人以外的依靠被继承人扶养的人，或者继承人以外的对被继承人扶养较多的人，可以分给适当的遗产。

（六）村民之间被拆迁房屋转让的情形

1.《房屋转让声明》适用情况说明

根据《民法典》物权编以及《土地管理法》等相关法律法规的规定可知，宅基地上房屋可以在同一集体经济组织成员内部进行流转。根据广州市不动产登记中心发布的宅基地使用权及房屋所有权转移登记办理指引，需提交以下材料才能进行产权转移登记：转让人和受转让人的身份证复印件、受让人属于房屋所在地集体经济组织成员的证明、本集体经济组织出具的受让人受让房地产后符合“一户一宅”要求的证明、不动产权属证明（如《宅基地使用权证》《集体土地房产证》等）、税务部门出具的纳（免）税证明、不动产附图。如果存在以下情形之一，还需要补充提交以下资料。（1）流转：买卖合同、房屋所在地的集体经济组织同意转移的证明、经本集体经济组织成员大会或授权成员代表会议决定通过的材料；（2）赠与：赠与合同；（3）凭生效法律文件流转：判决书或调解书、生效证明。结合上述产权转移登记需要的材料内容可知，想要不动产登记中心进行产权更名登记的流程和手续是较为烦琐和复杂的。通常情况下，村民也不愿意去直接办理更名手续。因此，至于在旧村改造过程中，是否允许产权人转让宅基地房屋产权，直接由受转让人进行签约，关键在于该村所在地的城市更新政策以及经表决的《拆迁补偿安置方案》对此是否进行了限制性规定。如果当地的城市更新政策以及经表决的《拆迁补偿安置方案》均认可宅基地上房屋可以在同一集体经济组织成员之间内部流转且不考虑“一户一宅”原则，则可由转让人与受转让人来签约现场订立《房屋转让声明》，实现签约流程的便捷化。但是，仍需注意一点，如果采用《房屋转让声明》的形式，项目所属区不动产登记中心可能不予认可这种形式进而导致集体土地房产证注销不能的法律风险，因此，有证房屋是否能够采用《房屋转让声明》这一形式确定合法的受转让人需项目实施主体与项目所属区不动产登记中心核实确认。

2.《房屋转让声明》的确认主体

同一集体经济组织成员之间的宅基地房屋转让行为是否合法有效，如果双方任何一方对此存在异议，均可向宅基地房屋所在地的人民法院提起买卖合同纠纷之诉，来确认转让行为的法律效力。但如果双方对房屋转让一事已经达成合意，可由农村集体经济组织对双方转让行为的合法性进行确认，因此只有农村集体经济组织才能界定双方是否都具有“本村农村集体经济组织成员”这一身份。

3.《房屋转让声明》的内容

《房屋转让声明》主要包含转让人的基本信息、转让房屋的基本信息、受转让人的基本信息、转让行为的确认声明等内容。

4.《房屋转让协议效力确认书》适用情况说明

针对本村旧村改造项目启动之前，已经发生房屋转让但未办理房屋房产证变更登记手续的相关房屋转让事宜，项目实施主体有必要对转让人与受让人订立的房屋转让协议的效力进行确认，以明确房屋的权利人具备签约资格。

5.《房屋转让协议效力确认书》的确认主体

同前述提到的《房屋转让声明》的确认主体。

6.《房屋转让协议效力确认书》的内容

《房屋转让协议效力确认书》主要包括转让人以及受转让人的基本信息、已订立的《房屋转让协议》的具体内容、转让行为发生时双方均具有完全民事行为能力的声明、《房屋转让协议》的法律效力确认等内容。

顾问提示

在笔者的实务经验中，除了优先考虑本村旧村改造项目的签约效率问题，后续房屋拆迁及房屋产权证注销的问题亦同等重要，关于转让人和受让人签订《房屋转让声明》后，转让人是否能够顺利注销房屋房产证原件，需要报建组人员与项目所在地不动产登记中心进行确认。如有的不动产登记中心要求证载的权利人必须是受补偿人，权利人注销房屋产权证时，必须提供权利人与项目实施主体签订的拆迁补偿安置协议，在这种情况下，适用上述《房屋转让声明》仅能解决一时的签约问题，不能解决后续的房屋房产证注销的问题。

四、私宅签约的特殊情况处理

（一）证载地址与实际房屋门牌不一致的情形

1.《同一房屋证明》适用情况说明

产权人申领房产证后，因登记失误，市政规划变更路名、门牌等客观原因，导致产权人证载的房屋地址与房屋现状的门牌不一致的，项目实施主体为了确认被拆迁房屋的权属人有必要让农村集体经济组织出具《同一房屋证明》，避免房屋权属争议，亦避免他人利用旧村改造谋取不正当利益。

2.《同一房屋证明》确认主体

农村集体经济组织作为本村的村务管理机构，对所在地的市政规划变更路名、门牌等客观原因更为熟悉且可能保留了当时市政规划相关的政策文件，能够对房屋地址与房屋现状不一致的情况进行确认。

3.《同一房屋证明》的内容

《同一房屋证明》包括房屋的实际门牌信息、产权证证载地址信息、实际门牌信息与产权证证载地址信息一致的确认声明等内容。

（二）证载产权人与被拆迁人身份证明不一致的情形

1.《同一人证明》适用情况说明

被拆迁房屋的证载产权人姓名与被拆迁人的身份证姓名不一致的，项目实施主体为了确认被拆迁房屋的权属人有必要让被拆迁人提供公证机关出具的《曾用名公证书》，或公安机关出具的《同一人证明》，避免房屋权属争议，亦避免他人利用旧村改造谋取不正当利益。在实务中，由于村民到公证机关或公安机关办理相关证明文件的手续烦琐，村民倾向于让所在的农村集体经济组织出具《同一人证明》。

2.《同一人证明》的内容

指引:《同一人证明》包括产权证上载明的产权人信息、产权人的有效身份信息、产权证上载明的产权人信息与产权人的有效身份信息一致的确认声明等内容。

顾问提示

如前所述，农村集体经济组织出具的《同一房屋证明》《同一人证明》可以作为项目实施主体确认的签署《拆迁补偿安置协议（私宅）》的相关配套文件，但是在进行房屋房产证注销时，项目所在地的不动产登记中心是否承认上述文件的合法性并进而成功办理房产证注销手续，需要项目实施主体提前与所在地的不动产登记中心进行核实。

（三）被拆迁人下落不明的情形

1.关于《房屋代管声明》适用情况说明

从合法合规性角度出发，如果在本村改造范围内确实存在被拆迁人有集体土地房产证但下落不明的情形，应当根据《民法典》适用宣告失踪制度，进而由法院裁定确认被拆迁人的财产代管人身份，《民法典》第40条规定："自然人下落不明满二年的，利害关系人可以向人民法院申请宣告该自然人为失踪人。"第42条规定："失踪人的财产由其配偶、成年子女、父母或者其他愿意担任财产代管人的人代管。代管有争议，没有前款规定的人，或者前款规定的人无代管能力的，由人民法院指定的人代管。"可知，宣告失踪的司法制度需要同时满足以下三个条件：一是失踪人下落不明满两年；二是须有利害关系人申请；三是法院以法定程序裁定宣告。关于失踪人下落不明满两年如何起算，《民事诉讼法》第183条第2款规定："申请书应当写明失踪的事实、时间和请求，并附有公安机关或者其他有关机关关于该公民下落不明的书面证明。"一般来说，公安机关有关该公民下落不明的书面证明，即为该公民失踪的报警回执或立案回执，如果失踪人的利害关系人并未就失踪人的失踪事宜进行报警处理，那么自项目实施主体能够找到失踪人的利害关系人进行报警且取得报警回执满两年，才能够再推动失踪人的利害关系人向法院申请宣告失踪人失踪。从旧村改造项目实务来说，如果完全采取"宣告失踪财产代管"的司法制度，那么会极大拖慢旧村改造项目的进程。因此，在笔者的旧村改造项目实务经验中，项目实施主体可能会与农村集体经济组织协商一致后，采取由农村集体经济组织作为失踪人的财产代管人而代失踪人与项目实施主体签署《拆迁补偿安置协议（私宅）》方式进行签约。当然，为了最大限度地保障失踪人的合法拆迁补偿安置权益，项目实施主体会采取全回迁不弃产的补偿方式与农村集体经济组织签约。农村集体经济组织也会开设一个专门的财产代管账户用于保管项目实施主体支付给失踪人的拆迁补偿款（如临迁费等）。如果失踪人再次出现并向项目实施主体主张被拆迁房屋的相关权益，可由农村集体经济组织在扣除保管费用等必要费用后向失踪人返还相关代管财产。

值得注意的一点是，因为被拆迁房屋的产权人已经失踪，所以被拆迁房屋的不动产权证书注销问题成了一大难题。如果项目所在地的不动产登记中心因未经“宣告失踪财产代管”的司法制度而不认可农村集体经济组织这一代管人的“合法”身份，则可能无法注销被拆迁房屋的不动产权证书。在此，以笔者的旧村改造项目实务经验来讲，还存在一种可注销失踪人的被拆迁房屋的不动产权证书的合法途径，即农村集体经济组织通过召开成员大会或者成员代表大会的形式表决收回失踪人的宅基地使用权以及宅基地房屋所有权。表决同意收回之后，可由农村集体经济组织作为该宅基地使用权人以及宅基地房屋所有权人单方申请注销相关不动产权证书。

2.《房屋代管声明》的内容

《房屋代管声明》主要包括拟代管房屋的基本信息、拟代管房屋的产权人的下落不明的情况声明、代管人（农村集体经济组织）的身份介绍以及代为管理的法律依据（如《广东省农村集体经济组织管理规定》第6条及第12条等）、代管的具体方式以及流程等内容。

顾问提示

需要特别注意的是，因为产权人失踪无法对房屋测量情况提出异议，因此，为避免后续产权人重新出现后对房屋现状数据提出异议，故建议项目实施主体聘请公证机关在测量公司进行房屋测量时，对测量全过程进行全程公证。

3.《拟代管房屋情况说明公示(第一次)》适用情况说明

在旧村改造项目实务中,房屋产权人失踪多年至今下落不明无法签署《拆迁补偿安置协议(私宅)》的情况屡见不鲜,因此,项目实施主体可在签约前期对符合上述情形的房屋进行摸查并初步统计摸查数据,上报给本村农村集体经济组织,由农村集体经济组织统一公示以提升旧村改造项目的私宅签约进程。

4.《拟代管房屋情况说明公示(第一次)》的内容

《拟代管房屋情况说明公示(第一次)》主要包括拟代管房屋名单信息、代管主体以及代管的具体方式、相关签约材料的公示处理以及异议提出的方式等内容。

顾问提示

关于《拟代管房屋情况说明公示(第一次)》的公示期,建议参照《广东省农村集体经济组织管理规定》第9条规定,将成员代表会议表决通过的事项公示5天。

关于《拟代管房屋情况说明公示(第一次)》的公示方式及地点,根据笔者的旧村改造实务经验可选择以下几种方式进行公示:在本农村集体经济组织的重要村务公告栏进行张贴公示;在本旧村改造项目的签约中心公告栏进行张贴公示;在市级以上官方报纸页面进行刊载公示。

为避免后续产权人重新出现后引起不必要的争议,经济联合社需要对具体公示情况进行证据保全(如拿当天报纸对着公告栏进行拍照取证或聘请公证机关对公示情况进行全程公证),以备后续审查之需。

5.《被代管房屋情况说明公示(第二次)》适用情况说明

经过前述第一次公示之后,经济联合社已经明确本村旧村改造范围内所有产权人下落不明需由经济联合社作为财产代管人进行签约的房屋名单,可以与项目实施主体协商有关房屋测量、房屋测量时的公证以及房屋签约等各项手续安排,最终完成被代管房屋的测量及签约工作后需要的对测量结果及产权人重新出现后如何主张其被拆迁房屋的相关补偿安置权益的流程进行的第二次公示。

6.《被代管房屋情况说明公示(第二次)》的内容

指引:《被代管房屋情况说明公示(第二次)》主要包括被代管房屋的基本情况、被代管房屋的现场测量情况、被代管房屋的具体签约安排以及签约文件明细、被代管房屋产权人出现后的处理等内容。

顾问提示

为保障被代管房屋产权人的隐私(如个人身份信息、房屋补偿安置权益的具体数额),第二次公示时,对于被代管房屋的签约文件可以只公示被代管房屋的《房地产查丈原图》,而对其他的签约文件不予公示。另外,关于《被代管房屋情况说明公示(第二次)》的公示期、公示方式及地点同《拟被代管房屋情况说明公示(第一次)》。

(四)被拆迁人为无民事行为能力人或限制民事行为能力人的情形

1.《法定监护人证明书》的适用情况说明

关于认定公民为无民事行为能力人或限制民事行为能力人的问题,《民事诉讼法》明确规定只能由人民法院进行受理并进行判决认定。但是,在旧村改造项目实务中,往往会遇到被拆迁人持有智力残疾的残疾人证但并未取得司法认定的无民事行为能力人或限制民事行为能力人的裁定书。基于此,在私宅签约过程中为了最大限度地保证签约的合法性,项目实施主体会要求被拆迁人与农村集体经济组织认定的法定监护人(《法定监护人证明书》进行认定)一并完成私宅签约事宜。

2.《法定监护人证明书》的内容

《法定监护人证明书》主要包括无/限制民事行为能力人的基本身份信息、法定监护人认定的法律依据、法定监护人的具体认定等内容。

（五）被拆迁房屋存在抵押的情形

1.《三方协议（适用于私宅存在抵押的情形）》的适用情况说明

从笔者的旧村改造项目实务经验出发，被拆迁房屋上存在抵押等权利瑕疵的情形较为常见。如果在签约前被拆迁房屋存在抵押的权利瑕疵，项目实施主体又直接与被拆迁人签约并支付了相应拆迁补偿款，对项目实施主体来说，则极大可能存在后续无法注销被拆迁房屋的不动产权证书这一巨大法律风险。该被拆迁房屋的集体土地房产证无法办理注销登记手续将极大影响项目实施主体的改造进度，因此涂销被拆迁人与抵押权人在该被拆迁房屋上订立的抵押权很重要，但是在实务中，被拆迁人除了项目实施主体支付的拆迁补偿款外，并无其他财产可用于清偿给抵押权人的情形也非常常见，因此，签订《三方协议（适用于私宅存在抵押的情形）》有利于保障项目实施主体支付相应拆迁补偿款后，能够约束抵押权人和被拆迁人共同履行涂销被拆迁房屋上的抵押权，为后续注销集体土地房产证奠定客观基础。

2.《三方协议（适用于私宅存在抵押的情形）》的内容

《三方协议（适用于私宅存在抵押的情形）》主要包括被拆迁人（债务人）与债权人之间的债权债务具体情况（如债务发生时间、债务金额、归还情况）、抵押具体情况（如抵押登记时间、抵押期限）、项目实施主体代被拆迁人归还欠款的具体支付安排、拆迁补偿款的抵扣处理、被拆迁人与债权人双方的抵押权涂销手续的具体安排、债权人的收款信息等内容。

顾问提示

实践中，被拆迁人将被拆迁房屋用于抵押担保的情形分为两种，一种是为自己的债务提供担保，另一种是为自己经营的公司或亲属等关联方提供担保，故被拆迁人和其关联方之间的关系，以及关联方的信息都应当在本协议中写明。

（六）被拆迁房屋存在查封的情形

1.《三方协议（适用于私宅存在查封且被拆迁人愿意配合解封的情形）》的适用情形说明

《三方协议（适用于私宅存在查封且被拆迁人愿意配合解封的情形）》的签订主体为项目实施主体（甲方）、查封申请人（乙方）与被拆迁人（丙方）。

从笔者的旧村改造项目实务经验出发，被拆迁房屋上存在法律查封等权利瑕疵的情形较为常见。如果在签约前被拆迁房屋已存在法院查封的权利瑕疵，项目实施主体并未发觉该权利瑕疵又直接与被拆迁人签约并支付了相应拆迁补偿款，对项目实施主体来说，则极大可能存在后续无法注销被拆迁房屋的不动产权证书这一巨大法律风险（如果是签约后被拆迁房屋才被法院查封的，项目实施主体可向查封法院依法申请执行异议）。该被拆迁房屋的集体土地房产证无法办理注销登记手续将极大影响项目实施主体的改造进度，因此解除该被拆迁房屋上的司法查封就非常紧急且重要。但是在实务中，被拆迁人除了项目实施主体支付的拆迁补偿款外，并无其他财产可用于偿还自身的债务的情形也非常常见，因此，签订《三方协议（适用于私宅存在查封且被拆迁人愿意配合解封的情形）》有利于保障项目实施主体支付相应拆迁补偿款后约束该被拆迁房屋上的查封申请人（被拆迁人的债权人）向法院申请对被拆迁房屋的解封，从而为后续注销集体土地房产证奠定客观基础。

2.《三方协议（适用于私宅存在查封且被拆迁人愿意配合解封的情形）》的内容

通常情况下，《三方协议（适用于私宅存在查封且被拆迁人愿意配合解封的情形）》应当包含被拆迁人与查封申请人之间的生效判决确认的债权的基本情况（如判决案号、判决当事人情况、判决具体内容、判决生效情况、判决履行及执行情况）以及法院对被拆迁房屋的情况（如查封时间、查封期限）、具体的债务清偿安排（包括项目实施主体代被拆迁人向查封申请人清偿债务的具体安排、项目实施主体代被拆迁人清偿债务后的拆迁补偿款的抵扣安排、查封申请人的收款账户以及解封义务)等内容。

顾问提示

被拆迁房屋上也可能存在被多个查封申请人申请法院查封的情况。如遇该情况,可根据实际情况增加丙方的人数(如丙方1、丙方2等),并在相关条款中列明相应的查封情况以及判决确认的债权数额,此时,项目实施主体可在一份三方协议书中将该被拆迁房屋的查封的权利瑕疵进行处理。

3.《判决债权转让协议(私宅上存在查封但被拆迁人不配合)》的适用情形说明

《判决债权转让协议(私宅上存在查封但被拆迁人不配合)》的签订主体为项目实施主体(甲方)与查封申请人(乙方)。如前所述,项目实施主体在与被拆迁人签订《拆迁补偿安置协议(私宅)》后才发觉被拆迁房屋在签约前已存在司法查封,如果被拆迁人愿意配合则可以签订适用前述提到的《三方协议》来处理该解封事宜,但是,从笔者的旧村改造项目实务经验出发,也可能存在被拆迁人不认可其与查封申请人之间的哪怕被生效判决确认的相关债权债务关系的情形。对于项目实施主体来说,如果不解除被拆迁房屋上的司法查封,则无法办理该被拆迁房屋的房产证注销登记手续,进而无法获取该被拆迁房屋所在地块对应应取得的国有土地使用权证,这将极大影响项目实施主体的旧村改造进度,此时,对于项目实施主体来说,解除该被拆迁房屋上的司法查封就非常紧急且重要。

是故,常见的解决上述难题的处理路径为项目实施主体向查封申请人(被拆迁人的债权人)受让该生效判决债权,进而变更执行案的申请执行人(申请执行人由被拆迁人的债权人变更为项目实施主体),变更申请执行人成功之后,便可由项目实施主体直接申请法院解除对被拆迁房屋的查封。当然,项目实施主体此时作为申请执行人,可请求法院通过各种执行手段将生效判决确认的债权执行到位。

当然，如果此时项目实施主体应支付给被拆迁人的拆迁补偿款还没有发放完毕，在代被拆迁人支付其应付的生效判决确认的债权金额给查封申请人之后，可以通过直接抵扣被拆迁人应收取的拆迁补偿款的方式进行处理，就无须再申请变更执行人了，直接由查封申请人申请撤回执行并解除被拆迁房屋的查封即可。

4.《判决债权转让协议（私宅上存在查封但被拆迁人不配合）》的内容

通常情况下，《判决债权转让协议（私宅上存在查封但被拆迁人不配合）》应当包含判决基本情况（如判决案号、判决当事人情况、判决具体内容、判决生效情况、判决履行及执行情况）、法院对被拆迁房屋的情况（如查封时间、查封期限）、项目实施主体拟收购查封申请人与被拆迁人之间的生效判决债权的收购安排（查封申请人撤回执行申请以及解除查封的具体安排、查封申请人通知债务人债权转让事宜的具体安排）、转让费用安排（转让费用的具体金额、支付方式、查封申请人收款账号）等内容。

（七）被拆迁人签约后去世的情形

1.《拆迁补偿安置继承协议》的适用情形说明

《拆迁补偿安置继承协议》的签订主体为改造实施主体（甲方）与原乙方的全部合法继承人（乙方）。因旧村改造实施项目的时间跨度大，在项目实施主体与被拆迁人签约后，《拆迁补偿安置协议（私宅）》履行期间，可能会出现被拆迁人因疾病或意外死亡的情形，在这种情形下，项目实施主体仍应当继续履行相应的拆迁补偿安置。如果签订《拆迁补偿安置协议（私宅）》的主体死亡，那么《拆迁补偿安置协议（私宅）》约定的拆迁补偿安置权益将作为被拆迁人的遗产进行分配，此时该被拆迁人的合法继承人可能会将被拆迁人死亡的情况告知项目实施主体并要求概括承受《拆迁补偿安置协议（私宅）》的全部权利义务。

2.《拆迁补偿安置继承协议》的内容

《拆迁补偿安置继承协议》一般包括原《拆迁补偿安置协议（私宅）》的签订信息、被拆迁房屋的地址信息、被拆迁房屋的产权人的死亡情况、公证继承的《公证书》信息、甲乙方的权利义务、回迁安置面积、变更收取临迁费的收款账号等内容。

3.《拆迁补偿安置继承协议》的实务评析

第一，关于合法继承人的认定问题。如果被继承人生前未订立遗嘱或遗赠协议，被继承人的财产依法按照法定继承形式进行继承，为了确认全部合法的继承人，项目实施主体应当要求乙方提供公证处出具的公证继承的《公证书》。如果被继承人生前订立了遗嘱或遗赠协议，则被继承人的财产依法适用遗嘱继承或遗赠形式进行处理。需要特别注意的是，如果被继承人订立遗嘱或遗赠协议时并未公证，那么项目实施主体将面临如何认定遗嘱或遗赠协议效力的问题。关于认定遗嘱或遗赠协议效力有以下几种方式：其一，由继承人或受遗赠人提起确认该《遗嘱》或《遗赠协议》效力的诉讼；其二，参考本章提到的《遗嘱/遗赠效力确认书》；其三，召集被继承人的全部法定继承人，让全部法定继承人作出确认该遗嘱或遗赠协议内容的意思表示（如在遗嘱或遗赠协议上手写"同意以上内容，无异议"并签字按捺，或者在《拆迁补偿安置继承协议》签署页，手写"同意以上内容，无异议"并签字按捺）。

第二，关于原《拆迁补偿安置协议（私宅）》权利义务的承继问题。无论是按照法定继承还是按照遗嘱（遗赠）继承，都可能出现继承人不止一个的情形，故应由全部的合法继承人共同承继原《拆迁补偿安置协议（私宅）》的全部权利义务。如果继承人之间协商一致，确定由其中一个继承人全部承继本协议的，应当约定其他继承人必须无条件配合办理相关的手续（如注销房产证等）。另外，甲方确定继承人的方式是通过乙方提供的公证继承的《公证书》、《遗嘱》或《遗赠协议》，项目实施主体仅能就前述材料进行书面审查，如果乙方提供虚假材料或隐瞒真实情况，导致因继承问题产生纠纷并造成项目实施主体损失的，乙方应当保证承担相关的赔偿责任，并约定相关的抵扣条款。另外，原《拆迁补偿安置协议（私宅）》约定的临迁费收款账号系被继承人名下的银行账号，虽然被继承人去世后，银行并不会因此冻结被继承人名下的银行账号，项目实施主体仍然可以向原收款账号支付补偿款，但是如果其继承人提出要求变更收取临迁费的收款账号的，也可在本协议中约定。

顾问提示

虽然继承人承继的原《拆迁补偿安置协议(私宅)》中被继承人与项目实施主体已经确认了回迁安置面积,但是为了避免后续就回迁安置面积产生纠纷,建议项目实施主体在本协议中让继承人对具体的回迁安置面积数据进行确认。

附:本章涉及的实用文书范本

序号	文书名称
1	解除/终止租赁通知书
2	动迁外包服务合同
3	拆迁补偿安置协议(私宅)
4	产权人承诺书
5	房屋移交确认表
6	注销房产证的授权委托书
7	弃产协议
8	委托签约的授权委托书
9	具结书
10	房屋权属声明
11	房屋继承证明
12	遗嘱效力确认书
13	房屋转让声明
14	房屋转让协议效力确认书
15	同一房屋证明
16	同一人证明
17	房屋代管声明
18	拟代管房屋情况说明公示(第一次)
19	拟代管房屋情况说明公示(第二次)
20	法定监护人证明书
21	三方协议(适用于私宅存在抵押的情形)
22	三方协议(适用于私宅存在查封且被拆迁人愿意配合解封的情形)
23	判决债权转让协议(私宅上存在查封但被拆迁人不配合)
24	拆迁补偿安置继承协议

文书范本

解除/终止租赁通知书

致(承租人):

您方于××××年××月××日与我方签订了《租赁合同》。根据《租赁合同》约定,您方承租我方位于××××的房屋,租赁期限为××××年××月××日至××××年××月××日。现××村已经纳入旧村改造范围将进行旧村改造,根据《租赁合同》第×条的约定,我方有权解除租赁合同。鉴于此,现我方在此郑重提醒您方:

一、您方与我方签订的《租赁合同》于您方收到本通知书之日起即告解除/终止;

二、您方应当在××××年××月××日前及时缴清所有的应付款项(包括但不限于房屋占有使用费、水费、电费及管理费等)并将该租赁房屋整体清空移交给我方。我方将在您方清空并移交该租赁物业后的×个工作日之内以银行转账方式将《租赁合同》约定的履约保证金无息全额退还给您方。

如您方未在上述限定期间内缴清所有应付款项,并移交该租赁房屋,我方将采取强制措施自行收回该租赁房屋,届时产生的律师费、诉讼费、保全费等一切因您方侵权行为产生的损失和费用均由您方承担,请您方慎重考虑以上事项,以免讼累!

出租人:××××

××××年××月××日

动迁外包服务合同

甲方:(项目实施主体)

法定代表人:

社会信用统一代码:

联系地址:

联系方式:

乙方:(动迁服务公司)

法定代表人:

社会信用统一代码:

联系地址:

联系方式:

鉴于:

为加快推进广州市××区××村旧村改造项目(以下简称本项目)的进程,甲方经过筛选及考量,拟委托乙方提供本项目的配套动迁服务。根据《民法典》等法律法规的规定,甲方、乙方经协商一致,订立本合同,以资共同遵守。

一、服务概况

1.服务内容:根据甲方的委托,负责本项目的动迁工作。乙方通过摸底调查、政策宣传、表决动员、协助表决签字、动迁谈判、解释补偿标准、指引签约、签约留档、腾空交付房屋、回迁物业交付等工作,实现村民与甲方签署《××村旧村改造安置补偿协议》(以下简称《补偿协议》)并移交房屋。该房屋为甲方指定的本项目改造范围内的住宅类房屋,包括村民住宅、宅基地、世居祖屋、以及集体土地。乙方具体工作内容包括:

(1)组织并落实本合同约定的住宅类房屋的动迁服务工作。

(2)负责组织相关受补偿人参观安置房样板间、选定安置房户型等。

(3)负责办理查户籍、查地籍、房屋产权查册,收集租赁(承包)合同等。

(4)代表甲方或改造实施主体进行安置补偿谈判,负责动员、促成并组织相关受补偿人签订《补偿协议》等,相关协议和文件应使用甲方提供的版本,如需修改应事先报甲方同意,补偿标准须按照××村村民民主表决通过的拆迁补偿方案执行,如有更新,以甲方通知为准。

(5)与受补偿人签订《补偿协议》前,须经甲方同意。受补偿人签订《补偿协议》等相关法律文件后,应及时提交甲方审核,甲方确认无误的,再由乙方提交盖章;如甲方审核发现有误的,乙方应按甲方要求重新组织相关受补偿人签订。

(6)负责收取被改造房屋、土地等的权属证件原件并移交甲方。

(7)负责动员、组织受补偿人按照已签订的《补偿协议》的约定及时腾空、交付被改造房屋;如受补偿人违约的,应及时通过法律措施解决,确保顺利完成动迁工作。

(8)负责协助甲方或改造实施主体向受补偿人发放补偿金、临迁费、奖励费等。

(9)负责协调解决动迁工作中的各类纠纷和矛盾,包括但不限于动迁工作中第三方主张权利、上访、维稳、群体性事件等。

(10)按甲方要求及时完成动迁服务中的各项工作及档案资料(含声像资料、电子档案资料等)移交。

(11)负责协助甲方开展动迁工作开始前的拆补安置方案编制、表决动员工作(方案表决与私宅签约同步开展),负责和组织受补偿人进行表决签字的工作。

(12)负责动迁过程中甲方要求完成的其他与动迁相关的工作内容。

2.服务标准:负责区域红线范围内所有受补偿人签订《补偿协议》及腾空房屋移交。

3.时间要求:乙方应自本合同签订之日起××个月内完成本合同约定的全部服务事项。

二、甲方的权利和义务

1.向乙方明确动迁工作的内容。

2.为乙方解释工作重点并协助乙方解决工作中存在的疑难问题。

3.对本项目实施过程中乙方提出的属于甲方权利和义务的事务进行配合处理。

4.按本合同的约定及时履行支付义务。

5.对乙方工作的开展进行监督管理。

三、乙方的权利和义务

1.由乙方提前做好签约解释工作及签约指引，根据甲方的动迁要求及动迁进度开展工作，并对工作结果负责。

2.按照甲方要求，落实受补偿人与甲方或本项目改造实施主体签订《补偿协议》。

3.乙方须负责受理解决或配合受理解决动迁服务过程中的投诉和各类纠纷问题。

4.须按《安置补偿方案》以及国家、省、市的有关法律、法规规定开展动迁工作，维护甲方、本项目改造实施主体和受补偿人的合法权益。

5.乙方须配备足够的管理人员及工作人员对动迁工作负责，各村本项目签约时，乙方应保证动迁人员不少于三组每组不少于三人，且应在本合同签订后三天内到位。

6.乙方负责为因履行本合同而聘用的工作人员购买商业保险，加强上述工作人员的培训及管理，并承担工作人员在动迁过程中受到的意外伤害赔偿责任。

7.乙方工作人员必须遵纪守法，不准行凶斗殴，不准聚众赌博，不准违反治安管理等规定，服从甲方及××经济联合社/经济合作社的统一管理，乙方应确保其工作人员具有相应的工作能力，并严格依照有关规定和诚实信用的原则履行本合同的工作，接受相关政府部门、甲方的监督指导，不得与受补偿人恶意串通，损害甲方利益，否则因此导致的任何与甲方和第三方无关的责任由乙方承担。

8.乙方需以自己的名义对外实施动迁工作并独立对外承担一切法律责任；履行动迁签约过程中为确保最终签约及交付而应履行的一切审核、验证、存档等义务，确保最终取得标的资产而签订的相关文件均为真实、合法、有效，并不侵犯任何第三方利益。

9.乙方在履行本合同过程中应遵守法律法规和政策要求，不得使用暴力、胁迫、欺骗、伪造、误导等违法手段，不得损害他人的合法权益，不得借机侵占、破坏他人的合法财产，否则乙方应自行妥善解决因此产生的纠纷，赔偿各方因此造成的损失，并且所有法律后果自负，与甲方无关。

10.乙方应在承包范围内开展相关活动，对于签署或出具法律文件、往来函、财产与物品迁移、托管、给付、销毁等相关活动均应事先向甲方备案。

11.乙方在履行本合同过程中应本着诚实守信、谨慎注意的原则，尽忠职守，自觉维护甲方权益。遇到突发事件、超出合同约定和甲方未能预见的情形时，应及时向甲方反馈，不得隐瞒或疏漏；发现违法乱纪或事态恶化应及时制止纠正，发现甲方合法权益受到侵害或丧失监管时应自觉维护和及时反馈。

12.乙方应确保动迁过程中经办、收发、签署的所有文书函件出自当事人的真实意思表示，严格验证当事人及其代理人的真实合法身份，取得必要的公证、授权等文件及相关证照的影印件，并对上述文件进行核实后完整移交给甲方。

13.乙方及其工作人员在动迁工作过程中接触和获得的所有资料应当妥善保管并及时将该资料移交给甲方，对本项目有关的所有资料和商业秘密负有保密责任，未经甲方书面同意不得擅自公开或泄露给第三人。

14.乙方自行解决动迁办公设备配置以及乙方动迁人员的交通、食宿等费用。

四、合同价款、支付和结算

1.动迁服务费。

甲方应向乙方支付动迁服务费，动迁服务费以双方确定的签约房屋总面积为基数，按××元/平方米计算，项目签约总面积约××平方米，动迁服务费暂定为××元，大写××元（最终签约面积以复测数据报告为准）。包括××个村，村民住宅约×××栋，各村签约率以各村受补偿人签订《补偿协议》的栋数为单位，交楼率以各村受补偿人根据《补偿协议》完成腾空房屋移交的栋数为单位（最终结算以甲方审核确认实际完成签约且腾空的栋数为准），根据各村的签约进度支付动迁服务费：

（1）各村旧村改造签约率及交楼率达××%后，甲方支付各村动迁服务费总费用的××%给乙方。

（2）各村旧村改造签约率及交楼率达××%后，甲方支付各村动迁服务费总费用××%给乙方。

……

2.本合同价款为含税价包干，乙方报价单包含了劳务报酬费、人工费、管理费、保险费、业务费、利润及相关的规费税金等完成本项目所有动迁工作所需的全部费用。

3.达到本条第一款的付款节点××个工作日内，乙方应向甲方提出书面请款申请，并按照甲方要求提交等额合法有效的增值税普通发票，甲方收到乙方提供的上述资料审核确认后，×个月内支付相应的款项。因乙方提交的发票不满足要求造成支付时间延误的，甲方不承担相应的责任。

五、收款账户

乙方指定以下银行账号为收款账户，乙方变更下述收款账户的，应向甲方提出书面申请：

开户单位名称：

开户行：

账号：

六、违约责任

1.甲方逾期支付本合同第4条约定的款项的，每逾期一日，按应付未付款总额的万分之×向乙方计付违约金，前述违约金最高额不超过应付未付款总额的×%，在本合同履行过程中发生的争议，除款项支付以外的其他事项，均与甲方无关，乙方不得要求甲方承担任何责任。

2.乙方未能在本合同第1条约定的时间内完成本工程动迁工作的，每逾期一日，按应付动迁服务费的万分之×向甲方计付违约金。违约金不足以赔偿甲方全部损失的，乙方还应另行赔偿。

3.如因甲方未按本合同第4条的约定向乙方付款导致乙方违约的，由甲方承担相关责任；如因乙方未及时向甲方书面请款，或乙方收到甲方支付的款项后未按时足额支付给乙方工作人员而产生争议的，由乙方承担相关责任。

4.乙方应保证依法、安全实施动迁工作，如因乙方原因（包括乙方工作人员）在实施动迁工作中给甲方或第三方造成任何财产或者人身损害的，由乙方承担相应法律和经济责任。

5.乙方因履行本合同义务与合同以外的第三方（包括乙方工作人员）发生纠纷的，乙方应负责解决纠纷并承担全部责任，如甲方因此被追责或被要求承担连带责任，乙方应赔偿甲方因此造成的所有损失。

6.如乙方存在违法、违规行为或违反本合同约定之行为，甲方有权要求乙方立即停止并改正。乙方未改正并消除由此产生的不良影响的，甲方有权解除合同并要求乙方赔偿损失。

7.乙方出现下列情形之一的，甲方有权单方解除本合同，自合同解除之日起未结算的动迁服务费不再结算及支付。乙方不按甲方要求及期限退场并移交全部资料的，乙方应按本合同总价款的××%向甲方支付违约金：

（1）乙方蓄意与受补偿人弄虚作假造成甲方损失的；

（2）乙方在履行本合同过程中存在错误、缺陷、瑕疵等不符合甲方要求的情况，经甲方指出并要求改正后仍拒绝改正的；

（3）乙方未按照本合同第1条约定的期限按时完成义务的；

（4）乙方存在其他不符合本合同约定的情形。

8.在合同有效期内，乙方不得提前单方解除本合同，否则乙方需赔偿甲方因此而造成的一切经济损失。

七、不可抗力

1.不可抗力是指合同当事人在签订合同时不可预见，在合同履行过程中不可避免且不能克服的自然灾害和社会性突发事件，如地震、台风、海啸、瘟疫、骚乱、戒严、暴动、战争等其他情形。

2.不可抗力发生后，合同当事人均应采取措施尽量避免和减少损失的扩大，任何一方当事人没有采取有效措施导致损失扩大的，应对扩大的损失承担责任。

3.因合同一方迟延履行合同义务，在迟延履行期间遭遇不可抗力的，不免除其违约责任。

八、争议解决

有关本合同或本合同履行过程中产生的任何争议，各方应协商解决，协商不成的，任何一方均可向本项目所在地有管辖权的人民法院提起诉讼。

九、其他

1.本合同未尽事宜可由甲、乙双方另行协商，所达成的补充协议与本合同具有同等的法律效力。补充协议与本合同相冲突的，以补充协议为准。

2.本合同自合同各方法定代表人或授权代表签字并加盖公章之日起生效。

3.本合同一式×份，各方各执×份，各份合同具有同等效力。

（以下无正文）

甲方（盖章）：

法定代表人/授权代表（签字）：

乙方（盖章）：

法定代表人/授权代表（签字）：

签订时间：　　年　　月　　日

签订地点：广州市　　区

拆迁补偿安置协议(私宅)

甲方:(项目实施主体)

法定代表人:

统一社会信用代码:

联系地址:

联系方式:

乙方:(被拆迁人)

身份证号码:

联系地址:

联系方式:

电子邮箱:

乙方委托代理人:

身份证号码:

联系地址:

联系方式:

电子邮箱:

为切实做好广州市××区××村旧村改造拆迁补偿安置工作,保障改造建设工程顺利进行,根据《××区人民政府关于××村旧村改造实施方案的批复》(文号为:×××××××),甲乙双方同意由甲方负责实施××村被拆迁房屋拆迁补偿安置工作、审核及发放房屋拆迁补偿安置款项,并在完成全部拆迁工作后,按约定负责回迁安置房等城中村改造建设全部开发工作。

为尽快推进拆迁相关工作,双方基于平等、自愿、合法原则协商一致,就乙方房屋拆迁补偿安置事宜达成以下协议条款,供双方共同遵照执行。

一、乙方被拆迁房屋现状

1.乙方是合法拥有××村改造范围内被拆迁房屋的产权人，且同意将其坐落于广州市××区____________的房屋（以下简称被拆迁房屋，产权证号为：______，相关产权证明见附件二）交由甲方组织拆迁。

2.乙方同意由甲方委托的测量公司进行测量并出具《房地产查丈原图》（详见附件四）作为房屋现状的依据，甲乙双方对此均无异议。

3.乙方作为本协议约定的被拆迁人，保证合法拥有被拆迁房屋的全部产权，并向甲方承诺，没有其他未通知的合法权利人。因被拆迁房屋发生的一切产权或债权争议，由乙方及时妥善处理，所有因此引起的一切法律责任和经济损失，概由乙方自行承担，如影响甲方拆迁进度，乙方承担违约责任。

二、拆迁补偿及回迁安置

1.拆迁补偿的内容

（1）甲方根据乙方被拆迁房屋的现状情况、回迁面积、各项目的补偿标准及总额制作《拆迁补偿安置计算表》（以下简称《补偿计算表》，详见附件五），以此为依据向乙方支付房屋拆迁补偿款。甲、乙双方确认《补偿计算表》的各项数据，并同意以该表所载数据履行本协议的相关约定。

（2）拆迁过程中的弃产补偿。如乙方的被拆迁房屋符合回迁安置条件，但其放弃全部或部分应回迁安置面积的，甲方按照人民币×××××元/平方米的标准对乙方放弃的应回迁安置面积进行货币补偿。具体“弃产补偿”内容需由甲乙双方签订《弃产协议》，甲乙双方签订《弃产协议》后不得就“弃产”所约定的内容作任何更改或变更。

（3）临迁费。具体以本协议第6条的相关约定为准。

2.搬迁及房屋移交时间

（1）乙方自愿在签订本协议后××个工作日内向甲方移交被拆迁房屋的钥匙和有效产权证明原件（包括但不限于宅基地证、建房许可证、规划局规划审查批文、农村集体房产证、经政府部门审批且公示的文书，如有则全部移交，如只具备以上之一则只需移交所具备的产权证明），并将被拆迁房屋整体清空后移交甲方，甲方在接收房屋后向乙方出具《房屋移交确认表》（详见附件六)。

(2)乙方自收到本协议第6条第1项约定的补偿款之日起自愿拆除房屋，乙方保证不以任何理由要求甲方返还。

3.回迁时间自××村改造范围内整个地块上盖建筑物全部拆平之日起计算，至甲方向乙方发出书面《收楼通知书》后×个月止，时间初定×年。

三、回迁房分配的方法和原则

回迁房分配按公平、公正、公开的形式进行抽签选房。具体选房抽签程序及操作细则另行公布。

四、本协议最终回迁安置房总建筑面积

1.本协议最终回迁安置总建筑面积具体详见附件五《补偿计算表》。

2.如出现选择的回迁安置户型总建筑面积大于最终回迁安置总建筑面积的情况，村民可按照以下标准购买：

(1)超出最终回迁安置总面积在×平方米以内(含×平方米)，以人民币×××××元/平方米价格购买。

(2)超出最终回迁安置总面积在×平方米以上的，超出部分按当时同地段商品房市场价格购买，具体以届时双方签订的相关协议为准。

3.如出现选择的回迁安置户型总建筑面积小于最终回迁安置总建筑面积的情况，可在本村村民之间合法流转，或由村集体按以下标准给予购回：

(1)如多出部分为权益面积，村集体按×××××元/平方米给予购回。

(2)如多出部分为补偿面积，不属于权益面积，村集体按照×××××元/平方米给予购回。

五、权益面积购置费

根据《拆补方案》，乙方可购权益面积以及乙方应向甲方支付的权益面积购置费(按××××元/平方米计算)具体详见附件五《补偿计算表》。

六、补偿款的支付

1.根据《拆补方案》，自乙方移交被拆迁房屋的钥匙、有效产权证明原件并将房屋整体清空移交甲方，并经甲方确认后，甲方于××个工作日之内一次性向乙方支付的安置补偿费用具体详见附件五《补偿计算表》。

2.临迁费的发放：

（1）临迁费的计算标准：

每月应付临迁费=乙方回迁安置总建筑面积乘以××元/（平方米·月），不足一个月的按××元除以××天乘以实际天数计算。按季度计付，不足三年的按三年计（乙方按××××元/平方米的标准缴纳总额购买权益面积后，增加的权益面积可算临迁费）。

（2）临迁费的起止日期：

a.临迁费自村民签约率达到××%（以栋为基准）且乙方移交被拆迁房屋的钥匙、有效产权证明原件并将房屋整体清空移交甲方之日起开始计算，按季度于每季第×个月内发放（签约率按照政府“三旧”改造相关政策制定）。

b.临迁费计算至回迁安置房达到交楼标准，由甲方向乙方发出书面《收楼通知》后×个月止。临迁费发放累计不足×年的按×年计算，临迁费自支付之日起，累计超出×年未能如期交楼的，第×年开始临迁费增加××%给予补偿，且该临迁费计算依据为未如期交楼部分的回迁安置面积。

c.如乙方收楼时发现房屋存在结构裂缝、漏水等重大质量问题，经房屋质量鉴定机构确认，达不到验收标准的，则甲方继续发放临迁费至维修完好并书面通知乙方收楼后×个月止。

d.如乙方未能在合同约定的期限内交付房屋的，则原应给予乙方的签约奖励取消，并且不享受临迁费计算时间累计不足×年的按×年计算的优惠。

3.乙方指定以下银行账号为收款账户（详见附件三），乙方变更下述收款账户的，应向甲方提出书面申请并经双方确认，如因乙方或银行原因导致甲方付款延迟或不能付款的，甲方无须承担违约责任。

开户行：

开户名：

账号：

七、回迁安置房交楼标准

1.甲方交付的房屋需按国家相关建筑规范执行，且由有关政府部门验收合格，小区配套有绿化、停车场、小区围墙、垃圾站、水电房。

2.回迁安置房装修标准具体以《拆补方案》为准。

八、甲方的权利和义务

1.甲方负责按本协议及其附件五《补偿计算表》的约定审核、支付各项拆迁补偿款项，如发现乙方提供虚假产权证明，有权解除本协议并拒付相应的拆迁补偿款项，乙方已收款项应全部退还，甲方不因此承担违约责任。

2.甲方负责按国家相关建筑规范建设回迁安置房，并作好回迁安置房屋的分配工作，确保整个改造项目的顺利进行。

3.甲方承诺负责本协议约定的开发、报建、安置房工程施工期间的所有相关项目及费用。

4.甲方依据广州市有关城中村改造回迁房相关政策的规定，协助为乙方办理每一套房的独立产权证明，土地性质为××用地。

九、乙方的权利和义务

1.有权按照本协议的约定获得房屋拆迁各项补偿费用。

2.保证在签订本协议时将房屋产权证明原件交给甲方，并承诺所提供的产权证明文件均属真实、合法、有效、完整。

3.承诺向甲方交付房屋时，乙方对本协议项下的房屋拥有完全的所有权或使用权，该房屋未被司法、行政机关查封；未设置抵押等他项权利；房屋的水、电、煤气、网络、电话、电视等费用已全部结清并办理完毕报停销户等相关手续。如房屋因产权不明、转让、继承、分割（析产）、抵押等发生纠纷的，乙方应自行负责解决，如造成甲方损失的，乙方承担全部赔偿责任。

4.乙方应按甲方要求及本协议约定清空房屋，在清空房屋时，不得自行拆除电线电表、水管龙头、水表、煤气表、煤气管道等固定的附着物和构筑物。

5.乙方保证不因私利借故闹事，阻挠甲方正常开展工作，保证不出现影响本项目工程建设的行为。

6.乙方因户型等原因导致增加的建筑面积须缴纳房款，乙方应在签订选择回迁安置房确认书当日向甲方缴清，乙方逾期缴纳或不足额缴纳的，甲方有权延迟交付回迁安置房直至乙方缴清为止。

十、甲方的违约责任

1.甲方违反本协议第6条第1项的约定，逾期支付相应款项，每逾期一日，按本协议约定乙方应得补偿款项的万分之×向乙方支付违约金。

2.甲方违反本协议的约定，对乙方造成损失的，应向乙方承担赔偿责任。

十一、乙方的违约责任

1.乙方违反本协议的约定，对甲方造成损失的，应向甲方承担赔偿责任。其中，乙方违反本协议第9条第3项、第4项的约定，甲方有权拒绝向乙方发放本协议约定的补偿款项并不构成违约。

2.乙方违反本协议第2条第2项搬迁时间约定的，每逾期一日，乙方须按每日人民币××××元的标准向甲方支付延期搬迁违约金。乙方拒不将该物业交付给甲方的，甲方有权自行拆除并清理物业内所有物品，由此造成的一切法律后果均由乙方承担。

3.乙方违反本协议第9条第5项约定的，乙方须按每次人民币××××元的标准向甲方支付违约金。

4.乙方承诺具有签订本协议的主体资格，保证对被拆迁房屋享有真实、合法、有效、无争议的受补偿权，并有权根据本协议处分被拆迁房屋。如出现如下情况的，甲方有权单方面解除本协议，乙方应全额退还已收取的所有款项，并赔偿甲方因此造成的任何损失及向法院、政府部门、律师等第三方支付的任何费用等。

（1）如日后因他方对被拆迁房屋或其中部分房屋有权益并提出异议后经调查属实，或因国家机关或司法部门就具体个案作出判例认定乙方对被拆迁房屋或其中部分房屋不拥有或不完全拥有获补偿安置权利，或因其他任何原因，致使本协议被认定无效、难以履行或无法实现合同根本目的的。

（2）如因乙方与第三人之间就被拆迁房屋权属问题所发生的所有争议，或因乙方就被拆迁房屋签署本协议或领取本合同项下所有款项等所有争议，乙方未及时自行解决，致使本协议难以履行或无法实现合同根本目的的。

5.乙方因以上条款对甲方负有赔偿责任的，甲方有权从乙方依约应得的款项中相应扣减乙方应承担的赔偿金额，不足以扣除的，乙方应向甲方另行支付。

十二、委托签约

乙方本人应亲自签署本协议，如须委托代理人的，应出具经公证机关公证的《授权委托书》并提供乙方及代理人的有效身份证证明。

十三、合同的生效

本协议自双方签署之日起发生法律效力。

十四、通知及送达

1.乙方应确保本协议首页载明的通信地址、联系方式及电子邮箱的准确无误，如有变更，乙方保证及时书面通知甲方，否则送达不能造成的一切损失和责任由乙方自行承担。

2.甲方采用书面形式通过直接送达、公告、邮寄或电子邮箱向乙方发送与本协议有关的通知等。直接送达以乙方签收日为送达之日；邮寄送达以乙方签收日为送达之日，乙方未签收的，以甲方投递日的第二日为送达之日；电子邮箱则以甲方向乙方发出邮件之日为送达之日。

十五、其他约定

1.本协议的补偿标准计算方法和具体补偿的数据、金额，均以《补偿计算表》为依据，除此之外，甲方不需要给予乙方及被拆迁房屋的共有人、共同居住人或实际居住人或承租人或经营者任何其他补偿。

2.本协议项下涉及的纳税义务，由甲乙双方按照税收法律法规相关规定各自承担。

3.甲方作为全体村民合法权益的代表机构和具体事务的执行机构，以实现村集体的整体利益为首要目标，有权根据具体情况组织改造实施工作，乙方有义务服从大局，积极配合开展城中村改造工作。甲乙双方在执行本协议时如产生纠纷，应协商解决，经协商不成的，双方有权向本协议签订地有管辖权的人民法院提起诉讼解决。

4.本协议未详细约定之事项，由双方另行协商后签订补充协议，补充协议与本协议具有同等法律效力。

5.本协议附件构成本协议不可分割之组成部分，与本协议具有同等法律效力。

6.本协议一式×份，甲方执×份，乙方执×份，具有同等法律效力。

附件：

一、乙方及代理人（如有）身份证复印件

乙方产权证明文件（略）；

收款银行卡或存折复印件（略）；

《房地产查丈原图》（略）；

《拆迁补偿安置计算表》（略）；

《房屋移交确认表》（略）；

《产权人承诺书》（略）；

《注销房产证授权委托书》（略）。

特殊材料清单（如有）：

（以下无正文）

甲方（盖章）：

法定代表人/授权代表（签字）：

乙方（签字按捺）：

乙方委托代理人（签字按捺）：

签订时间：　　　年　　　月　　　日

签订地点：广州市　　　　区

产权人承诺书

承诺人:　　　　　身份证号码:

为尽快推进广州市××区××村旧村改造项目(以下简称本项目)拆迁相关工作,明确相关责任,承诺人兹就签署《拆迁补偿安置协议》(以下简称《拆补协议》,协议编号:____________)向××公司(项目实施主体)承诺如下:

一、《拆补协议》涉及______________________宅基地及附上房屋(以下简称“该房屋”)。

二、承诺人保证事实如下:该房屋的合法权属人是承诺人,承诺人具有签订与该房屋拆迁补偿安置相关文件的资格,承诺人保证对该房屋享有真实、合法、有效、无争议的受补偿权。承诺人已经取得签订《拆补协议》所需的一切文件和手续,依法有权处分该房屋、签订和履行《拆补协议》。

三、为了配合本项目改造,承诺人特此前往××公司就该房屋签署《拆补协议》等一切旧村改造相关的资料,领取所有的临迁费等货币补偿及享受回迁安置面积有关权利等旧村改造补偿待遇,承诺按时履行《拆补协议》及相关签署文件约定的所有义务,并且承诺就该房屋行使相关权利时不损害其他利害关系人的合法权益,亦不损害××公司的利益。

四、承诺人保证所提供的产权证明文件真实、合法、有效、完整,保证不出现有证而谎称无证或有证而故意不上交的情形,如承诺人违反本承诺书约定,导致后续回迁安置房屋无法办理产权证明文件的,相关后果由承诺人自行承担,由此造成××公司损失的,由承诺人承担全部赔偿责任。

五、承诺人保证签署《拆补协议》后按约尽快腾空交付该房屋给××公司拆除用于旧村改造,并且在交付该房屋前结清水电、通信等所有费用。若承诺人逾期不腾空该房屋交付给××公司的,承诺人同意按《拆补协议》的约定承担相关违约责任,由此造成××公司损失的,由承诺人承担全部赔偿责任,承诺人同时承诺,不得以任何理由向××公司提出任何损失主张。

六、承诺人与其配偶或与其他第三人之间就该房屋权属问题所发生的所有争议，或因该房屋的旧村改造补偿待遇的分配问题产生的所有争议，由承诺人自行解决，与××公司无关。承诺人如不能提供有效的房地产权属资料，或隐瞒该房屋的债权债务、权属纠纷等问题的，承诺人自愿负一切法律责任，与××公司无关。若承诺人就该房屋签署《拆补协议》以及领取相关临迁费等货币补偿、享受相关回迁安置面积权利等旧村改造补偿待遇，导致××公司日后遭受损失的（包括但不限于承诺人与其配偶或与其他第三人因该房屋被拆除或旧村改造补偿待遇分配问题向××公司主张权利或损害赔偿等），承诺人愿意自负损失及承担××公司的所有损失。

七、承诺人若违反《拆补协议》及其相关文件的约定，承诺人自愿丧失该房屋的所有权益，包括货币补偿、回迁安置面积补偿等。

八、本承诺书一经承诺人签字即发生法律效力，承诺人不因任何原因撤销或反悔。

特此承诺。

承诺人（签名按捺）：

承诺日期：　　年　　月　　日

房屋移交确认表

房屋移交时间：　　年　　月　　日

协议号		房屋地址						
产权人		电话			身份证号码			
受托人 （如有）		电话			身份证号码			
房屋情况说明								
1	主体结构属性		是否属危房	是	否		现状总建筑面积/㎡	
2	首层房屋门窗是否完整	是	否	二楼以上门窗是否已拆除	是		否	
3	水表数量（读数）			已报停		已缴清费用		
4	电表数量（读数）			已报停		已缴清费用		
5	燃气表数量（读数）			已报停		已缴清费用		
6	是否安装有线电视	是	否	已报停		已缴清费用		
7	交回钥匙数量							
8	门牌拆除及留存情况	项目实施主体拆除并留存		产权人自行拆除并留存	无门牌		其他	
交房人签字并按指模			房屋接收经办人					
备注								

注销房产证的授权委托书

委托人:姓名______,性别______,______年____月____日出生,公民身份证号码:______________,居民身份证住址:________________________。

受托人:××公司(项目实施主体)

法定代表人:

统一社会信用代码:

住所:

委托内容:

我是位于广州市××区________的不动产(《宅基地使用权证》/《集体土地使用证》编号:______)的登记权属人,该不动产已列入××村旧村改造项目范围。现就上述不动产的权属证书注销事宜委托××公司为我的代理人,代为办理如下事宜:

1.代为接受登记机关询问;

2.代为交付上述权属证书并办理相关注销手续(包括但不限于填写申请表、提交资料、办理注销登记手续、领取办文回执、查询及领取注销结果证明文件等);

3.代为办理注销上述房地产权属证书过程中的其他所有相关事宜。

受托人有权委派本单位员工办理上述事项。受托人在上述委托权限范围内签署的一切有关文件、实施的法律行为及产生的法律后果,委托人均予以承认,并承担相应的法律责任。

委托期限:自委托书签署之日起至上述事项办理完毕为止。

受托人有转委托权。

委托人(签字按捺):

委托时间:　　　年　　月　　日

弃产协议

甲方:(项目实施主体)

法定代表人:

统一社会信用代码:

联系地址:

联系方式:

乙方:

身份证号码:

联系地址:

联系方式:

乙方委托代理人:

身份证号码:

联系地址:

联系方式:

鉴于:

为切实做好广州市××区××村旧村改造拆迁补偿安置工作,保障改造建设工程顺利进行,根据《××区人民政府关于××村旧村改造实施方案的批复》(文号为:××××××××),甲乙双方同意由甲方负责实施××村被拆迁房屋拆迁补偿安置工作、审核及发放房屋拆迁补偿安置款项,并在完成全部拆迁工作后,按约定负责回迁安置房等旧村改造建设全部开发工作。经甲、乙双方平等、自愿、合法协商,就乙方被拆迁房屋的弃产事宜达成如下协议,以资双方共同遵照执行。

一、被拆迁房屋现状

乙方坚决支持广州市××区××村旧村改造工作,同意将乙方坐落于广州市××区××××××××××(产权证号码:________________)的被拆迁房屋(以下简称被拆迁房屋)交由甲方组织拆迁。

二、弃产标的与内容

(一)《拆迁补偿安置协议》约定的乙方被拆迁房屋回迁总建筑面积为××平方米,乙方同意弃产××平方米,《拆迁补偿安置协议》最终回迁安置总建筑面积为××平方米。

(二)《拆迁补偿安置补充协议》约定的乙方被拆迁房屋新增回迁安置建筑面积为××平方米,乙方同意弃产××平方米,《拆迁补偿安置补充协议》最终新增回迁安置建筑面积为××平方米。

(三)根据本协议项下第2条第1~2项的数据,甲乙双方共同确认乙方总计弃产××平方米,乙方可获得的总回迁安置面积为××平方米。

(四)甲乙双方同意并确认,自签订本协议之日起,乙方自愿并同意将本协议项下第2条第3项的总计弃产面积及与之对应的全部权益(以下简称弃产权益)转让给甲方,甲方因此同意一次性支付弃产补偿款人民币××××元(以下简称该弃产补偿款)给乙方。

(五)除本协议和甲、乙双方签署的《拆迁补偿安置协议》约定外,甲方无须再就××村旧村改造向乙方支付任何其他费用,乙方也不能以任何理由就××村旧村改造向甲方主张任何其他费用。

(六)自乙方向甲方移交被拆迁房屋的有效产权证明资料原件并办妥交楼手续经甲方确认后,甲方于××个工作日之内一次性将该弃产补偿款汇入乙方指定账户。

(七)乙方指定的银行收款账户为:

开户行:

户名:

账号:

三、各方的权利和义务

(一)本协议签署之日起××个工作日内,乙方须向甲方移交被拆迁房屋的钥匙、有效产权证明资料原件并办妥交楼手续,同时承诺所提供的所有文件资料均属真实、合法、有效。否则，乙方应承担由此产生的一切法律责任。

（二）自乙方向甲方移交被拆迁房屋的钥匙、有效产权证明资料原件并办妥交楼手续，经甲方确认后，甲方保证于××个工作日之内付清该弃产补偿款给乙方。

（三）甲方向乙方付清该弃产补偿款后视为甲方已履行完毕本协议约定的全部义务，乙方不得再以任何理由就被拆迁房屋向甲方及其关联方主张被拆迁房屋有关的其他任何权利（包括但不限于弃产面积及与之对应的弃产补偿、回迁物业等其他一切权益）。

（四）双方确认，乙方被拆迁房屋的全部弃产权益一并转移给甲方所有，甲方成为这些权益的权属人，与乙方再无任何关系。

（五）乙方应将被拆迁房屋清空后交给甲方或其指定的第三方予以拆除。乙方在移交房屋前须确保拥有房屋完全的所有权，该房屋未被司法、行政机关查封，未设置抵押等他项权利。如房屋因产权不明、转让、继承、分割（析产）、抵押等发生纠纷，乙方应自行负责解决，如造成甲方损失的，乙方承担全部赔偿责任。乙方在移交房屋前需将房屋有关水、电、煤气、网络、电话、电视等费用全部结清。乙方未在上述约定期限内清空房屋并交付甲方或其指定的第三方拆除的，视为乙方放弃房屋内的一切物品，同意由甲方或其指定的第三方拆卸房屋，甲方或其指定的第三方有权申请供水、供电等部门进行清表并停止供水、供电、供气和拆卸，乙方应按本协议第4条的约定承担违约责任并承担由此所导致的一切后果。

（六）乙方应无条件配合甲方根据本协议实现拥有该被拆迁房屋对应的一切权益，以实现本协议的合同目的。乙方保证不因私利借故闹事，阻挠甲方正常开展工作，保证不出现影响本项目工程建设的行为。

（七）若甲方退出广州市××村旧村改造项目，双方同意并确定本协议自始合法有效且甲方无须将被拆迁房屋及其全部权益返还给乙方，相关被拆迁房屋及其全部权益仍属于甲方全权所有，乙方亦无须将获得的弃产补偿返还给甲方。

四、违约责任

（一）甲方逾期付款经乙方书面催告超过××日仍未支付的，每逾期一日，甲方按本协议约定的乙方应得弃产补偿款项的万分之×向乙方支付违约金。

（二）乙方承诺具有签订本协议的主体资格，保证对被拆迁房屋享有真实、合法、有效、无争议的受补偿权。如出现如下情况的，甲方有权单方面解除本协议，乙方应全额退还已收取的该弃产补偿款，并赔偿甲方因此造成的所有损失及向法院、政府部门、律师等第三方支付的任何费用等：

1.如日后因他方对被拆迁房屋或其中部分房屋有权益并提出异议后经调查属实，或因国家机关或司法部门就具体个案作出判例认定乙方对被拆迁房屋或其中部分房屋不拥有或不完全拥有获补偿安置权利，或因其他任何原因，致使本协议被认定无效、错误、难于执行或无法实现合同目的的。

2.如因乙方与第三人之间就被拆迁房屋权属问题所发生的所有争议，或因乙方就被拆迁房屋签署本协议或领取该弃产补偿款等发生的所有争议，乙方未及时自行解决，致使本协议难于执行或无法实现合同目的的。

（三）若乙方未按本协议约定办妥被拆迁房屋交楼手续及其相关文件资料移交手续或违反本协议的约定拒绝或逾期配合甲方实现本协议的合同目的，使得甲方无法及时获得或自由处分根据本协议所得权益的，每逾期一日，乙方应按每日人民币××××元的标准向甲方支付违约金，直至履约为止，逾期超过××日的，甲方有权单方面解除本协议，并要求乙方赔偿甲方因此造成的任何损失及向法院、政府部门、律师等第三方支付的任何费用等。甲方基于以上情况有权拒绝向乙方发放该弃产补偿款项，或从乙方应得的其他补偿款中相应扣减乙方应承担的赔偿金额，并不构成违约。

（四）如日后需乙方配合才能使甲方实现本协议的合同目的，乙方应无条件予以配合。经甲方就此通知乙方配合之日起×日内，乙方应积极配合签署相关法律文件及提供必要的协助，否则乙方应全额退还已收取的弃产补偿款，并赔偿甲方因此造成的任何损失及向法院、政府部门、律师等第三方支付的任何费用等。

(五)如乙方因私利借故闹事，阻挠甲方正常开展工作，出现影响本项目工程建设的行为，乙方须按每次人民币××××元的标准向甲方支付违约金，甲方有权从支付乙方的补偿款项中扣除，不足以扣除的，乙方应向甲方另行支付。

五、争议解决方式

因本协议及本协议履行过程中发生的任何争议，各方均应当友好协商解决；如协商不成，任何一方有权向广州市××区人民法院提起诉讼。

六、保密义务

双方对本协议的内容负有保密义务，未经对方同意，任何一方均不得将本协议的内容泄露给与本次补偿事宜无关的个人或单位，否则违约方应赔偿对方因此造成的相关损失。

七、其他

本协议一式×份，自双方签署之日起生效。甲方执×份，乙方执×份，具有同等法律效力。

(以下无正文)

甲方(盖章)：

法定代表人/授权代表(签字)：

乙方(签字按捺)：

乙方委托代理人(签字按捺)：

签订时间： 年 月 日

签订地点：广州市 区

委托签约的授权委托书

委托人:(姓名______,性别____,出生年月________,有效通信地址______________________,身份证号码__________________,有效联系电话____________)

受托人:(姓名______,性别____,出生年月________,有效通信地址______________________,身份证号码__________________,有效联系电话____________)

委托人是××村旧村改造项目(以下简称本项目)的被拆迁人,现就委托人名下位于____________________房屋(以下简称被拆迁房屋,房产证号:________________),特委托上述受托人全权代为办理上述房屋的全部拆迁补偿安置事宜,包括但不限于以下事项:

1.代为就被拆迁房屋拆迁事宜与相关方进行谈判、磋商;

2.代为进行被拆迁房屋测量及确认测量结果;

3.代为签署房屋拆迁补偿安置协议及其全部配套文件等与被拆迁房屋拆迁补偿安置事宜有关的一切法律文件,并代为履行上述文件中委托人享有及承担的权利义务,如权属资料原件移交、被拆迁房屋移交及委托拆卸、代为领取拆迁补偿款等;

4.代为向不动产登记中心办理被拆迁房屋的注销登记手续;

5.代为处理后续的摇珠选房事宜及签署与之相关的一切文件,以及代为办理回迁房产权登记等回迁手续。

受托人在上述授权范围内所做的一切行为及签署的全部文件,委托人均予以认可,并承担全部的法律后果。

委托期限自委托人签署本委托书之日起至上述委托事项办理完毕之日止。

受委托人不享有转委托权。

委托人(签字按捺):

受托人(签字按捺):

签订时间:　　　年　　月　　日

签订地点:广州市　　　区

具 结 书

本人×××(身份证号码为:________________________)经协议,同意将××村旧村改造地址位于______________号的房屋的全部拆迁补偿金(包括但不限于房屋搬迁费、签约奖励、临迁费等)等全部费用转入(银行账号:______________)账户,日后所产生经济纠纷由______________承担。

具结人(签字按捺):

具结日期:　　年　　月　　日

(如果有委托代理人的时候,需要与委托代理授权书一起公证)

房屋权属声明

本人×××(身份证号码为:__________),是位于______号房屋的权属人。

本人保证上述房屋没有权属纠纷,但由于历史原因,至今没有取得有效产权证明资料。现因上述房屋位于××村旧村改造项目范围内,特申请以本人为权属人办理××村旧村改造项目的拆迁补偿安置事宜,今后因此产生的一切经济纠纷及法律责任均由本人承担,由此造成××公司(项目改造实施主体)损失的,由本人负责赔偿。

上述房屋四至图如下:

权属人(签字按捺):

广州市××区××经济合作社(盖章):

社长/授权代表(签字):

广州市××区××经济联合社(盖章)

社长/授权代表(签字):

日期:　　年　　月　　日

房屋继承证明

位于________________房屋(集体土地房产证号:________________:号/宅基地使用证号:________号)属于________________所有。现因房屋产权人________________去世,该房屋已故产权人的全体合法继承人为(须注明身份证号):____,放弃继承权人为:________________,现全体合法继承人共同确认该房屋的最终合法继承人为________________。

特此证明。

放弃继承权人(签字按捺):

最终合法继承人(签字按捺):

广州市××区××经济合作社(盖章):

社长/授权代表(签字):

广州市××区××经济联合社(盖章)

社长/授权代表(签字):

日期:　　　年　　月　　日

(注:需提供产权人死亡证明、继承人与被继承人的身份关系证明和全部继承权人的身份证复印件,并公证本房产继承证明,如有遗嘱请一并提供。)

遗嘱效力确认书

致××公司（项目实施主体）：

被继承人________________（身份证号码为：________________）系位于____________________房屋的产权人。于______年____月____日订立了遗嘱（详见本承诺书附件），该遗嘱系________生前订立的最后一份该遗嘱。订立该遗嘱时，____系完全民事行为能力人。______已于______年____月____日去世，现所有承诺人确认该遗嘱系________生前的真实意思表示，具有法律效力。所有承诺人同意并确认上述房屋的所有权按照该遗嘱的约定处理。

特此承诺。

附件：《遗嘱》

承诺人（所有合法继承人）：

承诺时间： 年 月 日

以上情况属实，特此确认。

广州市××区××经济合作社（盖章）：

社长/授权代表（签字）：

日期：

广州市××区××经济联合社（盖章）：

社长/授权代表（签字）：

日期：

房产转让声明

位于__________________房屋（房地产证号穗集地证字第__________号/宅基地使用权证号：________________号）属于本人__________（身份证号：________________）所有，本人确认已将该房屋所有权转让给同村村民（身份证号：________________），本次转让符合“一户一宅”政策规定。现本人同意由并受让人________签署《拆迁补偿安置协议》等所有相关文件并领取与之相关的拆迁补偿费用及享受回迁安置面积有关权利等城中村改造补偿待遇。

特此声明。

转让人（签字按捺）：

受让人（签字按捺）：

广州市××区××经济合作社（盖章）：

社长/授权代表（签字）：

广州市××区××经济联合社（盖章）：

法定代表人/授权代表（签字）：

日期：　　年　　月　　日

房屋转让协议效力确认书

致××公司（项目实施主体）：

本人×××（身份证号码为：________________）系位于________________房屋的产权人，系完全民事行为能力人。于______年____月____日与________（身份证号码为：______________，系完全民事行为能力人）订立了《房屋转让协议》（详见本承诺书附件），《房屋转让协议》系双方真实意思表示且未违反任何法律、行政法规的强制性规定，具有法律效力。________同意由________取得上述房屋的所有权。

特此承诺。

附件：《房屋转让协议》

承诺人1（产权人、转让人）：

承诺人2（受转让人）：

以上情况属实，特此确认。

广州市××区××经济合作社（盖章）

社长/授权代表（签字）：

广州市××区××经济联合社（盖章）：

法定代表人/授权代表（签字）：

日期：　　年　　月　　日

同一房屋证明

实际门牌号位于广州市××区××村______________的房屋地址与不动产权证（房产证号为：______________；土地证号为：______________）载明的房屋地址即位于广州市××区××村______________属同一地址属实。

特此证明。

广州市××区××村经济合作社（盖章）：

社长/授权代表（签字）：

广州市××区××村经济联合社（盖章）：

法定代表人/授权代表（签字）：

日期：　　　年　　月　　日

同一人证明

位于广州市××区××村________________的房屋（房产证号为：________________；土地证号为：________________）登记属于________所有，________与________（身份证号：________________）属同一人属实。

特此证明。

广州市××区××村经济合作社（盖章）：

社长/授权代表（签字）：

广州市××区××村经济联合社（盖章）：

法定代表人/授权代表（签字）：

日期：　　　年　　月　　日

房屋代管声明

致××公司(项目实施主体):

×××(身份证号码为:××××××)系位于×××××× 房屋(以下简称该房屋,集体土地房产证编号为:××××××)的产权人。现经××经济联合社/经济合作社核实,该产权人已失踪满二年以上,至今仍然下落不明。

根据《广东省农村集体经济组织管理规定》第6条规定:"农村集体经济组织依法经营管理本组织集体所有的资产,任何公民、法人和其他组织不得侵犯。"以及第12条规定:"农村集体经济组织应当履行以下职责:(一)经营管理属于本组织成员集体所有的土地和其他资产;(二)经营管理依法确定由本组织使用的国家所有的资源性资产及其他资产;(三)管理乡(镇)以上人民政府拨给的补助资金以及公民、法人和其他组织捐赠的资产和资金;(四)办理集体土地承包、流转及其他集体资产经营管理事项;(五)为本组织成员提供服务;(六)法律、法规、规章和本组织章程规定的其他职责。"××经济联合社/经济合作社作为村集体经济组织,具有履行管理集体资产以及为本组织成员提供服务的相关职责。

目前,××市××区××村正在进行城中村改造,为顺利推进××旧村改造进程,××经济联合社/经济合作社作为该房屋所属地的村集体经济组织自愿代该房屋产权人管理该房屋。为维护该房屋产权人的合法权益,××经济联合社/经济合作社将作为该房屋的代管人就该房屋的拆迁补偿安置事宜与贵司订立《拆迁补偿安置协议》及其配套文件合同,并履行《拆迁补偿安置协议》及其配套文件合同约定的全部义务。为避免后续相关争议,××经济联合社/经济合作社为产权人选定的补偿方式为全部回迁方式。对于其他货币补偿(如临迁费、签约奖励金等)××经济联合社/经济合作社将指定以下银行账户作为唯一指定代管账户(开户名为:××××××××××,开户行为:×××××××,账号为:××××××),届时,烦请贵司按照《拆迁补偿安置协议》及其配套文件合同的约定将相关货币补偿汇至上述指定代管账户中。

今后若该房屋产权人或任何第三人就该房屋主张任何权利或提出任何异议，发生任何争议的（包括但不限于因回迁安置房以及货币补偿等所产生的相关争议），概与贵司无关，均由××经济联合社/经济合作社负责处理，××经济联合社/经济合作社将自行解决与该房屋产权人或任何第三人产生的所有争议并承担所有费用和全部法律责任。

声明人（盖章）：（××经济联合社/经济合作社）

日期：　　　年　　月　　日

拟代管房屋情况说明公示（第一次）

致××村旧村改造范围内全体村民：

××村旧村改造范围内有部分集体土地房屋产权人下落不明，为进一步推进××旧改项目的进度，现将相关情况公示如下：

一、拟被代管房屋

1.拟被代管房屋，是指在××村旧村改造范围内产权人有集体土地房产证且产权人下落不明的房屋。

2.由广州市××区××经济联合社/经济合作社（以下简称经济联合社/经济合作社）确认××村旧村改造范围内所有的拟被代管房屋并制作拟被代管房屋名单。

二、代管方式

1.拟被代管房屋将由经济联合社/经济合作社代管。

2.拟被代管房屋将由经济联合社/经济合作社采取全回迁不弃产的方式与××公司（项目实施主体）进行代为签约。

3.自公示期满 ××个工作日内，××公司将在经济联合社/经济合作社的监督下对拟被代管房屋进行测量并制作房地产查丈原图、补偿计算表。

本公示时间为××××年××月××日至××××年××月××日。

如对上述内容有异议，异议人需在公示期内向经济联合社/经济合作社提出书面异议。

附件：《拟被代管房屋名单》(略)。

广州市××区××经济联合社/经济合作社

日期：　　年　　月　　日

拟代管房屋情况说明公示(第二次)

致××村旧村改造范围内全体村民：

一、被代管房屋基本情况

1.被代管房屋由广州市××区××经济联合社/经济合作社代管。

2.在经济联合社/经济合作社监督下，××公司(项目实施主体)已于××××年××月××日对被代管房屋进行测量，测量过程中××公司聘请了××公证处进行了全程公证，并由××公证处出具了《公证书》。

3.经济联合社/经济合作社与××公司于××××年××月××日就被代管房屋的拆迁补偿安置事宜采取全回迁不弃产的方式进行了签约工作，签约文件包括《拆迁补偿安置协议(私宅)》《产权人承诺书》《房地产查丈原图》《拆迁补偿安置计算表》《房屋移交确认书》等文件。

二、被代管房屋产权人出现后的处理

1.被代管房屋产权人可持相关有效身份证明文件及房屋不动产权书原件(如有)前往经济联合社/经济合作社主张由经济联合社/经济合作社代管的回迁房屋以及临迁费等货币补偿。

2.经济联合社/经济合作社自收到被代管房屋产权人的申请之日起××个工作日内，审核其是否具有领取被代管房屋的相关补偿安置权益的资格。审核通过后，经济联合社/经济合作社扣除必要保管费用后，将剩余的拆迁补偿安置权益全部返还给被代管房屋产权人。

注：本公示时间为××××年××月××日至××××年××月××日。如对上述内容有异议，异议人需在公示期内向经济联合社/经济合作社提出书面异议。

附件：

一、《被代管房屋名单》(略)；

二、《房地产查丈原图》(略)。

广州市××区××经济联合社/经济合作社

日期：　　年　　月　　日

法定监护人证明书

证明：×××(身份证号：×××××)，于×××× 年××月××日出生，其拥有位于××市××区××村×号的被拆迁房屋(不动产权证号为××××××)，系××市××区××街××村村民。×××于××××年××月××日取得《残疾人证》(证件号码为：×××××××××××××)，残疾类别为×级智力残疾人，系无/限制民事行为能力人。

根据《民法典》第28条规定，×××的法定监护人为×××(身份证号：×××××)系×××的(配偶、父母、子女)。

特此证明。

广州市××区××经济合作社(盖章)：

社长/授权代表(签字)：

日期：

广州市××区××经济联合社(盖章)

社长/授权代表(签字)：

日期：

三方协议（适用于私宅存在抵押的情形）

甲方：（项目实施主体）

法定代表人：

统一社会信用代码：

联系地址：

联系方式：

乙方：（被拆迁人）

身份证号码：

联系地址：

联系方式：

电子邮箱：

丙方：（抵押权人）

身份证号码：

联系地址：

联系方式：

鉴于：

1.甲方是××旧村改造项目的改造实施主体公司，负责改造实施范围内的拆迁补偿安置工作、审核及发放房屋拆迁补偿安置款项，并在完成全部拆迁工作后，按约定负责回迁安置房等城中村改造建设全部开发工作。

2.乙方是××旧村改造范围内拥位于×××××号房屋（以下简称被拆迁房屋）的合法权属人。

3.丙方是在被拆迁房屋上拥有合法抵押权（该抵押权于××××年××月××日依法进行登记）的抵押权人。

甲乙丙三方协商一致，就该拆迁房屋上的抵押权涂消等相关事宜达成以下协议，以资共同遵守：

一、乙方被拆迁房屋现状及抵押情况

1.乙丙双方一致确认，乙方/乙方的关联方×××于××××年××月××日向丙方借款本金人民币××××元，利息收取方式为×××××。借款期限为××××年××月××日至××××年××月××日（详见附件《借款合同》）。乙方为保证乙方/乙方的关联方×××会按时归还上述借款本金及利息，于××××年××月××日以其拥有的被拆迁房屋为上述借款提供了抵押担保，并于××××年××月××日在×××区不动产登记中心进行了抵押登记，抵押期限为××××年××月××日至××××年××月××日（详见附件《抵押合同》）。

2.甲乙双方一致确认，甲乙双方于签署本协议的同时，就被拆迁房屋的拆迁安置补偿事宜签署《拆迁补偿安置协议》等私宅签约相关配套合同文件（合同编号为：×××××××××），甲乙双方保证会按照本协议以及《拆迁补偿安置协议（私宅）》等私宅签约相关配套合同文件约定的合同义务积极、全面履行。

二、债务清偿安排

1.自本协议签订之日起×个工作日内，甲方代乙方/乙方的关联方×××向丙方归还乙方上述借款本金以及利息共计人民币×××元，该款项的支付即视为甲方按照甲方与乙方签订的《拆迁补偿安置协议（私宅）》第××条的约定已支付人民币×××元的拆迁补偿款给乙方，甲乙丙三方对此均无任何异议。甲方按照本条约定支付相应款项给丙方后，有权在《拆迁补偿安置协议（私宅）》扣减相应金额的拆迁补偿款而并不构成违约。

2.丙方自收到甲方按照本协议约定而支付的款项后的×个工作日内，保证与乙方完成被拆迁房屋的抵押权涂消手续，并将抵押权涂消证明原件提供给甲方。

3.丙方指定以下银行账号为本协议的唯一收款账号并保证后续不变更。

开户行：

开户名：

账号：

丙方确认上述银行账号真实合法有效，否则自行承担法律后果。

三、违约责任

1.甲方未按照本协议约定时间向丙方支付相应款项的，每逾期一日，按照应付未付款的×分之×向乙方支付逾期付款违约金。

2.乙方与丙方未按照本协议约定期限完成被拆迁房屋的抵押权涂消手续并将抵押权涂消证明原件提供给甲方的，每逾期完成一日，按照甲方已付丙方款项的×分之×支付甲方违约金。

3.甲乙丙三方同意，如其中任何一方违反本协议约定致使其他任何一方遭受损失的，违约方保证承担一切经济损失和全部法律责任（包括但不限于守约方承担的诉讼费、律师费、保全费、公证费等一切相关费用）。

四、保密条款

1.甲乙丙三方应当对本协议、本协议附件内容以及在本协议履行过程中知悉的相关信息履行保密义务，不得以任何形式向其他第三方泄露或披露。若任何一方违反保密义务，其导致的一切损失由违约方自行承担。

2.甲乙丙三方应当对本协议、本协议附件内容以及在本协议履行过程中知悉的相关信息履行保密义务，不得以任何形式向其他第三方泄露或披露。若任何一方违反保密义务，则按照乙方实际收取的拆迁补偿款总额的百分之××支付违约金。

五、通知和送达条款

1.乙方应确保本协议首页载明的通信地址、联系方式及电子邮箱的准确无误，如有变更，乙方保证及时书面通知甲方，否则送达不能造成的一切损失和责任由乙方自行承担。

2.甲方采用书面形式通过直接送达、公告、邮寄或电子邮箱向乙方发送与本协议有关的通知等。直接送达以乙方签收日为送达之日；邮寄送达以乙方签收日为送达之日，乙方未签收的，以甲方投递日的第二日为送达之日；电子邮箱则以甲方向乙方发出邮件之日为送达之日。

六、争议解决条款

甲乙双方在执行本协议时如产生纠纷，应协商解决，经协商不成的，双方有权向本协议签订地有管辖权的人民法院提起诉讼解决。

七、合同生效

本协议自双方签署之日起发生法律效力。

八、其他约定

1.本协议未详细约定之事项，由双方另行协商后签订补充协议，补充协议与本协议具有同等法律效力。

2.本协议一式×份，甲方执×份，乙方执×份，具有同等法律效力。

（以下无正文）

甲方（盖章）：

法定代表人（签字）：

乙方（签字按捺）：

丙方（签字按捺）：

签订时间：　　　年　　月　　日

签订地点：广州市　　　区

三方协议(适用于私宅存在查封且被拆迁人愿意配合解封的情形)

甲方:(项目实施主体)

法定代表人:

统一社会信用代码:

联系地址:

联系方式:

乙方:(被拆迁人)

身份证号码:

联系地址:

联系方式:

电子邮箱:

丙方:(查封申请人)

身份证号码:

联系地址:

联系方式:

鉴于:

1.甲方是××旧村改造项目的改造实施主体公司,负责改造实施范围内的拆迁补偿安置工作、审核及发放房屋拆迁补偿安置款项,并在完成全部拆迁工作后,按约定负责回迁安置房等城中村改造建设全部开发工作。

2.乙方是××旧村改造范围内拥有位于×××××号房屋(以下简称被拆迁房屋)的合法权属人。

3.丙方是因与乙方存在债权债务纠纷而申请×××人民法院查封被拆迁房屋的查封申请人。

甲乙丙三方协商一致,就该拆迁房屋的解封事宜达成以下协议,以资共同遵守：

一、乙丙方债权债务情况及查封情况

1.乙丙双方一致确认，乙丙双方之间的债权债务情况已经由法院生效判决确认，具体情况如下：

(1)判决案号：×××(一审案号)、×××[二审案号(如有)]。

(2)作出判决的法院：×××人民法院(一审法院)、×××人民法院[二审法院(如有)]。

(3)判决当事人情况：×××(原告)、×××(被告)。

(4)判决生效情况：于××××年××月××日生效。

(5)判决履行、执行情况：(例如)判决暂未实际履行，丙方申请×××法院强制执行(执行案号为：×××)，××法院于××××年××月××日查封乙方所有的被拆迁房屋，查封期限为××××年××月××日至××××年××月××日。

(6)根据××号生效判决，截至本协议签订之日，乙方应向丙方支付的金额为人民币×××元(以下简称判决应付款项)。

2.甲乙双方一致确认，甲乙双方于签署本协议的同时，就被拆迁房屋的拆迁安置补偿事宜签署《拆迁补偿安置协议》等私宅签约相关配套合同文件(合同编号为：××××××)，甲乙双方保证会按照本协议以及《拆迁补偿安置协议(私宅)》等私宅签约相关配套合同文件约定的合同义务积极、全面履行。

二、债务清偿安排

1.自本协议签订之日起×个工作日内，甲方代乙方向丙方归还乙方上述判决应付金额人民币×××元，该款项的支付即视为甲方按照甲方与乙方签订的《拆迁补偿安置协议(私宅)》第××条的约定已支付人民币×××元的拆迁补偿款给乙方，甲乙丙三方对此均无任何异议。甲方按照本条约定支付相应款项给丙方后，有权在《拆迁补偿安置协议(私宅)》扣减相应金额的拆迁补偿款而并不构成违约。

2.丙方自收到甲方按照本协议约定而支付的款项后的×个工作日内，保证向××法院递交撤回××号执行的申请书以及请求解除被拆迁房屋查封的申请书。

3.丙方指定以下银行账号为本协议的唯一收款账号并保证后续不变更该收款账号:

开户行:

开户名:

账号:

丙方确认上述银行账号真实合法有效,否则自行承担法律后果。

三、违约责任

1.甲方未按照本协议约定时间向丙方支付相应款项的,每逾期一日,按照应付未付款的×分之×向乙方支付逾期付款违约金。

2.丙方未按照本协议约定期限向××法院递交撤回××号执行的申请书以及请求解除被拆迁房屋查封的申请书的,每逾期一日,按照甲方已付丙方款项的×分之×甲方支付违约金。

3.甲乙丙三方同意,如其中任何一方违反本协议约定致使其他任何一方遭受损失的,违约方保证承担一切经济损失和全部法律责任(包括但不限于守约方承担的诉讼费、律师费、保全费、公证费等一切相关费用)。

四、保密条款

1.甲乙丙三方应当对本协议、本协议附件内容以及在本协议履行过程中知悉的相关信息履行保密义务,不得以任何形式向其他第三方泄露或披露。若任何一方违反保密义务,其导致的一切损失由违约方自行承担。

2.甲乙丙三方应当对本协议、本协议附件内容以及在本协议履行过程中知悉的相关信息履行保密义务,不得以任何形式向其他第三方泄露或披露。若任何一方违反保密义务,则按照乙方实际收取的拆迁补偿款总额的百分之××支付违约金。

五、通知和送达条款

1.乙方应确保本协议首页载明的通信地址、联系方式及电子邮箱的准确无误,如有变更,乙方保证及时书面通知甲方,否则送达不能造成的一切损失和责任由乙方自行承担。

2.甲方采用书面形式通过直接送达、公告、邮寄或电子邮箱向乙方发送与本协议有关的通知等。直接送达以乙方签收日为送达之日;邮寄送达以乙方签收日为送达之日,乙方未签收的,以甲方投递日的第二日为送达之日;电子邮箱则以甲方向乙方发出邮件之日为送达之日。

六、争议解决条款

甲乙双方在执行本协议时如产生纠纷,应协商解决,经协商不成的,双方有权向本协议签订地有管辖权的人民法院提起诉讼解决。

七、合同生效

本协议自双方签署之日起发生法律效力。

八、其他约定

1.本协议未详细约定之事项,由双方另行协商后签订补充协议,补充协议与本协议具有同等法律效力。

2.本协议一式×份,甲方执×份,乙方执×份,具有同等法律效力。

(以下无正文)

甲方(盖章):

法定代表人/授权代表(签字):

乙方(签字按捺):

丙方(签字按捺):

签订时间:　　　年　　月　　日

签订地点:广州市　　　区

判决债权转让协议（私宅上存在查封但被拆迁人不配合）

甲方（债权转让人）：（查封申请人）

身份证号码：

联系地址：

联系方式：

乙方（债权受让人）：（项目实施主体）

法定代表人：

统一社会信用代码：

联系地址：

联系方式：

甲乙双方根据《民法典》及相关法律法规的规定，经充分协商一致，自愿就××××号生效判决债权转让一事，达成以下协议：

一、转让标的

1.判决基本情况：

（1）判决案号：××××民初××号、××××民终××号（如有）。

（2）作出判决的法院：××区人民法院、××市中级人民法院（如有）。

（3）当事人：×××（原告，身份证号码：××××）、×××（被告，身份证号码××××）。

（4）判决生效情况：于××××年××月××日生效。

（5）判决履行、执行情况：判决暂未实际履行，乙方申请强制执行，××区人民法院查封×××的位于××××的房屋。

（以下简称该判决）

2.甲方承诺前款所列的该判决情况属实。

3.根据该判决，暂计至××××年××月××日，×××（债务人）应向甲方支付的金额共计人民币××××元。

4.甲方同意按照本协议约定将上述债权转让给乙方，乙方同意按照本协议约定受让该债权。

二、转让费用

1.转让费用人民币共计××××元。

2.支付方式如下：

自本协议签订当日，由乙方向甲方一次性支付人民币共计××××元。

甲方的指定收款账号如下：

开户行：

开户名：

账号：

乙方一致确认以上收款账号信息真实合法有效，否则自行承担法律后果。

三、债权转让安排

1.本协议签订之日起×个工作日内，甲方应当向××区人民法院提交撤回执行申请书（要求撤回的执行案号为××××执××号）。

2.本协议签订之日起×个工作日内，甲方应当向××区人民法院递交关于位于××××的房产（以下简称案涉房产）的解封申请书（要求解封的案号为××××执××号）。

3.乙方受让该债权后，乙方有权自行处分该债权，甲方不得做任何干涉。

4.甲方应按照法律规定，就债权转让事宜以书面形式通知债务人。

四、违约责任

甲乙双方同意，如其中任何一方违反本协议约定致使其他任何一方遭受损失的，违约方保证承担一切经济损失和全部法律责任（包括但不限于守约方承担的诉讼费、律师费、保全费、保函费、公证费等一切相关费用）。

五、保密条款

1.甲乙双方应当对本协议以及在本协议履行过程中知悉的相关信息履行保密义务，不得以任何形式向其他第三方泄露或披露。若任何一方违反保密义务，其导致的一切损失由违约方自行承担。

2.甲乙双方应当对本协议以及在本协议履行过程中知悉的相关信息履行保密义务，不得以任何形式向其他第三方泄露或披露。若任何一方违反保密义务，则按照乙方实际收取的转让费用的百分之××支付违约金。

六、通知和送达条款

1.乙方应确保本协议首页载明的通信地址、联系方式及电子邮箱的准确无误，如有变更，乙方保证及时书面通知甲方，否则送达不能造成的一切损失和责任由乙方自行承担。

2.甲方采用书面形式通过直接送达、公告、邮寄或电子邮箱向乙方发送与本协议有关的通知等。直接送达以乙方签收日为送达之日；邮寄送达以乙方签收日为送达之日，乙方未签收的，以甲方投递日的第二日为送达之日；电子邮箱则以甲方向乙方发出邮件之日为送达之日。

七、争议解决条款

甲乙双方在执行本协议时如产生纠纷，应协商解决，经协商不成的，双方有权向本协议签订地有管辖权的人民法院提起诉讼解决。

八、生效及其他

1.本协议自双方签订之日起立即生效。

2.对本协议所作的任何修改和补充，必须通过书面形式，并经过双方的签字确认。

3.本协议一式×份，甲方、乙方各执×份，均具有法律效力。

（以下无正文）

甲方（签字按捺）：

乙方（盖章）：

法定代表人/授权代表（签字）：

签订时间： 年 月 日

签订地点： 区人民法院

拆迁补偿安置继承协议

甲方:(项目实施主体)
法定代表人:
统一社会信用代码:
联系地址:
联系方式:

乙方1:(继承人1)
身份证号码:
联系地址:
联系方式:
电子邮箱:

乙方2:(继承人2)
身份证号码:
联系地址:
联系方式:
电子邮箱:
(以上乙方1与乙方2合称为"乙方")

鉴于:

1.甲方与被继承人×××(身份证号码为:________________)已于××××年××月××日就被继承人位于________________________的被拆迁房屋签署了《拆迁补偿安置协议》《弃产协议》等私宅签约相关配套合同文件(合同编号为:________________),约定被继承人将被拆迁房屋交给甲方拆迁,甲方负责实施该房屋的拆迁补偿安置工作、审核及发放房屋拆迁补偿安置款项,并在完成全部拆迁工作后,按约定负责回迁安置房等城中村改造建设全部开发工作。

2.乙方系被继承人的全部继承人，现因被继承人于××××年××月××日因病去世(《死亡证明》详见附件1)，且被继承人未留下任何遗嘱或遗赠协议，故被继承人的财产依法适用法定继承形式进行继承(《继承公证书》详见附件2)。

甲方与乙方协商一致，就该房屋的拆迁补偿继承事宜达成以下协议，以资共同遵守：

一、根据《继承公证书》(详见附件2)，乙方系被继承人的全部合法继承人。现经乙方1与乙方2协商一致，自被继承人死亡之日起，乙方同意由乙方1承继由被继承人签署的位于________________的被拆迁房屋的《拆迁补偿安置协议》《拆迁补偿安置补充协议》《弃产协议》等私宅签约相关配套合同文件(合同编号为:________________)项下的全部权利与义务(包括但不限于:领取临迁费、摇珠选房等相关权利以及注销集体房产证等相关义务)。履行上述私宅签约相关配套合同文件约定的义务时需要乙方2配合的，乙方2保证无条件配合乙方1或者甲方履行。

二、甲乙双方一致确认，因继承问题产生的一切纠纷由乙方自行负责，对甲方造成损失的，甲方有权从乙方依约应得的款项中扣减乙方应承担的赔偿金额，不足以扣减的，乙方应向甲方另行支付。

三、被继承人已确认的回迁面积为×××平方米，其对应的临迁费标准为人民币××××××元/季度(大写:人民币××××××元)，乙方确认上述回迁面积及临迁费标准，不持任何异议。

四、乙方指定以下银行账号为临迁费的收款账户:

开户行:

开户名:

账号:

五、回迁房分配按公平、公正、公开的形式进行抽签选房。具体选房抽签程序及操作细则由甲方制定后另行公布，乙方承诺遵照执行，不持异议。

六、本协议与《拆迁补偿安置协议》等签约相关配套合同文件具有同等的法律效力，与《拆迁补偿安置协议》等签约相关配套合同文件有冲突的，以本协议为准，未在本协议中约定的其他条款均保持不变，以《拆迁补偿安置协议》等签约相关配套合同文件为准。

七、本协议一式×份，甲方执×份，乙方各执×份，本协议自各方签署之日起即发生法律效力。

附件：

一、死亡证明（略）；

二、继承公证书（略）。

（以下无正文）

甲方（盖章）：

乙方1（签名按捺）：

乙方2（签名按捺）：

签订日期：　　年　　月　　日

签订地点：广州市　　　区

第六章　旧村改造中期之集体物业签约阶段

一、集体物业签约启动前的准备工作

（一）集体物业的基本介绍

集体物业的所有权人为农村集体经济组织（包括集体物业所属的经济合作社和集体物业所属的经济联合社），集体物业的对外出租是农村集体经济组织最主要的经济收入来源之一，与村民的集体分红权息息相关。由于集体物业的权属性质与私宅不同，因此集体物业在签约的实务操作亦与私宅不同。一般来说，集体物业的拆迁补偿安置标准应当按照经表决通过的《集体物业拆迁补偿安置方案》确定的标准执行。集体物业的拆迁补偿安置方式通常包括产权置换、货币补偿以及产权置换与货币补偿相结合的方式。与私宅相比，集体物业往往涉及较为纷繁复杂的承租关系或实际占用关系，因此，集体物业上的清租工作比私宅上的清租工作难度大，需要项目实施主体结合本村集体物业实际经营情况，制定相关签约流程，组建集体物业签约工作组并拟定集体物业的签约合同文件范本，稳步推进集体物业的签约工作。

（二）制定集体物业拆迁补偿安置的签约流程

根据笔者亲历的旧村改造项目经验，集体物业签约流程共有以下七大环节：

1.信息整理环节

动迁人员主动与集体物业产权人取得联系，收集集体物业的相关信息（如不动产权证书基本情况、租赁情况、经营情况等）。

2.集体物业测量及评估环节

（1）动迁人员与集体物业产权人提前预约测量及评估时间；

（2）动迁人员协同测量单位及评估单位，在集体物业产权人及集体物业实际占用人的同意下，对集体物业进行现场测量及评估，并出具《房地产查丈原图》（集体物业现状的测量报告）及《评估报告》。

3.集体物业拆迁补偿安置谈判磋商环节

动迁人员与集体物业产权人对集体物业测量结果及评估结果进行确认，确认无误后，项目实施主体出具《拆迁补偿安置计算表（集体物业）》，并与集体物业产权人进行签约谈判以达成签约意向。

4.集体物业复测及复评环节（如有）

集体物业产权人达成签约意向后，动迁人员与集体物业产权人及集体物业实际占用人预约集体物业复测及复评时间，由动迁人员协同测量单位及评估单位，对集体物业再次进行现场测量及评估，检验初测的《房地产查丈原图》（集体物业现状的测量报告）及《评估报告》结果是否无误，并由集体物业产权人与项目实施主体对最终复测及复评结果进行确认。

5.正式签约环节

动迁人员与集体物业产权人预约签约时间，集体物业所属社长或授权代表携带个人身份证明、集体物业的有效产权证明材料原件、租赁合同原件等集体物业所需签约资料到项目实施主体的签约中心进行正式签约。

6.集体物业移交环节

集体物业产权人按照已签署的《拆迁补偿安置协议（集体物业）》约定的集体物业移交时间向项目实施主体移交集体物业，并签署《集体物业移交确认书》。

7.拆迁补偿安置费用支付环节

项目实施主体按照已签署的《拆迁补偿安置协议（集体物业）》约定的支付时限向集体物业产权人支付拆迁补偿安置费用。

（三）为集体物业签约动迁组进行专项法律培训

根据笔者的旧村改造实务经验，为集体物业签约工作组建的部门主要为签约动迁组，因为私宅签约和集体物业签约二者在村务协办、报建、宣传及领导工作上具有重合性，所以在私宅签约工作中已经组建的部门（包括村务协办组、报建组、宣传组、核心领导组）可以不用再为集体物业签约工作另行组建。同时，集体物业签约工作的动迁签约工作的重心与私宅签约工作的重心不同，故为顺利推进集体物业签约工作，有必要区分集体物业的动迁组和私宅的动迁组。另外，由于集体物业产权人相对集中（均为集体物业所属经济合作社和经济联合社），故集体物业签约工作无须单独组建签约组和动迁组，而将签约组和动迁组合并为签约动迁一个部门即可。

1.专项法律培训内容

（1）为动迁人员逐条详细讲解《集体物业拆迁补偿安置方案》，就《集体物业拆迁补偿安置方案》中容易引发歧义的条款进行合理解释，建议所有动迁人员就《集体物业拆迁补偿安置方案》的所有内容统一对外输出口径，避免拆迁补偿安置标准的差异化；

（2）为动迁人员逐条讲解《拆迁补偿安置协议（集体物业）》以及相关配套文件范本的内容；

（3）为动迁人员详细讲解集体物业签约的相关事项（如如何核查集体物业产权人的签约资格，如何核查集体物业上的租赁关系，如何合法有效清退集体物业上的所有承租人或实际占用人等）。

2.关于动迁人员应当具备的基本法律素养

法律素养1——动迁人员如何对《集体物业拆迁补偿安置方案》的合法性进行解释：

根据《广州市旧村庄更新实施办法》第20条规定，《拆迁补偿安置方案》（包括私宅和集体物业的补偿方案）应当经过村民（含村改居后的居民）和世居祖屋权属人总人数的80%以上表决通过。本村的《拆迁补偿安置方案》已于××××年××月××日经过本村村民（含村改居后的居民）和世居祖屋权属人总人数的80%以上表决通过，因此，本村的《拆迁补偿安置方案》已经生效，对改造范围内的全体村民具有法律约束力。

法律素养2——动迁人员如何对《拆迁补偿安置协议（集体物业）》的合理性进行解释：

《拆迁补偿安置协议（集体物业）》是按照经表决通过的《拆迁补偿安置

方案》的补偿标准为基础进行约定的，且《拆迁补偿安置协议（集体物业）》的具体补偿标准不低于《拆迁补偿安置方案》规定的补偿标准。

法律素养3——动迁人员需要提前收集的集体物业相关情况：

动迁人员应当联系集体物业所属经济合作社或经济联合社的社长，充分了解该集体物业的以下各种情况，确有必要时，动迁人员应当到该集体物业所在地进行现场实地走访勘察。

a.权属情况：包括是否具有有效产权证明文件，占地面积情况，是否为共有产权、报批报建及建设情况等情况；

b.租赁情况：包括订立书面的租赁合同情况、是否经“三资”交易平台进行租赁的情况、第一手承租情况、后续的全部转租情况、实际使用人的经营情况、全部承租人的租赁保证金缴付情况、全部承租人的租金标准以及实际支付情况、租赁期限及剩余租期情况、违约责任及合同解除权约定情况、合同争议解决处理方式情况；

c.现状情况：包括是否在拿证之后进行过改建扩建或者推倒重建情况、装饰装修情况、目前是否进行商业经营以及大致营收等情况。

法律素养4——动迁人员需要提前收集的集体物业相关材料：

该集体物业的不动产权证书、集体物业权属证明或图纸等，该集体物业上因租赁关系而订立的全部租赁合同，该集体物业上的营业执照（如有）及集体物业产权人认为有必要提供的其他证明材料（如光伏发电合同、信号塔通讯合作合同、经营流水等）。

法律素养5——动迁人员如何核查集体物业所属社社长身份或授权代表的签约资格：

动迁人员应当让集体物业所属经济联合社或经济合作社的社长提供农村集体经济组织登记证，核实法定代表人或负责人信息与集体物业所属经济联合社或经济合作社社长身份信息是否一致；如经济联合社或经济合作社委派授权代表的，动迁人员应当让授权代表提供经公证的集体物业产权人的授权委托书。

（四）关于集体物业清租的法律探讨

1.关于农村集体资产的交易方式及途径

根据《广东省农村集体经济组织管理规定》第12条规定："农村集体经济组织应当履行以下职责：（一）经营管理属于本组织成员集体所有的土地和其他资产；（二）经营管理依法确定由本组织使用的国家所有的资源性资产及其他资产；（三）管理乡（镇）以上人民政府拨给的补助资金以及公民、法人和其他组织捐赠的资产和资金；（四）办理集体土地承包、流转及其他集体资产经营管理事项；（五）为本组织成员提供服务；（六）法律、法规、规章和本组织章程规定的其他职责。"可知，农村集体经济组织依法具有运营管理农村集体资产的职权。广州市人民政府为规范广州市农村集体资产交易行为于2015年4月15日发布了《广州市农村集体资产交易管理办法》（该管理办法自2015年6月1日起正式实施），根据《广州市农村集体资产交易管理办法》第11条规定，农村集体资产应当进入农村集体经济组织所在地的交易服务机构进行交易。以及第12条规定，农村集体资产应当采取公开竞投方式进行交易。可知，广州市政府对农村集体资产的交易行为（包括对农村集体资产进行承发包、租赁、出让、转让以及利用农村集体资产折价入股、合作建设等行为）有明确的规范要求。但是，除了在《广州市农村集体资产交易管理办法》正式施行之前的农村集体资产交易行为存在未在公开平台进行公开交易的情形外，在《广州市农村集体资产交易管理办法》施行之后，由于各个农村集体经济组织的规范程度不同，依旧存在农村集体资产交易未公开交易、未公开竞价的情况。

2.关于集体物业清租的义务人界定

从理论上讲，只有集体物业产权人具有受补偿权，因此应当由受补偿的集体物业产权人负责清退该集体物业上的所有承租人或实际使用人。但是，项目实施主体为了推进集体物业的签约工作，在与集体物业产权人签约之前，项目实施主体一般会先与集体物业的第一手承租户或者实际占用人取得联系，协商确认相关的搬迁补偿事宜，以此要求第一手承租户或者实际占用人自行解决该集体物业上所有租赁关系并清退、腾空该集体物业，因此该集体物业清租的义务人实际为项目实施主体。项目实施主体通过给予集体物业第一手承租人的补偿的方式，解除集体物业产权人与第一手承租人之间的租赁合同，打消集体物业产权人对第一手承租人的违约顾虑，从而提高集体物业产权人的签约意愿。同时，项目实施主体通过给予集体物业实际占有人补偿的方式，收回该集体物业，顺利开展后续的拆除工作。

3.关于租赁合同的解除事由（适用于集体物业产权人到集体物业实际占用人之间的所有租赁关系）

首先，明确是否订立了书面的租赁合同。如未订立书面的租赁合同，则根据《民法典》租赁合同的相关规定，双方之间形成不定期租赁合同关系，出租方可随时通过发函的方式解除双方的租赁合同，并要求承租方在合理期限内无条件搬离；如订立了书面的租赁合同，则需进一步确认租赁合同约定的租赁期限是否已经届满。

其次，在订立了书面的租赁合同的情形下，明确租赁期限是否届满。如果租赁期限已经届满，双方未续签书面租赁合同，根据《民法典》租赁合同的相关规定，双方之间形成不定期租赁合同关系，出租方可随时通过发函的方式解除双方的租赁合同，并要求承租方在合理期限内无条件搬离，如果租赁期限未届满，还需进一步确认租赁合同中关于解除权的相关约定。

再次，在订立了书面的租赁合同且租赁合同未届满的情形下，明确双方是否约定了单方解除事由。如约定了承租人不得转租，承租人未支付租金达×个月以上，旧村改造、政府征收等事由下出租人可单方解除租赁合同且无须承担违约责任等条款。

最后，在订立了书面的租赁合同且租赁合同未届满，又未约定单方解除事由的情形下，是否能将旧村改造认定为不可抗力因素，从而双方均可行使法定解除权，解除租赁合同。该解除的法律风险点在于，“旧村改造能不能被司法认定为不可抗力”。根据主流的法律观点，不可抗力须是不能预见、不可避免且不可克服的情形，然而旧村改造可能会被抗辩为不属于不能预见、不可避免且不可克服的情形，因为旧村改造是基于村民的意愿而由农村集体经济组织主动向政府申请的，因此是否属于不能预见、不可避免且不可克服的情形有待司法审查。

经笔者检索相关案例发现，关于旧村改造是否属于不可抗力，各地法院对此均无统一的审判观点。因此，以旧村改造作为不可抗力事由解除合同有一定法律风险。

二、集体物业签约文件的适用情形

在旧村改造项目集体物业签约过程中，因为项目实施主体对集体物业的补偿对象不同（补偿对象包括集体物业产权人、第一手承租人或实际占用人），所以《拆迁补偿安置协议（集体物业）》的签约主体也不尽相同，根据签订主体的不同，集体物业签约文件大致可以分为项目实施主体与集体物业产权人签订的两方协议，项目实施主体、集体物业产权人与集体物业承租人/实际占用人签订的三方协议，以及在特殊情形下项目实施主体与集体物业承租人/实际占用人签订的两方协议。

（一）集体物业两方协议的适用情形

1.《拆迁补偿安置协议（集体物业两方协议）》的制定背景

理论上，项目实施主体只需要对集体物业产权人进行拆迁补偿，至于该集体物业上的承租人或实际占用人，应当由集体物业产权人自行负责清退。因此，《拆迁补偿安置协议（集体物业两方协议）》是最普遍也最理想的集体物业补偿协议版本，在这种情形下，签订主体为两方，项目实施主体（甲方）与集体物业产权人（乙方）。

2.《拆迁补偿安置协议（集体物业两方协议）》的内容

通常情况下，《拆迁补偿安置协议（集体物业两方协议）》应当包含以下内容：甲乙双方在本村旧村改造范围内的各自身份以及在本协议中的地位、乙方与承租人的租赁合同订立情况以及本合同的订立目的、集体物业现状、物业搬迁及移交时间、补偿费用及支付、物业回迁及交付问题、甲乙方的权利义务、甲乙方的违约责任等内容。

3.《拆迁补偿安置协议（集体物业两方协议）》的实务评析

（1）关于集体物业上的租赁、转租关系。如果该集体物业上存在有多个转租关系的，建议将所有的租赁合同相关信息都在鉴于部分列明，并同时将所有的租赁合同作为《拆迁补偿安置协议（集体物业两方协议）》的附件，以明确该集体物业上的所有租赁、转租关系。

（2）关于集体物业权属问题及价值评估问题。乙方作为集体物业的产权人应当最了解该集体物业上的物权或债权情况，建议甲方通过让乙方保证为集体物业的唯一合法产权人的方式维护自身权益，如后续就集体物业的物权或债权出现争议，甲方即可以该条款主张乙方违反了合同义务，并有权以乙方违约为由单方解除《拆迁补偿安置协议（集体物业两方协议）》并要求乙方承担相应的违约责任。但在旧村改造项目实务中，集体物业的产权人即农村集体经济组织一般不会同意就集体物业的物权或债权争议问题承担这么大的法律风险。另外，由于集体物业的占地面积较大，所涉的建筑结构种类较为复杂，故《拆迁补偿安置协议（集体物业两方协议）》中除了约定对集体物业现状进行测量，还需要对集体物业现状的价值进行评估，综合测量数据和评估数据对集体物业补偿划定合理范围。

（3）关于集体物业清租问题。乙方作为集体物业的清租义务人，应当在与甲方签订《拆迁补偿安置协议（集体物业两方协议）》之前完成该集体物业的清租义务，明确能够将该集体物业整体清空并移交给甲方的具体时间。乙方清空并移交该集体物业给甲方后，甲方将会安排相应的拆除工作，因在拆除工作后，乙方或其他第三人要求甲方返还该集体物业在客观上无法实现，故在此处，建议甲方让乙方单方作出承诺。如果因乙方未能妥善处理其与集体物业承租人之间的租赁关系，导致集体物业承租人要求甲方返还该集体物业的，甲方可以援引该承诺条款并以其已经向乙方履行了相应的拆迁补偿安置义务作为抗辩，要求由乙方全权处理相关纠纷并承担相应的法律责任。

（4）关于集体物业补偿款项的支付问题。根据各个项目实施主体融资情况及财务付款流程，结合集体物业产权人的要求，最终选定补偿费用的支付跨度，该内容也应当在《集体物业拆迁补偿安置方案》中进行了明确规定。

（5）关于回迁集体物业的交付问题。因涉及农村集体经济组织的内部权益分配，应先由农村集体经济组织内部决议，并在明确项目实施主体应当将回迁集体物业交付给原集体物业产权人，还是统一交付给本村的经济联合社再由经济联合社进行二次分配的问题后再行制定相关条款。

（二）集体物业三方协议的适用情形

1.《拆迁补偿安置协议（集体物业三方协议）》的制定背景

如前所述，集体物业的补偿对象一般为集体物业产权人，但是集体物业上往往涉及多个租赁关系，而项目实施主体出于拆迁工作考虑，向集体物业产权人支付拆迁补偿款的时点一般约定为集体物业产权人向项目实施主体移交该集体物业后的×个工作日内。产权人为了顺利履行移交该集体物业的合同义务，与该集体物业的第一手承租人或者实际占用人协商一致订立三方合同，将解除原租赁合同的相关事宜及移交该集体物业相关事宜一并在《拆迁补偿安置协议（集体物业三方协议）》中进行明确约定，有利于项目实施主体锁定移交集体物业的义务人。同时对集体物业产权人而言，签订《拆迁补偿安置协议（集体物业三方协议）》能够保障其不被第一手承租人追究原租赁合同的违约责任，也有利于督促第一手承租人或实际占用人向其履行移交该集体物业的合同义务。在这种情形下，签订主体为三方，项目实施主体（甲方）、集体物业产权人（乙方）与集体物业第一手承租人或实际占用人（丙方）。

2.《拆迁补偿安置协议（集体物业三方协议）》的内容

通常情况下，《拆迁补偿安置协议（集体物业三方协议）》应当包含以下内容：租赁物业情况说明（如丙方为集体物业第一手承租人的，此处应为集体物业第一手承租人与集体物业产权人之间的租赁情况说明；如丙方为实际占用人的，此处应为丙方与上一手承租人之间的转租情况说明），甲、乙、丙三方在本村旧村改造范围内的各自身份以及在本协议中的地位、集体物业现状（包括该集体物业的具体位置、占地面积、权属信息，乙方对权属的合法保证，集体物业现状的测量情况，集体物业现状的价值依据），物业搬迁及移交时间，补偿费用及支付，甲、乙、丙三方的权利义务，甲、乙双方双的违约责任。

3.《拆迁补偿安置协议(集体物业三方协议)》的实务评析

(1)关于集体物业的租赁、转租关系。如果甲方、乙方或丙方知悉自集体物业产权人到集体物业实际占用人之间的流转情况的,可将具体流转情况在鉴于部分详细说明,并将相关的租赁合同作为《拆迁补偿安置协议(集体物业三方协议)》的附件。

(2)关于集体物业的移交问题。乙方、丙方清空并移交该集体物业给甲方后,甲方将会安排相应的拆除工作,如在拆除工作后,乙方、丙方要求甲方返还该集体物业在客观上无法实现,故在此处,建议甲方让乙方、丙方共同作出承诺。如果因乙方、丙方未能妥善处理该集体物业上的相关流转关系,导致其他第三人要求甲方返还该集体物业或要求损害赔偿的,甲方可以援引该条作为抗辩,应由乙方、丙方共同处理相关纠纷并承担相应的法律责任。

(3)关于对承租人的补偿费用支付问题。《集体物业拆迁补偿安置方案》中并未规定对承租人的补偿标准,项目实施主体对承租人没有法定或约定的补偿义务,因此建议制定“甲方代乙方向丙方支付一次性补偿费用”的条款内容,该条款可以保障甲方在丙方未履行相关合同义务时,能够以此条款向乙方主张返还由甲方代乙方向丙方支付的补偿费用。根据笔者的旧村改造项目实务经验,给予承租人的一次性补偿费用并没有固定标准,根据本村的旧村改造实际情况(如搬迁难度、租赁期限、装修装潢)以及与承租人之间的磋商情况综合制定补偿标准。常见的补偿标准包括:按照原租赁合同的租金标准补偿承租人或实际占用人1~6个月的租金,根据《评估报告》的价值和原租赁合同剩余的租赁期限综合制定,根据承租人在该集体物业上的最近一年内的平均净利润补偿1~3个月的净利润。另外,因为乙方(集体物业所属的经济联合社或经济合作社)所使用的银行账号为公账,故不存在像私宅产权人去世需要变更收款账号的情形,另外因丙方所获得的补偿费用为一次性补偿费用,无变更的必要性,故在本协议中不建议允许乙方或丙方有变更收款账号的权利。

(4)关于集体物业的清租问题。甲、乙、丙三方签订本协议的根本目的在于通过丙方清退其他承租人,因此需要丙方承诺由其作为清租义务人负责清租并承担相应责任。因为清租义务人并非乙方即集体物业产权人，故集体物业产权人签订本协议的意愿较大，有利于推进集体物业的签约工作。

（三）与集体物业承租人/实际占用人签约的特殊情形

1.《补偿协议书（适用承租人/实际占用人）》的制定背景

虽然理论上项目实施主体只需要对集体物业产权人进行拆迁补偿，该集体物业上的承租人或实际占用人应当由集体物业产权人自行负责清退。但是，根据笔者的旧村改造项目实务经验，在集体物业清租之前，集体物业产权人一般没有签约意愿，除非项目实施主体自行承担该集体物业上的清租义务。基于此，项目实施主体才考虑是否对集体物业一手承租人或实际占用人进行补偿，然后将清租的义务转移给集体物业一手承租人或实际占用人，通过给予其一次性补偿的方式，要求其在限定期限内将该集体物业上的租赁关系全部解除并将该集体物业整体清空移交给项目实施主体，以便项目实施主体推进改造进程。在这种情形下，签订主体为两方，项目实施主体（甲方）与集体物业第一手承租人或实际占用人（乙方，具体的乙方须根据能够收回该集体物业的实际情况而定）。

2.《补偿协议书（适用承租人/实际占用人）》的内容

通常情况下，《补偿协议书（适用承租人/实际占用人）》应当包含以下内容：集体物业的现状，乙方与集体物业产权人或其他出租人订立租赁合同的具体情况，甲、乙双方在本村旧村改造范围内的各自身份以及在本协议中的地位，物业搬迁及移交时间，补偿费用及支付，甲、乙双方的权利义务，甲、乙双方的违约责任，保密条款等内容。

3.《补偿协议书（适用承租人/实际占用人）》的实务评析

（1）关于解除集体物业原租赁合同的问题。甲方与乙方签订本协议的目的在于让乙方保证解除与该集体物业相关的一切债权债务关系，避免本协议被确认为转租协议，因为本补偿协议被确认为转租协议的话，将会引发转租是否合法的法律问题，如上一手租赁合同中明确约定承租人没有转租权的，在乙方并没有合法转租权的情况下，甲方支付补偿费用后，仍不能收回该集体物业并进行拆除工作。同时，为了确认乙方与集体物业产权人及关联方之间确实解除了相关的租赁关系，并且集体物业产权人及关联方同意由乙方将该集体物业直接移交给甲方，因此需要该集体物业所属经济合作社或经济联合社对《集体物业移交确认书》进行盖章确认。

（2）关于补偿款的支付节点问题。建议将支付条件约定为乙方移交集体物业之后，而不是双方签订本协议之后，这有利于督促乙方积极履行本协议约定的义务，同时保障甲方的核心权利。另外，由于乙方为集体物业第一手承租人或实际占用人，对集体物业的补偿安置事宜并没有法定的受补偿权，本协议的订立纯粹是基于项目实施主体提高签约效率的商务考量，因此对乙方的补偿为一次性货币补偿，不建议允许乙方变更本协议中双方已确认的收款账号。即使乙方在签约后补偿费用支付前离世，亦可按照本协议约定将补偿费用支付至本协议约定的收款账户，该笔费用将作为乙方的合法遗产由乙方的全部合法继承人进行继承分配。

（3）关于集体物业的原租赁合同涉及的租金问题。乙方应当保证该集体物业所涉及的所有费用已经结清，即使相关费用的结清方并非乙方，如若第三方未能结清相关费用而导致的一切争议，均由乙方负责处理，尤其是该集体物业所涉的全部租赁关系的租金。

（4）关于本补偿协议书的保密问题。由于本补偿协议书系经表决的《集体物业拆迁补偿安置方案》以外的额外补偿，一方面，为了避免该集体物业的其他承租人提出异议并同时要求补偿，加重甲方的成本负担；另一方面，为了本村旧村改造项目村内和谐，有必要要求乙方对本协议的全部事项进行保密。

附：本章涉及的实用文书范本

序号	文书名称
1	拆迁补偿安置协议（集体物业两方协议）
2	补偿协议书（适用承租人/实际占用人）
3	拆迁补偿安置协议（集体物业三方协议）
4	集体物业移交确认书

文书范本

拆迁补偿安置协议(集体物业两方协议)

甲方:(项目实施主体)
法定代表人:
联系地址:
联系电话:

乙方:(产权人)
社长:
联系地址:
联系电话:

鉴于:

1.乙方与承租方××××于××××年××××月××日签订了《×××××租赁合同》(合同编号:××××××××××,详见附件,以下简称原租赁合同),租赁期限为××××年××月××日至××××年××月××日。

2.《××村改造实施方案》已于××××年××月××日获得××市××区人民政府批复,并且甲方已于××××年××月××日正式获得××市××区城市更新部门的复函确认由甲方作为改造实施主体开展××村全面改造工作,乙方所有的集体物业属"××村改造"实施范围。

现甲乙双方经充分协商,在平等自愿的基础上就乙方所有的集体物业补偿安置事宜达成了如下协议:

一、集体物业现状

1.乙方是合法拥有××市××区××街××村拆迁范围内集体物业的产权人,乙方同意将其坐落于××市××区××××××号的集体物业(以下简称该集体物业,产权证或其他产权证明见附件《不动产产权证》)交由甲方全权处理。

2.乙方同意由甲方委托的测量公司进行测量并出具房地产查丈原图(详见附件3),该测量数据经甲乙双方确认后作为该集体物业现状的依据,甲乙双方对此均无异议。

3.乙方保证系该集体物业的唯一合法权利人,因该集体物业发生的一切产权、债权或其他争议,由乙方及时妥善处理,所有因此引起的一切法律责任,概由乙方自行承担。如造成甲方损失的,乙方承担所有赔偿责任。

二、物业搬迁及移交时间

1.甲乙双方同意并确认由乙方将该集体物业整体清空并移交给甲方,具体移交时间以甲乙双方已盖章确认的《集体物业移交确认书》(详见附件4)为准。

2.该集体物业移交给甲方后,乙方同意由甲方进行全权管理,乙方保证乙方以及其他任何第三人不得以任何理由在任何时候要求甲方返还该集体物业。

三、补偿费用

1.甲方向乙方支付补偿费用的标准为人民币××××元/(月·平方米),补偿期暂定×年,自乙方实际向甲方交付集体物业之日起算。若×年期满未能回迁安置的,第×年的补偿费用标准在上一年的基础上递增×%,并且此后均按每×年递增×%的标准支付(×年为一期,当期补偿费用的标准在上一期的基础上递增×%,以此类推),具体的补偿内容、标准及数额详见附件《补偿计算表》。

2.补偿费用按年/季/月度发放,甲方保证在年/季/月度第×月/日前及时向乙方支付该年/季/月度的补偿费用。

3.补偿费用的起止日期:自乙方腾出房屋并将房屋及盖有乙方公章的原租赁合同复印件移交给甲方之日起计算(具体日期以甲乙双方盖章确认的《集体物业移交确认书》(详见附件《集体物业移交确认书》为准),直至甲方向××市××区××街××股份经济联合社或乙方发出交付回迁集体物业的书面通知之日止。

四、乙方的权利和义务

1.有权按照本协议的约定获得集体物业的补偿费用。

2.保证在签订本协议时将集体物业产权证明原件交给甲方,并承诺所提供的产权证明文件均属真实、合法、有效、完整。

3.承诺向甲方移交物业时，乙方对本协议项下的物业拥有完整的所有权，该物业未被司法、行政机关查封或限制处分，未设置抵押等他项权利，且物业的水、电、煤气、网络、电话、电视等费用已全部结清并办理完毕与之相关的报停销户手续。如集体物业因产权不明、出租、转让、抵押等引发纠纷的，乙方应自行负责解决，如造成甲方损失的，乙方承担赔偿责任。

4.乙方应按照本协议约定清空物业，在清空物业时，不得自行拆除门、窗、防盗网、电线、水管龙头、水电表、钢筋、棚架等固定的附着物和构筑物。

5.乙方保证包括该物业承租人在内的任何第三人不因私利借故闹事，阻挠甲方正常开展工作，不出现阻碍××村全面改造项目工程建设的行为。

五、甲方的权利和义务

1.甲方负责按本协议的约定按时足额向乙方支付补偿费用，甲方未依约履行付款义务的，应按本协议约定承担违约责任。

2.甲方负责动迁、物业拆除以及按国家相关建筑规范建设本项目等工作，确保××村全面改造项目的顺利进行。

3.甲方负责按照《××区人民政府关于××旧村改造实施方案的批复》中确定的回迁集体物业面积将建成后的集体物业交付给广州市××区××股份经济联合社。

六、乙方的违约责任

乙方承诺具有签订本协议的主体资格，保证对该集体物业享有真实、合法、有效、无争议的受补偿权，并有权根据本协议处分该集体物业。如乙方与第三人就该集体物业权属或签订本协议及领取相关补偿款项等产生争议，乙方应及时自行解决。如因乙方原因（包括但不限于存在产权争议，存在查封、抵押等情形）致使本协议被认定无效、可撤销、难以履行或无法实现合同目的的，甲方有权单方面解除本协议并拒付相应的补偿费用且不因此承担任何违约责任，甲方应全额退还已收取的本协议项下所有补偿费用，并赔偿甲方因此造成的全部损失。乙方因违反本协议约定对甲方负有赔偿责任的，甲方有权从乙方依约应得的款项中相应扣减乙方应承担的赔偿金额，不足以扣除的，乙方应向甲方另行支付。

七、甲方的违约责任

甲方违反本协议第3条的约定，逾期支付相应款项，每逾期一日，按本协议约定甲方应付未付补偿款项的万分之×向乙方支付违约金。

八、保密

自本协议签署之日起，甲乙双方互负保密义务。甲乙双方应对本协议的全部内容严格保密，不得向任何第三方（包括但不限于××村改造范围内其他集体物业承租户在内）透露本协议及其他相关协议。若因任何一方未履行保密义务导致另一方产生经济损失的，则违约方应向守约方承担赔偿责任。

九、甲方支付给乙方的补偿费用，应支付至乙方指定的以下银行账号：

开户行：

开户名：

账号：

乙方确认上述账号信息真实合法有效，否则自行承担法律后果。

十、合同的生效

本协议在甲、乙双方签署之日起生效。

十一、通知及送达

1.甲方应以书面形式通过直接送达或邮寄送达向乙方发送与本协议有关的通知等。直接送达以乙方签收日为送达之日；邮寄送达以乙方签收日为送达之日，乙方无正当理由拒绝签收的，乙方拒绝签收之日视为送达之日。

2.甲、乙双方应确保本协议首页载明的通信地址、联系方式的准确无误，如有变更，变更一方保证及时书面通知另一方，否则因送达不能造成的相关损失和责任由变更一方自行承担。

十二、其他约定

1.本协议所涉集体物业的补偿标准的计算方法和具体补偿的数据、金额，均以本协议约定为准。

2.甲方作为××村全面改造项目的实施主体，负责改造过程中的具体事务，乙方应以实现村集体的整体利益为首要目标，乙方应服从大局，积极配合开展城中村改造工作。

3.本协议未详细约定之事项，由甲、乙双方另行协商后签订补充协议，补充协议与本协议具有同等法律效力。

4.本协议附件构成本协议不可分割之组成部分，具有同等法律效力。

5.本协议履行过程中，如有争议应协商解决，协商不成，甲、乙双方均有权向本项目所在地人民法院起诉。

6.本协议一式×份，甲乙双方各执×份，具有同等法律效力。

附件：

1.原租赁合同（略）；

2.乙方物业产权证明文件（略）；

3.房地产查丈原图（略）；

4.集体物业移交确认书（略）；

5.补偿计算表（略）。

（以下无正文）

甲方（盖章）：

法定代表人/授权代表（签字）：

乙方（盖章）：

社长/授权代表：

签订时间：　　　年　　月　　日

签订地点：广州市　　　区

补偿协议书(适用承租人/实际占用人)

甲方:(项目实施主体)
法定代表人:
联系地址:
联系电话:

乙方:(第一手承租人或实际占用人)
身份证号码:
联系地址:
联系电话:

鉴于:

1.乙方与×××××(身份证号码/统一社会信用代码:×××××××)于××××年××月××日签订《原租赁合同》(详见附件1《原租赁合同》,以下简称租赁协议),约定×××将其地块内物业(以下简称该物业,位置详见附件2《房地产查丈原图》)租赁给乙方使用,租赁期限为××××年××月××日至××××年××月×× 日。

2.《××村改造实施方案》已于××××年××月××日获得××市××区人民政府批复,并且甲方已于××××年××月××日正式获得××市××区城市更新部门的复函确认由甲方作为改造实施主体开展××村全面改造工作,乙方所有的集体物业属"××村改造"实施范围。

为明确甲乙双方权利义务关系,依据《民法典》及有关法律法规的规定,双方在自愿平等的基础上经充分协商,就该物业的补偿相关事宜订立如下协议,以资共同遵守:

一、物业搬迁及移交时间

自本协议签署之日起,乙方保证与出租人及其关联方解除与该物业相关的一切债权债务关系。乙方保证在××××年××月××日前将该物业整体清空移交给甲方。乙方向甲方移交该物业时应当向甲方出具《集体物业移交确认书》，该移交确认书需由该物业所属××××经济合作社/经济联合社盖章确认。

二、补偿费用

1.乙方按本协议约定结清所有费用并将该物业移交给甲方，经甲方确认后的××个工作日内，甲乙双方同意并确认由甲方按照《补偿计算书》(详见附件《补偿计算书》)的约定向乙方支付补偿费用人民币×××××元。

2.甲方支付给乙方的补偿费用应支付至乙方指定的以下银行账号：

开户行：

开户名：

账号：

乙方确认上述账号信息真实合法有效，否则自行承担法律后果。

三、甲乙方的权利和义务

1.甲方保证按照本协议约定按时支付补偿费用。

2.乙方向甲方移交该物业前须保证将该物业涉及的所有费用都已经结清(包括但不限于租金、水、电、煤气、网络、电话、电视等相关费用)。乙方在清空物业时，不得擅自拆除门、窗、防盗网、电线、水管龙头、水电表、钢筋、棚架等固定的附着物和构筑物，如乙方违反该约定造成甲方损失的，应承担全部赔偿责任。

四、甲乙方的违约责任

1.如甲方未按照本协议的约定向乙方支付补偿费用，每逾期一日按应付款项的万分之×向乙方支付逾期付款违约金。

2.乙方向甲方交付该物业后，乙方保证乙方以及除乙方之外任何第三人不会对甲方的施工进行干涉或阻挠，若因此造成甲方施工进度延缓或者其他经济损失的，乙方愿意承担全部赔偿责任。

3.除本协议约定外，乙方保证甲方无须再就该物业向其他承租人支付任何费用，同时，乙方保证甲方也无须就租赁协议的解除向该物业所属经济社或经联社支付任何费用，若其他承租人就该物业要求甲方支付任何费用或提出任何异议或主张的，或该物业所属经济社或经联社因解除租赁协议要求甲方支付任何费用或提出任何异议或主张的，概由乙方负责处理解决，若因此造成甲方损失的，由乙方承担甲方全部损失（包括但不限于交通费、误工费、律师费、保全费等相关费用）。

4.乙方未按本协议的约定向甲方交还该物业的，每逾期一日按人民币×万元（大写××××元）向甲方支付违约金。乙方拒不将该物业交付给甲方的，甲方有权自行拆除并清理物业内所有物品，由此造成的一切法律后果均由乙方承担。乙方如有其他违约行为，甲方有权追回所有已付款项，造成甲方损失的，乙方应承担全部赔偿责任。

五、保密

自本协议签署之日起，甲乙双方互负保密义务。甲乙双方应对本协议的全部内容严格保密，不得向任何第三方（包括但不限于××村改造范围内其他集体物业承租户在内）透露本协议及其他相关协议。若因任何一方未履行保密义务导致另一方产生经济损失的，则违约方应向守约方承担赔偿责任。

六、合同的生效

本协议在甲、乙双方签署之日起生效。

七、通知及送达

1.甲方应以书面形式通过直接送达或邮寄送达向乙方发送与本协议有关的通知等。直接送达以乙方签收日为送达之日；邮寄送达以乙方签收日为送达之日，乙方无正当理由拒绝签收的，乙方拒绝签收之日视为送达之日。

2.甲、乙双方应确保本协议首页载明的通信地址、联系方式的准确无误，如有变更，变更一方保证及时书面通知另一方，否则因送达不能造成的相关损失和责任由变更一方自行承担。

八、其他约定

1.甲方作为××村全面改造项目的实施主体，负责改造过程中的具体事务，乙方应以实现村集体的整体利益为首要目标，乙方应服从大局，积极配合开展城中村改造工作。

2.本协议未详细约定之事项，由甲、乙双方另行协商后签订补充协议，补充协议与本协议具有同等法律效力。

3.本协议附件构成本协议不可分割之组成部分，具有同等法律效力。

4.本协议履行过程中，如有争议应协商解决，协商不成，甲、乙双方均有权向本项目所在地人民法院起诉。

5.本协议一式×份，甲乙双方各执×份，具有同等法律效力。

附件：

1.原租赁合同（略）；

2.房地产查丈原图（略）；

3.集体物业移交确认书（略）。

（以下无正文）

甲方（盖章）：

法定代表人/授权代表（签字）：

乙方（签字按捺）：

签订时间：　　　年　　月　　日

签订地点：广州市　　　区

拆迁补偿安置协议（集体物业三方协议）

甲方:(项目实施主体)
法定代表人:
联系地址:
联系电话:

乙方:(产权人)
社长:
联系地址:
联系电话:

丙方:(第一手承租人或实际占用人)
身份证号码:
联系地址:
联系电话:

鉴于:

1.乙方与丙方于××××年××月××日签订《原租赁合同》(详见附件1《原租赁合同》,以下简称租赁协议),约定乙方将其地块内物业(以下简称该物业,位置详见附件《房地产查丈原图》)租赁给丙方使用,租赁期限为××××年××月××日至××××年××月×× 日。

2.丙方与×××××(身份证号码/统一社会信用代码:×××××××)于××××年××月××日签订《××合同》(详见附件《××合同》,以下简称租赁协议),约定×××将其地块内物业(以下简称该物业,位置详见附件《房地产查丈原图》)租赁给丙方使用,租赁期限为××××年××月××日至××××年××月×× 日。

3.《××村改造实施方案》已于××××年××月××日获得××市××区人民政府批复,并且甲方已于××××年××月××日正式获得××

市××区城市更新部门的复函确认由甲方作为改造实施主体开展××村全面改造工作，乙方所有的集体物业属“××村改造”实施范围。

为明确甲乙丙三方权利义务关系，依据《民法典》及有关法律法规的规定，各方在自愿平等的基础上经充分协商，就该集体物业的补偿相关事宜订立如下协议，以资共同遵守：

一、集体物业现状

1.乙方是合法拥有××市××区××街××村拆迁范围内集体物业的唯一产权人，丙方为该集体物业中的第一手承租人/实际占用人。乙方同意将其坐落于××市××区×××××××号的集体物业（以下简称该集体物业，产权证或其他产权证明见附件《不动产产权证》）交由甲方全权处理。

2.乙、丙双方同意由甲方委托的测量公司进行测量并出具《房地产查丈原图》（详见附件3），该测量数据经甲乙丙三方确认后作为该集体物业现状的依据，甲乙丙三方对此均无异议。

3.乙、丙双方同意并确认于××××年××月××日解除双方之间的原租赁合同关系，该租赁关系解除后，乙方保证乙方系该集体物业的唯一合法权利人，除本协议书以外因该集体物业发生的一切产权、债权或其他争议，由乙方及时妥善处理，所有因此引起的一切法律责任，概由乙方自行承担。如造成甲方损失的，乙方承担所有赔偿责任。

二、物业搬迁及移交时间

1.甲乙丙三方同意并确认由丙方于××××年××月××日前将该集体物业整体清空并移交给乙方。乙方保证在××××年××月××日前将该物业整体清空移交给甲方，具体移交时间以甲乙双方盖章确认的《集体物业移交确认书》（详见附件4《集体物业移交确认书》）为准。

2.该集体物业移交给甲方后，乙、丙方同意由甲方进行全权管理，乙、丙方保证乙、丙方以及其他任何第三人不得以任何理由在任何时候要求甲方返还该集体物业。

三、补偿费用

1.甲乙双方同意并确认自××××年××月××日起，直至甲方一次性或分批向乙方或××市××区××街××股份经济联合社发出交付回迁集体物业的书面通知之日止，由甲方按照附件原租赁合同的租金金额为依据向乙方支付该集体物业的补偿费用，具体的补偿内容、标准及数额详见附件《集体物业租金计算表》。该补偿费用按年/季/月度发放，甲方保证在每年/季/月度第×个月内及时向乙方支付该年/季/月的补偿费用。

2.甲、乙、丙三方同意并确认由甲方代乙方于××××年××月××日前向丙方支付解除原租赁合同的一次性补偿费用人民币××××元，除此之外的其他补偿权益均与丙方无关，完全由乙方享有。

3.乙方指定以下银行账号作为本协议的收付款账号：

开户行：

开户名：

账号：

丙方指定以下银行账号作为本协议的收付款账号：

开户行：

开户名：

账号：

乙、丙双方确认上述账号信息真实合法有效，否则自行承担法律后果。

四、甲方的权利和义务

甲方负责按本协议的约定审核、支付补偿费用，如发现乙方提供虚假产权证明，有权单方解除本协议并拒付相应的补偿费用，乙方已收款项应全部退还给甲方，甲方不因此承担违约责任。

五、乙方的权利和义务

1.乙方有权按照本协议的约定获得集体物业各项补偿费用。

2.乙方保证在签订本协议时将集体物业产权证明原件交给甲方，承诺所提供的产权证明文件均属真实、合法、有效、完整。

3.乙方应按照本协议约定清空物业，在清空物业时，不得自行拆除门、窗、防盗网、电线、水管龙头、水电表、钢筋、棚架等固定的附着物和构筑物。

4.乙方保证，除本协议约定事项外，不得以任何理由向甲方或其他关联方主张任何权利或要求任何其他补偿或提出任何其他要求。

5.乙方保证包括该物业承租人在内的任何第三人不因私利借故闹事，阻挠甲方正常开展工作，不出现阻碍××村全面改造项目工程建设的行为。

6.原租赁合同中约定丙方已向乙方支付的人民币××××××元的履约保证金，乙方应于××××年××月××日前全额无息退还给丙方。如本条款与原租赁合同的相关约定有冲突的，执行本条款的约定。

六、丙方的权利和义务

1.丙方保证在××××年××月××日前将该物业涉及的所有费用予以结清（包括但不限于应付乙方租金人民币××××元以及水、电、煤气、网络、电话、电视等相关费用）。如本条款与原租赁合同的相关约定有冲突的，执行本条款的约定。

2.该集体物业如有丙方以外的其他承租人，由丙方自行负责清退及承担责任。丙方与其他承租人达成的任何协议或承诺，均与甲方、乙方无关。

七、甲方的违约责任

甲方违反本协议约定，逾期支付相应款项，每逾期一日，应按照应付未付款项的万分之×向乙方支付违约金。

八、乙方的违约责任

1.乙方违反本协议的约定，对甲方造成损失的，应向甲方承担赔偿责任。其中，乙方违反本协议约定，甲方有权拒绝向乙方发放本协议约定的补偿款项并不构成违约。

2.乙方违反本协议有关集体物业移交时间约定的，每逾期一日，乙方需按每天人民币××××元整（¥：××××）的标准向甲方支付延期搬迁违约金。乙方拒不将该物业交付给甲方的，甲方有权自行处置该集体物业内所有物品并有权自行拆除该集体物业，由此造成的一切法律后果均由乙方承担。

3.如乙方违反本协议约定，出现乙方或者该物业承租人在内的任何第三人阻挠甲方正常开展工作，影响本项目工程建设的，每出现一次，乙方需按照人民币××××元整（¥：××××）的标准向甲方支付违约金。

4.乙方因以上条款对甲方负有赔偿责任的，甲方有权从乙方依约应得的款项中相应扣减乙方应承担的赔偿金额，不足以扣除的，乙方应向甲方另行支付。

5.乙方承诺具有签订本协议的主体资格，保证对该集体物业享有真实、合法、有效、无争议的受补偿权，并有权根据本协议处分该集体物业。如出现如下情况，甲方有权单方面解除本协议，乙方应全额退还已收取的本合同项下所有款项，并赔偿甲方因此造成的任何损失及甲方向法院、政府部门、律师等第三方支付的任何费用等：

（1）如日后因他方对该集体物业全部或部分权益提出异议并经调查属实，或因国家机关或司法部门就具体个案作出判例认定乙方对该集体物业或其中部分物业不拥有或不完全拥有获补偿安置权利，或因其他任何原因，致使本协议被认定无效、被撤销、难以履行或无法实现合同目的的。

（2）如因乙方与第三人之间就该集体物业权属问题所发生的所有争议，或因乙方与第三人之间就该集体物业签署本协议或领取本合同项下所有款项发生争议，乙方未及时自行解决，或致使本协议难以履行或无法实现合同目的的。

6.乙方违反本协议约定，逾期向丙方返还原租赁合同履约保证金的，每逾期一日，乙方需按应付款项的万分之×向丙方支付逾期付款违约金。

九、丙方的违约责任

1.丙方违反本协议约定，未及时结清该集体物业相关费用的，乙方有权从乙方应返还给丙方的履约保证金中相应扣减丙方应承担的费用，不足以扣除的，丙方应向乙方另行支付。

2.如丙方违反本协议有关集体物业移交时间约定的，每逾期一日，丙方需按每天人民币××××元整（¥：××××）的标准向甲方支付延期搬迁违约金。甲方有权直接在向丙方支付的解除原租赁合同的一次性补偿费用中扣除，如一次性补偿费用不足以支付的，丙方应予补足。

3.丙方违反本协议的其他约定，对甲方或乙方造成损失的，应向甲方或乙方承担赔偿责任。

十、保密

乙方及丙方应对本协议的全部内容严格保密，不得向任何第三方（包括但不限于××村改造范围内其他集体物业承租户在内）透露本协议及其他相关协议的任何内容和信息，并应协助甲方对动迁工作多做积极正面的宣传，如乙方及丙方未履行保密义务造成甲方损失的，乙方及丙方承担全部赔偿责任。

十一、合同的生效

本协议在甲、乙、丙三方签署之日起生效。

十二、通知及送达

1.甲方应以书面形式通过直接送达或邮寄送达向乙方或丙方发送与本协议有关的通知等。直接送达以乙方或丙方签收日为送达之日；邮寄送达以乙方或丙方签收日为送达之日，乙方或丙方无正当理由拒绝签收的，乙方或丙方拒绝签收之日视为送达之日。

2.甲、乙、丙三方应确保本协议首页载明的通信地址、联系方式的准确无误，如有变更，变更一方保证及时书面通知另一方，否则因送达不能造成的相关损失和责任由变更一方自行承担。

十三、其他约定

1.本协议所涉集体物业的补偿标准的计算方法和具体补偿的数据、金额，均以本协议约定为准。

2.甲方作为××村全面改造项目的实施主体，负责改造过程中的具体事务，乙方应以实现村集体的整体利益为首要目标，乙方应服从大局，积极配合开展城中村改造工作。

3.本协议未详细约定之事项，由甲、乙、丙三方另行协商后签订补充协议，补充协议与本协议具有同等法律效力。

4.本协议附件构成本协议不可分割之组成部分，具有同等法律效力。

5.本协议履行过程中，如有争议应协商解决，协商不成，甲、乙、丙三方均有权向本项目所在地人民法院起诉。

6.本协议一式×份，甲、乙、丙三方各执×份，具有同等法律效力。

附件：

1.原租赁合同(略)；

2.乙方物业产权证明文件(略)；

3.房地产查丈原图(略)；

4.集体物业移交确认书(略)。

(以下无正文)

甲方(盖章)：

法定代表人/授权代表(签字)：

乙方(盖章)：

社长/授权代表(签字)：

丙方(签字按捺)：

签订时间：　　　年　　月　　日

签订地点：广州市　　　区

集体物业移交确认书

移交方:(产权人)

接收方:(项目实施主体)

根据××××经济联合社/经济合作社(以下简称移交方)与××公司(以下简称接收方)于______年____月____日签订的《补偿协议书(集体物业)》(编号:________________,以下简称该协议书)的约定,移交方同意将该协议书中约定的集体物业移交给接收方,双方一致确认移交日期为______年____月____日,集体物业的范围如该协议书附图所示。

本确认书一式×份,双方各执×份,自双方签字盖章之日起生效。

移交方:　　　　　　　　　　　　接收方:

社长/授权代表:　　　　　　　　法定代表人/授权代表:

年　月　日　　　　　　　　　　年　月　日

第七章　旧村改造中期之临时安置阶段

一、临时安置的基本概览

(一)临时安置的背景介绍

旧村改造的安置方式一般有两种，一种是异地安置，另一种是原址回迁安置。通常情况下，自私宅签约后到回迁安置房交付完成的期限大概需要3年的时间。如果该回迁安置地块动迁难度较大，该回迁安置地块上的被拆迁人一直未能签约，进而导致项目实施主体无法实际拆除被拆迁房屋进行回迁安置房建设，那么回迁安置房交付期限还会相应顺延。在被拆迁人进行租赁到回迁安置房交付期间，即为被拆迁人的临时安置阶段。在该阶段中，项目实施主体会向被拆迁人按约支付临迁费，但是考虑到部分被拆迁人年迈，行动不便，收入较低，对本村怀有特殊的感情，无能力或不愿意搬出本村，故为了在临时安置阶段妥善安置前述提到的被拆迁人，项目实施主体一般会提前建设临时安置中心，供前述提到的被拆迁人租赁使用。项目实施主体建设完毕临时安置中心后，会与农村集体经济组织就该临时安置中心的管理问题进行协商，确认该临时安置中心的管理主体是农村集体经济组织还是项目实施主体，并对该临时安置中心的管理运营承担管理责任。

(二)申请租赁临时安置中心的资格限制

如前所述，项目实施主体建设临时安置中心的核心目的是妥善安置不愿搬出本村居住的老人，通过向老人提供临时安置中心进行租赁的方式推动私宅签约工作。因此，并不是改造范围内的所有被拆迁人都有租赁临时安置中心的资格，项目实施主体出于动迁签约难度、成本角度以及后续的安全保障义务等多方面角度综合考虑后，笔者建议可从以下几方面出发设置申请临时安置中心的租赁资格条件：

条件一：老人一般为生活能够完全自理的完全民事行为能力人，如果是无自理能力的老人，需由监护人陪同入住进行照顾。

条件二：老人无传染病、精神异常等影响他人生活以及不适合集体生活的疾患或病史。

条件三：老人本人及其配偶、有赡养关系的子女已就其在本村改造范围内所有的被拆迁房屋与项目实施主体签订了《拆迁补偿安置协议》。

条件四：老人本人及其配偶、有赡养关系的子女确定日后有回迁安置房供老人居住（选择全弃产的安置方式的不能申请租赁临时安置中心）。

另外，临时安置中心作为农村集体经济组织和项目实施主体提供给本村老人的福祉，考虑到临时安置中心的房源有限，对于符合租赁条件且已申请并通过租赁审核但未能顺利入住的老人，农村集体经济组织和项目实施主体可以货币形式补偿该老人，该老人可使用该笔奖励金自行租房进行临时安置。

二、临时安置的实务要领

（一）临时安置中心租赁协议的条款设计

1.签订主体

甲方为项目实施主体或农村集体经济组织，乙方为临时安置的被拆迁人，丙方为乙方直系亲属（一般为子女）。

顾问提示

第一，关于甲方主体的问题。本协议的甲方可为项目实施主体或农村集体经济组织，本协议的签约主体亦为本协议后续产生司法诉讼需承担相应法律责任的诉讼主体，因此项目实施主体一般情况下不愿意成为本协议的签订主体。相较项目实施主体而言，农村集体经济组织作为村务管理机构同时也作为村民利益的保障机构，更愿意成为本协议的签订主体，以保障本村老人的临时安置权益，提升本村的村民福祉。

第二，关于乙方主体的问题。乙方作为本协议签订主体之一，必须具备完全民事行为能力，才能享有和承担本协议约定的权利和义务。在旧村改造实务当中，不建议将临时安置中心出租给无民事行为能力人或限制民事行为能力人使用，因为前述人员需要法定监护人的陪同和照顾，如果前述人员在没有法定监护人的陪同和照顾下，临时安置中心的管理主体将承担法定监护人的职责，加重了临时安置中心管理主体的负担。

第三，关于丙方主体的问题。丙方有权作为乙方在本协议项下的监护人。《民法典》第33条规定："具有完全民事行为能力的成年人，可以与其近亲属、其他愿意担任监护人的个人或者组织事先协商，以书面形式确定自己的监护人，在自己丧失或者部分丧失民事行为能力时，由该监护人履行监护职责。"可知，订立《临时安置中心租赁协议》，实质是在乙方与丙方之间订立合法有效的意定监护协议，如乙方在租赁期间丧失或者部分丧失民事行为能力时，应当由丙方履行监护职责。

2.协议内容

通常情况下，《临时安置中心租赁协议》应当包含以下内容：鉴于部分，租赁条件及程序，租赁房间及设施，租赁费用及支付，租赁期限，合同解除情形，违约责任，通知送达条款、争议解决条款、生效条款。

（1）鉴于部分

指引：鉴于部分包括甲乙丙三方的合同地位以及本合同订立的目的等内容。

顾问提示

鉴于部分最为核心的内容为确认丙方作为乙方在本协议项下的监护人。乙方指定丙方作为乙方在本协议项下的监护人，在乙方生病、受伤、丧失行为能力、身故或出现其他紧急情况时，代表乙方行使和履行本协议项下的权利和义务，对乙方在本协议项下产生的义务承担连带责任。该约定对甲方来说，亦是本协议的核心内容之一。

(2)租赁条件及程序

指引：本条主要包括租赁临时安置中心的租赁资格具体说明以及租赁临时安置中心前应履行的程序要件(如递交申请文件、体检)等内容。

(3)租赁房间及设施

指引：本条主要包括租赁房间的类型、具体房号、更换房间的规则、房间设施及公共设施的清单以及损毁后果等内容。

顾问提示

乙方是满足租赁申请资格后入住临时安置中心的老人，因此其对租赁的临时安置中心的房间不享有随意转租的权利。一般来说，因为租赁价格低廉，临时安置中心可供居住的房间数量也往往小于申请租赁的被拆迁人数量，导致临时安置中心房间房源非常紧张，供不应求。因此，为了最大限度地利用该临时安置中心，提高本村村民福祉，不允许已租赁房间的乙方长时间闲置该房间，浪费临时安置中心的居住资源。

(4)租赁费用及支付

指引：本条主要包括租金的具体金额以及支付方式等内容。

顾问提示

在旧村改造实务经验中，关于乙方租赁临时安置中心的租金费用的支付方式，可以约定从乙方签订的或乙方直系亲属签订的《拆迁补偿安置协议(私宅)》应收取的临迁费中直接扣减相应的租金费用。

(5)租赁期限

指引：本条主要包括租期的起算时间、租期的截止时间、租期顺延的标准等内容。

顾问提示

临时安置中心的租赁期限不宜设置太长。根据本村项目改造实施进程，并综合回迁安置房的建设进程，一般可以先约定1~2年，以免出现回迁安置房建设交付后，乙方仍因临时安置中心租金低廉而不肯搬离的情形。而且即使租赁期限届满后，甲方可与需要继续承租的乙方续约，因此，没有约定过长租赁期限的必要性。

(6)合同解除情形

指引：合同解除情形主要包括：① 乙方因自身原因无法自理时，无法找到监护人陪同入住的情形；② 乙方出现精神障碍或患有必须隔离治疗的传染病，可能危及自身或他人人身、财产安全的情形；③ 乙方获得首套回迁安置房的情形；④ 乙方非因外出就医原因中止居住超过××天的情形等内容。

顾问提示

在一般的租赁关系中，出租方并不能限制承租方是否具有其他住房，但是甲方设置临时安置中心的目的是解决乙方的临时安置问题，因此，在乙方获得首套回迁安置房，不存在临时安置问题后，甲方应当有权解除租赁协议。另外，笔者建议根据本村旧村改造项目的实际情况，项目实施主体可将合同解除的情形扩大至“乙方本人及其配偶、有赡养关系的子女获得首套回迁安置房”，以合理缩短乙方的临时安置期限。

(7)违约责任

指引：违约责任主要包括乙方提供虚假材料获得租赁资格的责任承担，乙方违反甲方的规章制度造成自身或他人人身、财产伤害的责任承担等内容。

顾问提示

乙方可能没有经济收入，可能出现需要乙方承担赔偿责任但乙方赔偿不了的情形，因此，此处可以约定乙方的监护人（丙方）共同承担赔偿责任。

（二）临时安置中心管理主体的风险提示义务

如前所述，租赁临时安置中心的租赁人一般为老人，而老人的身体机能正在逐步退化，因此，作为临时安置中心的管理主体，需要提前对老人以及其监护人进行全面的风险提示。

1.老人的身体机能自然衰退的风险

随着年龄的增长，老人身体各器官可能发生自然的机能退化（包括但不限于心肺肝等脏器功能减退、骨质疏松、视觉听觉衰退等）。老人以及其监护人需向管理主体确认，老人在入住期间由此导致的身体变化、疾病和意外事故与管理主体无关，管理主体不承担任何赔偿或其他责任。

2.老人的跌倒和坠床风险

患有心脑血管病、骨关节病、帕金森病、阿尔茨海默病、眼部疾患、低血糖、癫痫、休克、直立性低血压、营养不良、免疫力低下等疾病的老人在自行行走或单独活动时，易发生跌倒，且随着跌倒次数增多，跌倒后轻者可并发软组织损伤、骨折、关节脱臼，重者可出现肢体瘫痪、意识障碍，甚至危及生命。为减少跌倒风险，请曾经有过类似病史、有类似摔倒案例的老人自行安排人员陪护，同时，老人以及其监护人需向管理主体确认，老人在安置中心发生任何跌倒情况，与管理主体无关，管理主体不承担任何赔偿或其他责任。

3.老人的饮食风险

由于年龄增加，老人的咽喉在生理、形态及功能上均会发生退行性变化，牙齿松动或缺失、咀嚼肌的张力降低，导致咀嚼和吞咽困难，容易产生噎（呛）食。另外，老人患有精神障碍、食管疾病、抑郁症或阿尔茨海默病、脑卒中后遗症、帕金森病等疾病，服用药物或者饮食时的体位不当等原因也易引起噎（呛）食。老人以及其监护人需向管理主体确认，老人因任何原因发生噎（呛）食，管理主体不承担任何赔偿或其他责任。管理主体强烈建议存在以上风险的老人将配餐加工成糊餐食用减少事故发生，同时，老人以及其监护人需向管理主体确认，老人因食用在外自购的食品或探视亲友送来的食品而导致的一切不良后果（包括但不限于死亡、人身伤害、心理伤害及财产损失）与管理主体无关，管理主体不承担任何赔偿或其他责任。

4.老人的压疮风险

老人皮肤组织萎缩，弹性较差，皮脂腺及汗腺分泌少，皮肤干燥，多皱褶，同时也变薄，对冷、热、痛、触、压等的感觉功能降低，皮下组织受到压力、摩擦力、潮湿、剪切力、内衣被褥褶皱等因素影响易发生压迫性损伤，形成压疮。老人以及其监护人需向管理主体确认，老人在入住安置中心期间发生任何压疮及皮肤异常，与管理主体无关，管理主体不承担任何赔偿或其他责任。

5.老人的意外风险

由于老人的生理特点，心肺肝等脏器功能减退，伴有多种疾病和慢性病肿瘤及其他后遗症，如偏瘫、失语、老年痴呆、骨质疏松等，导致老人反应慢、配合差，极易发生意外伤残、摔倒、猝死或突发事件，老人在日常生活过程中，如穿脱衣服、上下床、大小便、翻身、洗澡等，均有可能引起老人骨折和其他意外伤残甚至死亡。老人以及其监护人需向管理主体确认，老人在入住安置中心期间，发生意外事故与管理主体无关，管理主体不承担任何赔偿或其他责任。

6.老人的疾病隐患

随着年龄增长，老人的身体机能衰退，老人易发生肺部感染、心脑血管疾病等病症，或者多种疾病共存，部分疾病可能导致猝死。老人以及其监护人需向管理主体确认，若老人突发急症或因急症而离世，与管理主体无关，管理主体不承担任何赔偿或其他责任。

7.老人的自残和自杀

部分老人可能会因生理疾病、心理疾病、个人认知能力和生活态度等因素，以及家庭纠纷、孤独、远离亲人、丧偶等原因，出现自残和自杀行为。老人以及其监护人需向管理主体确认，若老人因个人原因采取自残、自杀等极端行为，与管理主体无关，管理主体不承担任何赔偿或其他责任。

8.药物不良反应风险

药物不良反应指正常剂量的药物在用于预防、诊断、治疗疾病或者调节生理机能时出现的有害的和用药目的无关的反应，包括药物副作用、毒性作用、后遗效应、过敏反应及与特异性遗传素质有关的反应等。由于老人身体各系统功能都有不同程度的减退，特别是心、肺、脑、肝、肾等功能的衰退，致使老人对药物的代谢和排泄能力降低，易造成药物在体内蓄积而出现中毒反应，加之老人对药物副作用的对抗能力减退，一旦出现不良反应也往往较其他人群为重。老人以及其监护人需向管理主体确认，老人入住安置中心期间自行服药而发生药物不良反应，与管理主体无关，管理主体不承担任何赔偿或其他责任。

9.消防安全风险

老人、其监护人，及其访客不得在安置中心内燃香、吸烟或从事其他一切能够产生明火的行为，并且不得携带加热及其他类似电器设备，如：电热毯、电热暖宝、浴霸等。老人以及其监护人需向管理主体确认，若老人违反管理主体制定的消防安全规定，造成的老人自身身体和财产损失，与管理主体无关，管理主体不承担任何赔偿或其他责任，造成管理主体及其他人员身体和财产损失的，老人以及其监护人需自行承担相关赔偿责任。

附：本章涉及的实用文书范本

序号	文书名称
1	临时安置中心申请租赁资格条件说明
2	××村老人临时安置中心申请审批表
3	临时安置中心租赁协议

文书范本

临时安置中心申请租赁资格条件说明

一、申请租赁资格

申请租赁××村临时安置中心应符合以下资格：

1.年满××周岁的本村村民，且须为生活能够完全自理的完全民事行为能力人（无自理能力的租赁人，如有监护人陪同入住照顾的，视为有自理能力，并通过本协议确定监护人具备入住条件）；

2.租赁人和家属已向本中心提供了证明家属和租赁人关系的书面文件（包括但不限于户口簿）及其他本中心要求提供的文件资料，本中心确认租赁人与家属关系属实以及租赁人和家属具有履约能力；

3.租赁人无传染病、精神异常等影响他人生活及根据本中心的独立判断不适合集体生活的疾患，且租赁人已经通过本中心的入住评测（定义见下文），确定租赁人符合入住条件；

4.租赁人本人及其配偶、有赡养关系的子女已就在××村改造范围内所有的房屋与××公司（项目实施主体公司）签订《拆迁补偿安置协议（私宅）》；

5.租赁人本人及其配偶、有赡养关系的子女日后确定有回迁安置房供租赁人居住（存在全弃产的情形不能申请入住安置中心）；

6.若夫妻两人其中任何一方满足上述1到5全部条件，夫妻两人均可判定为符合入住条件，并需同住一个房间。

二、申请流程

符合第一条资格的租赁人应当到本中心填写《××村租赁人临时安置中心申请审批表》，并附上符合租赁资格条件的相关证明。

相关证明文件包括：(1)《拆迁补偿安置协议（私宅）》、产权人身份证、租赁人身份证、户口簿等复印件，同时提供上述材料原件进行核对。(2)近×年/月内三甲级医院体检报告。(3)申请前×天内核酸检测报告（此为疫情期间的特殊要求，疫情过后可根据实际情况判定是否还需要提供核酸检测报告)。

三、费用标准及房间标准

1.安置中心月租金为人民币××元/平方米,租金在租赁期限内不变。如果出现房间调整,租金需根据调整后的新房间面积支付。

2.月租金按租赁安置中心房间套内面积计算,月租金以从临迁费等金额中扣减的方式进行收取。

3.免收水电费、管理费(项目实施主体和村集体经济组织可根据实际情况决定是否收取水电费、管理费,如收取,需要在此处公布水电费、管理费的标准)。

4.满足租赁申请资格条件的,以抽签的形式确定租赁名额(临时安置中心供不应求时,可以以抽签形式确定租赁名额,或者以签约顺序确定租赁名额)。

5.如存在尚未搬离原房屋的情形,租赁人租赁安置中心之日起×日内须将原房屋整体清空移交给××公司,若违反前述约定的,租赁人须自违约之日起3日内无条件搬离安置中心。

6.原则上房间分配以抽签的形式确定,通常情况下按照抽签结果执行,但不反对申请租赁人及安置中心管理人员根据实际情况进行现场协调。

7.首期共计提供××个房间××张床位,有套内面积为××平方米和××平方米两种房型,地址位于××××。

8.其他安置中心位置将陆续公布。

四、放弃租赁资格的补偿

符合租赁条件且已申请并通过租赁审核的申请人,如果主动选择放弃租赁并签订放弃租赁资格协议,可以获得××××元/月的放弃租赁资格补偿,补偿款自放弃租赁之日起至申请人本人或其配偶、有赡养关系的子女获得首套回迁安置房为止(放弃租赁补偿只对符合租赁条件的申请人本人适用,上述第一点第一项确定的陪同申请租赁的监护人及第一点第六项确定的一同申请租赁的配偶不具备领取放弃租赁补偿的资格)。

本说明的实施及最终解释权归××市××区××街××股份经济联合社/经济合作社。

××市××区××街××股份经济联合社/经济合作社

××××年××月××日

××村老人临时安置中心申请审批表

<table>
<tr><td>申请人</td><td></td><td>社别</td><td></td><td>栋号</td><td></td><td>联系电话</td><td></td></tr>
<tr><td>申请人住址</td><td colspan="7"></td></tr>
<tr><td>申请理由和事项</td><td colspan="7">申请人因__________原因，现申请老人临时安置中心给予老人临时安置中心①××平方米以内□，②××平方米以上□，由_______居住使用，申请人同意居住使用，申请人同意租金按给予的老人临时安置中心面积计算并按等金额扣减临迁费的方式进行收取。

申请人签名：　　　　　　　　日期：</td></tr>
<tr><td>经济社意见</td><td colspan="7">

公章（经济社）：　　　　　　　　日期：</td></tr>
<tr><td>经联社意见</td><td colspan="7">

公章（经联社）：　　　　　　　　日期：</td></tr>
<tr><td>备注</td><td colspan="7"></td></tr>
</table>

临时安置中心租赁协议

甲方:(项目实施主体或农村集体经济组织)
法定代表人:
统一社会信用代码:
联系地址:
联系方式:

乙方:(被拆迁人)
身份证号码:
联系地址:
联系方式:

丙方:(乙方的子女)
身份证号码:
联系地址:
联系方式:

一、鉴于

1.甲方系项目实施主体公司或农村集体经济组织,为妥善安置因××村旧城改造影响,短期内无居所的老年人,设置××村老年人集中安置中心供××村老年人临时安置;

2.乙方为完全民事行为能力人,自愿决定租赁甲方设置的安置中心,同意接受甲方提供的居住场地与服务并支付相应费用;

3.乙方指定丙方作为乙方在本协议项下的监护人,在乙方生病、受伤、丧失行为能力、身故或出现其他紧急情况时,代表乙方行使和履行本协议项下的权利和义务,对乙方在本协议项下产生的义务承担连带责任,丙方确认并同意。

甲、乙、丙三方依据《民法典》等相关法律规定、行业及地方规范，本着诚信、公平、自愿的原则，经过友好协商，就乙方租赁甲方安置中心事宜自愿达成以下协议，三方共同遵守。

二、租赁条件及程序

1.乙方入住甲方安置中心应符合以下入住条件：

(1)年满××周岁的本村村民，且系生活能够完全自理的完全民事行为能力人(无自理能力的老人，如有监护人陪同入住照顾的，视为有自理能力，并通过本协议确定监护人具备入住条件)；

(2)乙方和丙方已向甲方提供了证明丙方和乙方关系的书面文件(包括但不限于户口簿)及其他甲方要求提供的文件资料，甲方确认乙方与丙方关系属实以及乙方和丙方具有履约能力；

(3)乙方无传染病、精神异常等影响他人生活及根据甲方的独立判断不适合集体生活的疾患，且乙方已经通过甲方的入住评测(定义见下文)，确定乙方符合入住条件；

(4)乙方本人及其配偶、有赡养关系的子女已就在××村改造范围内所有的房屋与××公司(项目实施主体公司)签订《拆迁补偿安置协议(私宅)》；

(5)乙方本人及其配偶、有赡养关系的子女日后，确定有回迁安置房供乙方居住(存在全弃产的情形不能申请入住安置中心)；

(6)若夫妻两人其中任何一方满足上述(1)到(5)全部条件，夫妻两人均可判定为符合入住条件，并需同住一个房间。

2.乙方正式入住甲方安置中心前应履行下列程序：

(1)乙方应向甲方提供乙方和丙方签字的乙方的《健康状况陈述书》，该《健康状况陈述书》作为本协议附件一，由甲方作为乙方入住的健康档案进行保管；

(2)乙方向甲方提供租赁日前×个月内由×级×等以上综合医院或甲方指定的体检机构出具的《体检报告》(体检项目必须包括：血常规、尿常规、大便常规、肝功能、肾功能、乙肝两对半、腹部B超、胸片、新冠肺炎核酸检测，相关体检费用由乙方自行承担)，《体检报告》原件作为本协议附件一，由甲方作为乙方租赁的健康档案进行保管。

符合上述情况的，甲方向乙方发出入住通知，乙方按照入住通知书上约定的时间到××临时安置中心办理入住。

三、房间及设施

1.入住房间

(1)乙方通过摇号入住的房间类型、具体房间(床位)作为合同的附件二。乙方对入住的房间(床位)有专属使用权，不得提供给任何第三人使用，亦不得对房间的结构或固定装潢进行任何改动。

(2)乙方因特殊缘故(包括但不限于住院)暂不能入住但需要保留房间的，乙方可以向甲方提出办理中止居住手续，但连续中止居住期限不得超过××天或×个月内累计中止居住期限不得超过××天。中止居住的起始日以乙方向甲方办理完毕中止居住手续之日为准。

2.房间调整

在乙方入住后，甲方有权根据乙方自理能力、健康状况等变化合理调整适合乙方入住的房间，但应事先通知乙方并与其沟通协调。如果乙方不接受房间调整的，则甲方有权经书面通知乙方后立即解除本协议；或者乙方基于正当理由要求调整房间的，甲方在条件许可的范围内应尽量满足乙方的要求。

3.房间设施

(1)房间设施及安置中心已有的公共设施列明于附件二。乙方(包括乙方的访客)在入住期间有权使用该等设施，但应合理且适当地使用；如因乙方(包括乙方的访客)故意或因重大过失导致设施损坏的，乙方和丙方应按该设施的购置价格向甲方承担连带赔偿责任。

(2)乙方可根据个人需求，采用绘画作品、窗饰等类似物品对乙方入住的房间进行适当的装饰、适当添置额外的家具和设施，但前提是该等额外的装饰、家具或设施不会成为房间的永久性添附物，或者其可以被轻易移除而不损害房间的结构完整性，且该等额外的装饰、家具或设施不会对安置中心内的任何其他人员或财产造成不良影响。因乙方对房间添置的额外装饰、家具或设施而引发的(或与之相关的)任何损害、损失、花费、权利主张、诉讼、义务或责任,乙方及丙方需自行承担,概与甲方无关。

四、费用及支付

乙方同意,安置中心月租金为人民币×××元/平方米,乙方占用的房间面积为×××平方米,月租金总计为人民币×××元/月,上述租金在租赁期限内不变。如果出现房间调整,租金需根据调整后的新房间面积支付。

五、安置中心的管理

1.乙方可自由外出,乙方在外出期间发生意外的,由乙方自行承担,甲方对此不承担任何责任。

2.丙方或乙方亲属、朋友(统称访客)可以在甲方规定的时间内探访乙方。

3.访客应当遵守安置中心管理规定(定义见下文),否则甲方有权要求访客离开安置中心。

4.甲方将对乙方的信息予以保密,但在以下任一情况下,甲方有权使用并向甲方以外的第三方提供乙方的信息和相关文件:

(1)政府机关或司法机关根据适用法律要求提供上述信息和文件;

(2)为了向乙方提供医疗救治而向医疗机构提供上述信息和文件。

5.乙方和丙方同意并接受,甲方及其雇员因特殊紧急情况进入乙方房间。

6.甲方有权根据实际情况,发布对乙方及访客具有约束力的有关管理安置中心的规定、行为准则等(统称安置中心管理规定)。乙方和丙方应遵守并应促使其访客遵守社区管理规定(无论是现行的还是今后颁布的)。

7.甲方不定时组织入住长者参加各类活动或不定时组织拍摄记录,甲方对在活动中拍摄的照片及摄制的影像享有著作权。本协议一经乙方和丙方签订,即表示乙方和丙方同意甲方可免费使用含有乙方肖像的影像资料作为宣传资料或用于甲方官网、微博及微信公众号等更新。

六、期限

1.本合同期限为×年,从××××年××月××日至××××年××月××日止。本协议自各方签字盖章之日起开始生效。

2.租赁期满,乙方应如期返还房间。乙方需继续承租的,应于租赁期届满前×个月前向甲方提出续租要求,经甲方同意,双方重新签订租赁协议。

七、合同解除

1.乙方身故的。

2.乙方因自身原因生活无法自理,无法找到监护人陪同入住的。

3.乙方出现精神障碍或患有必须隔离治疗的传染病,危及自身或他人人身、财产安全的。

4.乙方本人及其配偶、有赡养关系的子女在××村获得首套回迁安置房的。

5.乙方无法适应集体生活或出现其他乙方不适宜继续入住的情况。

6.甲方根据乙方的健康状况(如有精神异常、传染性疾病等影响他人)合理地认为乙方已经不适合继续居住在安置中心,或者乙方所需的服务超出甲方的能力的。

7.根据甲方的合理判定,乙方难以与他人相处,影响安置中心其他入住老人团结和安宁,有多人投诉,经甲方多次协调无效的。

8.乙方对自身或安置中心的其他人员或财物造成实际的或潜在的危害的。

9.丙方无法给予甲方所需的合理配合或承担乙方在本协议项下的义务[包括但不限于甲方根据丙方在本合同项下提供的联系方式无法联系丙方或其他紧急联系人达到三次以上(含三次)的],导致本协议无法继续履行的。

10.有证据证明乙方符合本协议规定的入住条件的文件或信息存在误导、虚假或重大隐瞒的情况。

11.乙方连续中止居住超过十五天或六个月内累计中止居住超过三十天。

12.乙方和丙方有其他违反本协议规定或者社区管理规定的行为,并且未能在收到甲方要求改正或补救的书面通知之日起30日内改正或补救的。

13.根据本协议规定，甲方有权解除本协议的其他情形发生。

14.乙方和丙方应在本协议到期或提前解除后三天内搬离并将房间恢复至入住日时的状态（合理使用导致的折旧和损耗除外），以及向甲方交还房间的钥匙以及其他属于甲方的物品。如果乙方和丙方未能在前述期限内搬离房间，则所有遗留在房间内的私人物品将被视为已经被乙方和丙方遗弃，并且甲方对被遗弃的物品所遭受的损失或损害不承担任何责任。如果乙方和丙方未能将房间恢复至入住日时的状态（合理使用导致的折旧和损耗除外）或者未能向甲方交还房间的钥匙或其他属于甲方的物品，则甲方有权扣除全部或部分的保证金以补偿甲方因此所支出的任何成本或遭受的任何损失。如果保证金不足以弥补甲方所实际支出的成本或遭受的损失，乙方和丙方仍有义务向甲方全额赔偿该差额部分。

15.在任何情况下，本协议的到期或提前解除都不免除任何一方继续履行其在本协议到期或解除前已发生但尚未完全履行的任何义务。

16.乙方入住后单方提出解除本协议，或甲乙双方协商一致解除本协议的，乙方可在签订《放弃租赁资格补偿协议书》后，按《放弃租赁资格补偿协议书》的约定领取1000元/月的补偿金，但此后乙方不得再主张入住安置中心；乙方违反法律法规、本协议约定或安置中心租赁管理规定，甲方单方解除本协议的，则乙方丧失签订《放弃租赁资格补偿协议书》并领取1000元/月的补偿金的资格。

八、违约责任

乙方违反甲方的规章制度造成自身伤害的，由乙方自行承担全部责任；由此造成第三人（包括但不限于其他入院老人或亲属、甲方职工、来访人员等）伤害和损失的，由乙方承担赔偿责任，丙方对此承担连带责任。

九、责任限制

1.若乙方和丙方或其访客在安置中心内发生财产损失（包括但不限于财物丢失）或人身伤害的（包括但不限于因老年人年龄增长而自然伴随的生理特点，如心肺等脏器功能减退、骨质疏松、视觉听觉衰退等而引起的疾病，骨折和其他意外伤残或身故事件，以及由于老人自身的情绪或智力因素而引发的自杀、跳楼、触电、服毒、超剂量服药等所导致的伤残或身故事件），甲方对此不承担任何责任；

2.因乙方和丙方或其访客的行为导致乙方或任何第三方人身或财产受损的（包括但不限于摄入非甲方提供的食物或饮品而导致的人身伤害），甲方对此不承担任何责任。

十、其他

1.本协议应当包括正文、附件和其他以在本协议中引用的方式而被纳入并构成本协议组成部分的文件（包括但不限于中心管理规定），即使该等文件未作为附件附于本协议之后。

2.本协议应当适用中国法律并依据中国法律进行解释。

3.由本协议引起的或与之相关的任何争议、纠纷或索赔均应通过各方友好协商解决。该等协商应当在一方向另一方提交书面协商请求后立即开始。如果在收到该等书面协商请求之日起××日内争议仍未能协商解决的，任何一方经通知另一方后可将该等争议提请甲方所在地有管辖权的人民法院通过诉讼解决。

4.任何一方在任何一个或多个情况下未坚持要求另一方严格履行、遵守或符合本协议项下的任何条款或条件，并不构成对该等条款或条件的持续弃权，也不得被理解为一方豁免或撤回其坚持让另一方严格履行、遵守或符合本协议项下的任何条款或条件的权利。

5.本协议正文、附件和通过本协议的引用而纳入本协议的文件一同构成各方之间关于本协议主题事项的完整协议，并取代之前的一切书面或口头协商和谅解。

6.本协议仅可以书面形式并经各方签字认可的方式修改。

7.如果本协议的任何条款在任何程度上被判定为无效或无法被强制执行，则本协议剩余部分不得受此影响并且应在适用法律允许的最大范围内有效。

8.为使甲方便于核查相关信息，乙方配偶及其有赡养关系的子女信息如下：

关系	姓名	身份证号码
配偶		
有赡养关系的子女		

乙方承诺所提供的以上信息真实、有效、完整，保证不出现遗漏相关主体信息的情形，如乙方违反上述承诺，由此造成甲方损失的，由乙方承担全部赔偿责任。

9.本协议一式伍份，各方应当各持一份原件，具有同等的法律效力。

声明：乙方和丙方特此承认其对于本协议及其附件的全部条款和条件，特别是免除或限制甲方责任的规定，已全部阅读、充分理解并被给予了向其法律顾问咨询并寻求建议的机会，乙方和丙方自愿接受本协议的全部条款和条件。

（如乙方为完全民事行为能力人，请乙方仔细阅读以上声明并在以下抄写完整）：________________________________

（请丙方仔细阅读以上声明并在以下抄写完整）：________________

____

（以下无正文）

附件：

一、《健康状况陈述书、体检报告及健康状况评估表》；

二、《房屋和设施清单》；

三、《紧急联络信息》。

甲方（盖章）：　　乙方（签字）：　　丙方（签字）：

日期：　　日期：　　日期：

附件一　健康状况陈述书、体检报告及健康状况评估表

乙方姓名:________出生日期:________性别:________

1.健康状况陈述

1.1 基本情况:

分类	状态	分值	请选择	说明
生理状况	好	4		
	较好	3		
	较弱	2		
	弱	1		
精神状况	清醒	4		
	麻木	3		
	糊涂	2		
	昏睡	1		
行走	正常	4		
	需要帮助	3		
	轮椅	2		
	卧床	1		
活动	完全自理	4		
	需要协助	3		
	活动障碍	2		
	无法活动	1		
大小便失禁	从不	4		
	偶尔	3		
	仅小便失禁	2		
	完全失禁	1		

1.2病史:

1.2.1 疾病史:

1.2.2 现病史:

1.2.3 家族遗传病史:

1.3 药物禁忌：

1.4 食物禁忌：

1.5 其他非正常状况：

1.6 乙方和丙方在以下签字承诺上述告知的健康状况属实、准确并且不存在任何隐瞒。

乙方：　　　　　　　　　　　　丙方：

签字：________　　　　　　　　签字：________

日期：________　　　　　　　　日期：________

2.体检报告

以下所附为［三级甲等］综合医院或甲方指定的体检机构出具的乙方体检的《体检报告》以及新冠肺炎核酸检测报告单。

［请将乙方的《体检报告》粘贴于此，作为本协议的附件。］

附件二　房间和设施清单

1.房间

乙方入住的房间（或床位）所在楼层为________，房间号（或床位号）为________。

2.房间设施清单

设施名称	规格型号	数量
电视及遥控器		1
空调及遥控器		1
床		1
衣柜		1
热水器		1
马桶		1

乙方在以下签字即表示其已经完全了解、认可并接受本附件的内容。

乙方：　　　　　　　　　　　　丙方：

签字：________　　　　　　签字：________

日期：________　　　　　　日期：________

床位变更登记表

原房间及房间面积	变更后房间及房间面积	调整原因	调整日期	经办人

附件三　紧急联络信息

1.甲方的联络信息：

地址：

邮编：

电话：

收件人：

2.乙方的联络信息：

地址：

邮编：

电话：

收件人：

3.丙方的联络信息：

地址：

邮编：

电话：

收件人：

4.其他紧急联系人的联络信息：

地址：

邮编：

电话：

收件人：

第八章　旧村改造中期之签约清零阶段

一、签约清零的措施类别

(一)签约清零的背景介绍

毫无疑问,签约清零是旧村改造项目进程的攻坚阶段。随着旧村改造项目的签约阶段进入尾声,签约率过九成之后,面对被拆迁人迟迟不肯签约的困境,项目实施主体、农村集体经济组织和已签约的被拆迁人需要共同探索出解决签约清零的相关合法途径,以推进签约工作的最后一步,以实现顺利启动回迁安置房的建设,让已签约的被拆迁人尽快住上回迁安置房的旧改目标。

(二)可能的签约清零措施

根据笔者的旧改实务经验以及广州市各村的旧村改造实操做法,旧村改造中可能的清零措施主要有以下几种:一是针对“签一留一”的村民,采取停发已签约房屋的临迁费、迟延其参与摇珠选房的时间(以下简称暂停福利措施);二是通过村民民主表决的形式取消其村民资格并停发其享有的集体分红权益(以下简称除名扣分红措施);三是通过村民表决收回宅基地使用权(以下简称收回宅基地措施);四是经已签约的村民表决后,就未签约的村民限期签约及搬离事项申请区人民政府行政裁决(以下简称行政裁决措施)。

二、暂停福利措施

(一)暂停福利措施的适用前提

该措施适用的前提有二:其一,被拆迁人已就其名下的至少一栋被拆迁房屋与项目实施主体签订《拆迁补偿安置协议(私宅)》;其二,被拆迁人签署的书面文件当中明确约定了被拆迁人如有”签一留一“的情形,项目实施主体有权停发已签约房屋的临迁费、迟延其参与摇珠选房的时间。

(二)暂停福利措施的合同依据

如前所述,采取本措施需要有明确的合同依据,本措施的具体内容可在《拆迁补偿安置协议(私宅)》或《产权人承诺书》中明确约定。项目实施主体如果任意停发被拆迁人的临迁费或任意迟延其参与摇珠选房的时间,将引起被拆迁人的不满,被拆迁人可以项目实施主体违反《拆迁补偿安置协议(私宅)》的约定为由提起司法诉讼,进而造成项目实施主体的信誉受损,影响本村旧村改造项目范围内的社区稳定。

(三)相关配套公告通知

1.停发临迁费及迟延摇珠选房的公告

停发临迁费及迟延摇珠选房的公告一般以项目实施主体的名义向本村旧村改造范围内的全体被拆迁人发放公告,公告可采取在村内公告栏公布,在项目官方公众号上推文公布的形式。

2.停发临迁费及迟延摇珠选房的通知

在正式停发临迁费及迟延摇珠选房之前,应当单独向即将被停发临迁费及迟延摇珠选房的村民有效送达停发临迁费及迟延摇珠选房的通知,以便保证该村民确实知悉停发临迁费及迟延摇珠选房的具体措施及合同依据。

(四)适用该措施的优劣比较

优点:对于已经享有临迁费的被拆迁人来说,停发临迁费将使其直接利益受损,且无法参与摇珠选房选择心仪的回迁安置房也使其回迁安置权益受损,因此项目实施主体采取该措施确实能够调动该部分被拆迁人的签约积极性。

缺点:对于那些名下房屋一套都未与项目实施主体签约的被拆迁人,或虽与项目实施主体签约,但是对选择的安置方式为全弃产的被拆迁人来说,因为其尚未享有或不享有临迁费和参与摇珠选房的资格,故项目实施主体采取该措施不会直接影响到他们的利益,无法调动他们的签约积极性。

三、除名扣分红措施

(一)适用该措施的法律依据

目前,我国尚无对农村集体经济组织成员资格认定的直接法律规定。但是《广东省农村集体经济组织管理规定》第15条规定:“原人民公社、生产大队、生产队的成员,户口保留在农村集体经济组织所在地,履行法律法规和组织章程规定义务的,属于农村集体经济组织的成员。实行以家庭承包经营为基础、统分结合的双层经营体制时起,集体经济组织成员所生的子女,户口在集体经济组织所在地,并履行法律法规和组织章程规定义务的,属于农村集体经济组织的成员。实行以家庭承包经营为基础、统分结合的双层经营体制时起,户口迁入、迁出集体经济组织所在地的公民,按照组织章程规定,经社委会或者理事会审查和成员大会表决确定其成员资格;法律、法规、规章和县级以上人民政府另有规定的,从其规定。农村集体经济组织成员户口注销的,其成员资格随之取消;法律、法规、规章和组织章程另有规定的,从其规定。”据此可知,广东省以地方规章的形式确立了农村集体经济组织成员资格的认定标准,其中认定农村集体经济组织成员资格标准包括成员应当履行组织章程规定的义务。而且,《广东省农村集体经济组织管理规定》第8条第2款规定:“农村集体经济组织章程由本组织成员大会表决通过。组织章程应当载明下列事项……(四)成员资格及其权利、义务……(六)民主决策、民主管理及其议事、办事、表决规则(包括应当通过召开成员大会表决的重大事项、可以通过召开成员代表会议表决的具体事项、成员代表会议代表的人数及其产生办法等);(七)收益分配制度……(九)组织章程修改程序;(十)其他有关事项。”由此可知,成员资格以及收益分配制度应当在组织章程中予以明确界定,如需对成员资格以及收益分配制度的内容进行修改需要遵守组织章程的修改程序。

另外,《广州市黄埔区广州开发区关于加快省“三旧”改造改革创新试点工作的若干措施》第10条规定,对极少数被拆迁人为谋求不当利益阻挠拆迁损害大多数被拆迁人利益的行为,村集体可制定符合实际的“村规民约”

对其采取必要的处置措施。虽然该文件系广州市黄埔区人民政府、广州开发区管理委员会公布的规范性文件，但是仍然对广州市黄埔区的旧村改造项目有一定的指导性意义。

（二）适用该措施的程序

第一，广东省内的农村集体经济组织想要取消村民的成员资格以及村民的集体收益分红权，需要依据其组织章程的规定进行，如现有的组织章程并未规定未签约村民不属于本村成员以及不享有相应集体收益分红权的，该农村集体经济组织可以先通过民主议定程序修改组织章程中关于成员资格及其权利、义务以及收益分配制度的内容，进而再通过民主议定程序取消未签约村民的成员资格以及其享有的集体收益分红权。

第二，广东省内的农村集体经济组织的组织章程应当在农业农村局进行备案，因此备案的组织章程中一般包括了成员资格认定以及集体收益分配等的相关规定。但是，对于旧村改造下的未签约事宜能否导致成员资格的取消以及集体收益分红权的丧失可能并没有进行明确规定，因此，笔者建议对组织章程的相关内容进行修改。关于成员资格认定的条款修改，建议增加“成员若不配合本村旧村改造，视为未履行本组织章程规定义务，本农村集体经济组织有权通过民主表决程序取消其成员资格”的表述。关于集体收益分红权的条款修改，建议增加“如成员不配合本村旧村改造的，本农村集体经济组织有权通过民主表决程序取消其享有的集体收益分红权”的表述。

（三）适用该措施的优劣比较

优点：项目改造实施范围内的全体被拆迁人均是农村集体经济组织的成员，都有权享有集体分红权益，如果农村集体经济组织采取该措施将使未签约的被拆迁人丧失成员资格，进而丧失其享有的集体分红权益，因集体分红权事关被拆迁人的直接经济利益，故在该措施的影响下，被拆迁人为了保有其成员资格和集体分红权益，有可能同意签约。

缺点：被取消成员资格以及集体分红权益的被拆迁人可能以投诉、信访、上访、提起诉讼等形式对农村集体经济组织的取消行为提出异议，影响本村旧村改造项目的社区稳定，甚至有可能传播不利于农村集体经济组织和合作企业的谣言，导致农村集体经济组织和合作企业的社会信誉受损。

（四）关于成员资格认定的司法救济途径的法律漫谈

实践中，认定成员资格都是通过农村民主议定程序进行的，属于村民自治范围的事项，《村民委员会组织法》第2条规定："村民委员会是村民自我管理、自我教育、自我服务的基层群众性自治组织，实行民主选举、民主决策、民主管理、民主监督。村民委员会办理本村的公共事务和公益事业，调解民间纠纷，协助维护社会治安，向人民政府反映村民的意见、要求和提出建议。村民委员会向村民会议、村民代表会议负责并报告工作。"以及第5条第1款规定："乡、民族乡、镇的人民政府对村民委员会的工作给予指导、支持和帮助，但是不得干预依法属于村民自治范围内的事项。"由此可知，农村集体经济组织有权通过村民民主议定程序决定村民是否享有成员资格以及是否享有相关村民福利待遇。

如果被取消成员资格的被拆迁人对农村集体经济组织作出的取消其成员资格的决议行为不服的，该被拆迁人可能向相关行政部门（如街道办事处，乡、镇政府等）提出要求责令该农村集体经济组织改正取消其成员资格的决议行为。在司法实践当中，人民法院通常会以前述取消成员资格的事项为村民自治事项，不属于行政案件受理范围为由，裁定驳回其起诉［该审判观点详见2021年2月24日生效的（2021）豫行申311号行政裁定书］。而且，对于成员资格的认定以及该村民是否享有集体分红权益的问题，人民法院通常亦认为该诉请不是一般意义上平等主体之间的民事权利义务纠纷，不属于民事案件审理范围，如果被取消成员资格的被拆迁人提起民事诉讼亦会被裁定驳回起诉［该审判观点详见2021年4月28日生效的（2021）鲁15民终1844号民事裁定书］。

四、收回宅基地措施

（一）适用该措施的法律依据

《土地管理法》第66条第1款规定："有下列情形之一的，农村集体经济组织报经原批准用地的人民政府批准，可以收回土地使用权：（一）为乡（镇）

村公共设施和公益事业建设，需要使用土地的；（二）不按照批准的用途使用土地的；（三）因撤销、迁移等原因而停止使用土地的。"《村民委员会组织法》第24条第1~2款规定："涉及村民利益的下列事项，经村民会议讨论决定方可办理：（一）本村享受误工补贴的人员及补贴标准；（二）从村集体经济所得收益的使用；（三）本村公益事业的兴办和筹资筹劳方案及建设承包方案；（四）土地承包经营方案；（五）村集体经济项目的立项、承包方案；（六）宅基地的使用方案；（七）征地补偿费的使用、分配方案；（八）以借贷、租赁或者其他方式处分村集体财产；（九）村民会议认为应当由村民会议讨论决定的涉及村民利益的其他事项。村民会议可以授权村民代表会议讨论决定前款规定的事项。"由此可知，农村集体经济组织在符合法定条件时，可以依法收回集体土地使用权。具体条件有：第一，经过集体经济组织民主决策；第二，基于乡（镇）村公共设施、公益事业建设需要；第三，所收回土地为建设用地；第四，报经原批准用地的人民政府批准。

（二）旧村改造情形下收回宅基地使用权的合法性分析

从现行规定来看，因集体公共利益收回宅基地使用权的法律依据是《土地管理法》第66条第1款第1项，其规定，为乡（镇）村公共设施和公益事业建设，需要使用土地的，农村集体经济组织报经原批准用地的人民政府批准，可以收回土地使用权。目前在司法实务界都倾向性认为旧村改造属于集体公共利益，在签约率达到90%及以上之后，可以以旧村改造需要土地为由收回宅基地。

旧村改造的启动须经全体村民的改造意愿表决，表决通过之后才能由农村集体经济组织向相关政府部门申请将该村纳入城市更新年度计划。旧村改造是一项重大的民生工程，其根本目的是改善村民的居住环境，提高村民生活质量，符合该村绝大多数村民的利益诉求，具有集体公共利益属性，因此，因旧村改造需要收回宅基地使用权属于《土地管理法》第66条第1款第1项规定的为乡（镇）村公共设施和公益事业建设，需要使用土地的情形。

上述观点亦与最高人民法院的司法实例的裁判观点保持一致。根据（2020）最高法行申14361号行政裁定书以及（2020）最高法行申13069号行政裁定书的裁判观点，其认为案涉的农村集体经济组织提供的相关材料证明该村的旧村改造范围内绝大部分村民已自愿签订《拆迁补偿安置协议》并交回宅基地使用权，村民签约率达到了90%，由此可见，案涉旧村改造项目体现了绝大多数村民的意愿，符合绝大多数村民的利益。因此，认定案涉旧村改造符合《土地管理法》第66条第1款第1项规定的农村集体经济组织可单方申请收回宅基地使用权的规定。

五、行政裁决措施

（一）适用该措施的背景介绍

2019年8月28日广东省人民政府出台了《广东省人民政府关于深化改革加快推动"三旧"改造促进高质量发展的意见》(以下简称71号文)。除在规划管理、审查报批、用地成本等方面提出创新举措或优惠措施之外，71号文最引人热议的当属其中第16条规定的"行政裁决"制度。根据71号文的第16条，多数原权利主体同意改造，少数原权利主体不同意改造的，按照《土地管理法》及其相关条例、《国有土地上房屋征收与补偿条例》相关规定处理，法律法规没有规定的，可积极探索政府裁决。符合农村集体经济组织以及不少于2/3的村民或户代表已签订拆迁补偿安置协议的情况，原权利主体（多数签约村民）可向项目所在地县级以上人民政府申请裁决拆迁补偿安置协议的合理性，并要求限期搬迁。对政府裁决不服的，可依法申请行政复议或提起行政诉讼。当事人在法定期限内不申请行政复议或提起行政诉讼且不履行裁决的，由作出裁决的人民政府申请人民法院强制执行。根据71号文第16条表述的条件，已实施的旧村改造项目，只要达到2/3以上权利主体签署拆迁安置补偿协议，那么，该旧村改造项目已基本符合申请"政府裁决"的条件。该政策显然是为应对近年来"小部分业主"（俗称"留守户"）利用现有法律制度企图拖延拆迁进度以谋求个人利益而损害了公共利益这一情形应运而生的。

（二）提起行政裁决的先决条件

根据71号文第16条规定，对由市场主体实施且"三旧"改造方案已经批准的拆除重建类改造项目，特别是原有建筑物存在不符合安全生产、城乡规划、生态环保、建筑结构安全、消防安全要求或妨害公共卫生、社会治安、公共安全、公共交通等情况，原权利主体对拆迁补偿安置协议不能达成一致意见，符合以下分类情形的，原权利主体均可向项目所在地县级以上人民政府申请裁决拆迁补偿安置协议的合理性，并要求限期搬迁。

（1）土地或地上建筑物为多个权利主体按份共有的，占份额不少于2/3的按份共有人已签订拆迁补偿安置协议。

（2）建筑物区分所有权的，专有部分占建筑物总面积不少于2/3且占总人数不少于2/3的权利主体已签订拆迁补偿安置协议。

（3）拆除范围内用地包含多个地块的，符合上述规定的地块总用地面积应当不少于拆除范围用地面积的80%。

（4）属于旧村庄改造用地，农村集体经济组织以及不少于2/3的村民或户代表已签订拆迁补偿安置协议。

对政府裁决不服的，可依法申请行政复议或提起行政诉讼。当事人在法定期限内不申请行政复议或提起行政诉讼且不履行裁决的，由作出裁决的人民政府申请人民法院强制执行。

（三）行政裁决的实例

根据笔者对广州市旧村改造领域行政裁决案例的检索发现，南沙区金洲经济联合社于2019年12月29日向已签约村民发起了关于“是否同意将未签约安置补偿协议的村民提请南沙区人民政府裁决的”表决，该案系广州市第一例旧改行政裁决案。但是截至本书出版之日，笔者并未在相关新闻网站上追寻到该行政裁决结果的信息。根据相关新闻咨讯，据了解，金洲、冲尾村的签约率已达到100%，复建区范围内的房屋也已经全部拆卸完毕。

（四）实行行政裁决的法律思考

首先，行政裁决依赖司法强制保障。人民法院在审理不服行政裁决引起的行政诉讼以及行政机关申请司法强制执行的案件中，对政府行政行为的合法性审查需要有明确的可引用的法律适用依据。然而，从法律位阶层面来看，71号文仅仅属于省政府规范性指导文件，不具有直接的司法拘束力，法院在裁判相关行政案件时无法直接适用。

其次，行政裁决制度目前并无统一立法。根据中共中央办公厅、国务院办公厅印发的《关于健全行政裁决制度加强行政裁决改造的意见》，要适时推进行政裁决统一立法，以法律或者行政法规的形式对行政裁决制度进行规范。而且，《立法法》第73条也特别规定，除《立法法》第8条规定的法律保留事项外，其他事项国家尚未制定法律或者行政法规的，省、自治区、直辖市和设区的市、自治州根据本地方的具体情况和实际需要可以先制定地方性法规。因此，笔者认为71号文的性质系省政府规范性指导文件，没有权力规定“行政裁决”的相关事项，71号文第16条的合法性有待商榷。

最后，少数权利人的合法财产权利应该受到《民法典》物权编等相关法律的保护，对公民的合法财产权益进行限制应当经过法定程序。根据我国《立法法》第82条的规定，地方政府规章不得设定减损公民、法人和其他组织权利或者增加其义务的规范。那么，举重以明轻，71号文的性质为省政府规范性指导文件，在法律位阶上尚不属于地方政府规章，因此在没有上位法依据时不得直接设定减损公民权利或增加义务的规范。

附：本章涉及的实用文书范本

序号	文书名称
1	拆迁补偿安置补充协议（签一留一）
2	公告（停发临迁费及暂停摇珠资格）
3	通知（停发临迁费及暂停摇珠资格）
4	修改村组织章程的表决决议
5	取消成员资格及停发分红的决议
6	取消成员资格及集体收益分红权的公告
7	收回宅基地使用权的表决决议
8	收回宅基地使用权的公告
9	行政裁决申请书
10	证据清单（适用行政裁决）

文书范本

拆迁补偿安置补充协议

甲方:(项目实施主体)
法定代表人:
统一社会信用代码:
联系地址:
联系方式:

乙方:
身份证号码:
联系地址:
联系方式:
电子邮箱:

乙方委托代理人:
身份证号码:
联系地址:
联系方式:
电子邮箱:

鉴于:

甲乙双方已于××××年××月××日就乙方位于×××××××××的被拆迁房屋(以下简称签约房屋)签署了《拆迁补偿安置协议(私宅)》(合同编号:×××××××××),以下简称原协议)现双方就原协议未尽事宜达成如下条款,以资共同遵守:

一、在××旧村改造范围内,乙方确认除原协议的签约房屋以外乙方还拥有以下房屋的全部或者部分产权(若乙方仅拥有房屋的部分产权时,需明确注明拥有的房屋份额):×××××××××号房屋,拥有××份额;×××××××××号房屋,拥有××份额……

二、在××旧村改造范围内,乙方确认除原协议签约房屋以外乙方就以下房屋的产权或部分产权与其他第三人存在争议(若乙方与其他第三人就房屋的部分产权存在争议时,需明确注明争议的房屋份额以及权属争议的处理进度):×××××××××号房屋,拥有××份额,争议处理进度为×××××××××;×××××××××号房屋,拥有××份额,争议处理进度为×××××××××……

三、乙方同意并确认自本协议签订之日起××日内就本协议项下第1条约定的乙方拥有全部产权的房屋的拆迁补偿安置事宜按照《广州市××区××村旧村改造拆迁补偿方案》的补偿标准与甲方签订《拆迁补偿安置协议(私宅)》。

四、根据本协议第1条,若存在乙方仅拥有房屋的部分产权的情形且该房屋的其他合法产权人愿意与甲方签订《拆迁补偿安置协议(私宅)》时,乙方保证无条件配合甲方就该房屋的拆迁补偿安置事宜按照《广州市××区××村旧村改造拆迁补偿方案》的补偿标准与甲方签订《拆迁补偿安置协议(私宅)》。

五、乙方保证积极自主解决以及积极配合甲方解决本协议项下第2条涉及的相关房屋的产权争议。若该房屋的产权争议已被解决时,乙方保证自解决之日起××个工作日无条件配合甲方就该房屋的拆迁补偿安置事宜按照《广州市××区××村旧村改造拆迁补偿方案》的补偿标准与甲方签订《拆迁补偿安置协议(私宅)》。

六、乙方保证乙方已完全向甲方申报完毕乙方在××旧村改造范围内拥有的全部房屋(包括乙方拥有全部产权、部分产权以及与其他第三人存在争议的房屋,具体详见本协议第1~2条)。若乙方违反本协议约定造成甲方损失的,乙方自愿承担全部法律责任。

七、乙方违反本协议第3条、第4条或者第5条的约定且乙方按原协议约定拥有至少一套回迁安置房的,乙方同意甲方按照以下条款执行且甲方对此不承担任何违约责任：

1.甲方有权停止向乙方发放原协议约定的临迁费，临迁费停止发放期间自乙方违约之日起至乙方履行完毕本协议约定的全部义务之日止，且该停止期间本应当发放给乙方的临迁费甲方不予补足；

2.甲方有权视情况延缓交付按原协议约定应当交付给乙方的全部或者部分回迁安置房，且该延缓交付期间甲方不向乙方支付任何临迁费；

3.经甲方两次以上书面催告乙方履行本协议约定的义务而乙方仍旧不履行的，甲方有权不向乙方交付原协议约定的本应交付的回迁安置房（或约定甲方有权迟延乙方参与摇珠选房的时间）。

八、乙方违反本协议第3条、第4条或者第5条的约定且乙方按原协议约定全部弃产（乙方不拥有回迁安置房）的，乙方同意甲方按照以下条款执行且甲方不承担任何违约责任：

1.乙方同意每天向甲方支付人民币×万元作为违约金，违约金支付期间自乙方违约之日起至乙方履行完毕本协议约定的全部义务之日止。

2.经甲方两次以上书面催告乙方履行本协议约定的义务而乙方仍旧不履行的，甲方有权向乙方追回按原协议约定支付给甲方的全部拆迁补偿款。

九、乙方违反本协议的约定的，应当承担甲方为实现本协议权益而支付的所有费用，该费用包括但不限于诉讼费、律师费、财产保全费、保函费和所有其他应付合理费用。

十、甲乙双方应当对本协议以及在本协议履行过程中知悉的相关信息履行保密义务，不得以任何形式向其他第三方泄露或披露。若任何一方违反保密义务，其导致的一切损失由违约方自行承担。

十一、甲乙双方同意并确认因本协议引发的纠纷应尽量协商解决，协商解决不成的，双方均有权向项目所在地人民法院提起诉讼。

十二、本协议作为原协议不可分割的一部分，与原协议具有同等的法律效力。本协议与原协议有冲突的，以本协议为准，未在本协议中约定的其他条款均保持不变，以原协议为准。

十三、本协议一式×份，甲方执×份，乙方执×份，本协议自双方签署后即发生法律效力。

（以下无正文）

甲方（盖章）：

乙方（签字按捺）：

乙方代理人（签字按捺）：

签订时间：　　年　　月　　日

签订地点：广州市　　　区

停发临迁费及迟延摇珠选房的公告

尊敬的各位××村村民：

截至目前，××村旧村改造工作取得了可喜进展，整体签约率已突破××%，整体拆卸率已超过××%，仅剩极少数私宅尚未签约。

由于个别村民存在“一户多宅、签一留一”情况，影响××村旧村改造项目整体进程。根据《拆迁补偿安置协议（私宅）》、《拆迁补偿安置补充协议（私宅）》或《产权人承诺书》的约定，现通知各位村民应在××××年××

月××日之前到签约中心就名下所有被拆迁房屋完成签约。否则,××公司将对未在前述限定期限内完成签约的村民,采取停发其已签约的被拆迁房屋的临迁费及迟延其参与摇珠选房的时间的处理措施。希望××村村民早签约、早回迁,实现“新居梦”。

特此公告!

广州市××区××股份经济联合社/经济合作社

××××年××月××日

停发临迁费及迟延摇珠选房的通知

尊敬的×××先生/女士:

根据阁下与我司于××××年××月××日签订的《拆迁补偿安置协议(私宅)》、《拆迁补偿安置补充协议(私宅)》或《产权人承诺书》的约定,阁下应于××××年××月××日之前到签约中心就名下所有被拆迁房屋完成签约,否则我司将于××××年××月××日起停发阁下已签约的被拆迁房屋的临迁费并迟延阁下参与摇珠选房的时间,直至阁下完成名下全部被拆迁房屋的签约及房屋移交手续为止。

早日回迁是××村村民的全体心愿,我司亦希望早日为××村建设现代化与××村传统文化相结合的新住宅,为此,我司需要××村每一位村民的通力合作,共同建设美好××村,实现××村的“新居梦”。

特此通知!

××公司(项目实施主体)

××××年××月××日

关于修改××村组织章程的表决决议

目前，我社正在大力推进本村旧村改造项目，我社已经取得了可喜的进展，私宅签约率已达××%，现仅剩极少数成员尚未签约搬迁。现因为这些屋主的行为，严重阻碍了我社旧村改造项目的正常进程，严重影响了复建安置地块的回迁安置房建设，为了保障我社成员的合法权益，顺利启动复建安置地块上的回迁安置房建设，让我社成员早日住上回迁安置房，现根据我社现行有效的组织章程的第×条规定，对我社的组织章程当中的第×条及第×条进行修改。

广州市××区××街××股份经济联合社的集体成员/集体成员代表将对组织章程中的如下修改内容进行表决决议：

一、在原组织章程第×条（关于成员资格认定的条款）中增加一款内容："成员若不配合本村旧村改造，视为未履行本组织章程规定义务，本村集体经济组织有权通过民主表决程序取消其成员资格。"

二、在原组织章程第×条（关于集体收益分配制度的条款）中增加一款内容："如成员不配合本村旧村改造的，本村集体经济组织有权通过民主表决程序取消其享有的集体收益分红权。"

以上决议自表决通过之日起公示××日，公示期满生效。

到会的××村集体成员/集体成员代表签名并按捺：

同意以上两项事项的××村集体成员/集体成员代表签名并按捺：

广州市××区××股份经济联合社/经济合作社

××××年××月××日

关于取消成员资格及集体收益分红的表决决议

目前，我社正在大力推进本村旧村改造项目，我社已经取得了可喜的进展，私宅签约率已达××%，仅剩极少数成员尚未签约搬迁。现因为这些屋主的行为，严重阻碍了我社旧村改造项目的正常进程，严重影响了复建安置地块的回迁安置房建设，为了保障我社成员的合法权益，顺利启动复建安置地块上的回迁安置房建设，让我社成员早日住上回迁安置房，现根据我社现行有效的组织章程的第×条、第×条规定，广州市××区××街××股份经济联合社的集体成员/集体成员代表将对如下内容进行表决决议：

一、取消×××，×××，×××，×××的成员资格；

二、自本决议生效之日起，取消×××，×××，×××，×××的集体收益分红权。

以上决议自表决通过之日起公示××日，公示期满生效。

到会的××村集体成员/集体成员代表签名并按捺：

同意以上两项事项的××村集体成员/集体成员代表签名并按捺：

广州市××区××股份经济联合社/经济合作社

××××年××月××日

取消成员资格及集体收益分红权的公告

致××村旧村改造项目实施范围内的全体村民：

"早签约、早回迁"是××村全体村民的共同心愿！早日完成××村改造符合××村广大村民的根本利益，××村旧村改造项目全面完成后，广大村民的集体分红将大幅度提升，目前本村的私宅签约率已达××%，这表明本村的《拆迁补偿安置方案》中规定的补偿标准得到绝大多数村民的认可，保障了广大村民合法的受补偿权益。自××村旧村改造项目取得××区人民政府的正式批复之日起至今已满×年，如果不能按时完成私宅签约工作(私宅签约率达到100%),那么将严重影响本村旧村改造项目的正常进程,导致大部分村民的个人合法利益以及本村集体收益受损。鉴于此,我社于××××年××月××日召开成员大会/成员代表大会就违反本村组织章程、拒不配合本村旧村改造的部分成员的相关处理事宜,进行是否同意取消部分成员资格及取消部分成员的集体收益分红权的表决。经成员大会/成员代表大会表决,以高达××%的表决同意率同意取消以下村民的成员资格以及集体分红。

附件:《被取消成员资格以及集体分红的村民名单》(略)。

特此公告!

广州市××区××股份经济联合社/经济合作社

××××年××月××日

关于收回××村旧村改造范围内未签约产权人占用的集体土地使用权的表决决议

目前,××村旧村改造项目的私宅签约率已经超过××%,仅剩极少数村民尚未签署《拆迁补偿安置协议(私宅)》。现因为上述村民的行为,严重阻碍了本村旧村改造项目的进程,影响了复建安置地块的回迁安置房建设,为了××村广大村民的个人合法权益以及集体权益,顺利启动回迁安置房建设,让××村广大村民早日住上回迁安置房,我社的集体成员/成员代表表决如下决议:

一、要求本村改造范围内所有未与××××公司(项目实施主体公司)签订《拆迁补偿安置协议(私宅)》的村民必须在××××年××月××日前完成签约并移交被拆迁房屋给××××公司,由××××公司严格按照《××村改造拆迁补偿方案》的补偿标准对他们进行补偿和安置。

二、对于××××年××月××日后仍未完成签约和搬迁的村民,我社将通过民主表决程序表决收回前述产权人占用的集体土地使用权用于××

村旧村改造，以加快建设回迁安置房，全面完成××村旧村改造，实现××村全体村民的“新居梦”。

以上决议自表决通过之日起公示××日，公示期满生效。

到会的××村集体成员/集体成员代表签名并按捺：

同意以上两项事项的××村集体成员/集体成员代表签名并按捺：

广州市××区××股份经济联合社/经济合作社

××××年××月××日

关于收回××村旧村改造范围内集体土地使用权的公告

致××村改造范围内的全体村民：

《土地管理法》第66条规定，为乡（镇）村公共设施和公益事业建设，需要使用土地的，农村集体经济组织报经原批准用地的人民政府批准，可以收回集体土地使用权。我社根据上述法律规定于××××年××月××日就收回××村改造范围内集体土地使用权事宜召开成员大会/成员代表大会进行民主表决决议，经表决，以高达××%的表决同意率同意收回××村改造范围内集体土地使用权。××××年××月××日，经报××区人民政府批准，我社正式取得了《关于申请收回××村改造范围内集体土地使用权的批复》（文号为：××××），根据该批复，××区人民政府同意我社收回××村改造范围内集体土地使用权。

现我社函告各位村民，我社已正式收回××村改造范围内集体土地使用权。

广州市××区××股份经济联合社/经济合作社

××××年××月××日

行政裁决申请书

申请人:广州市××区××街××股份经济联合社/经济合作社

负责人:

联系地址:

联系方式:

被申请人(未签署拆迁补偿安置协议的被拆迁人):

身份证号码:

联系地址:

联系方式:

申请事项:

请求裁决被申请人在裁决生效之日起××日内搬迁、腾空并向申请人交付位于×××(穗集地证字第×××号)的房屋。

事实与理由:

××××年××月××日,《××村城中村改造方案》(以下简称《改造方案》)经广州市"城中村"改造领导小组审议通过(见证据一)。××××年××月××日,《××村拆迁补偿安置方案》(以下简称《补偿方案》)经××村集体经济组织成员代表大会表决通过(见证据二),之后××村城中村改造项目(以下简称本项目)启动全面签约工作。

××××年××月××日,广州市××区人民政府发布××号《广州市××区人民政府关于××村城中村改造的通告》,确认本项目范围内同意《补偿方案》的居民户数已超过改造范围内总户数的80%,同意本项目进入动迁和安置房复建阶段,改造范围内的单位和个人应当顾全大局,积极支持和配合改造工作,不得无理阻挠改造工作的开展(见证据三)。

××××年××月××日,××区人民政府作出××号《关于申请收回××村改造范围内集体土地使用权批复》,批准申请人有权收回包括涉案宅基地在内的××村"城中村"改造红线范围内集体土地使用权，要求尽快完成拆迁工作(见证据四)。

自本项目××××年启动动迁拆迁工作至××××年××月××日止，本项目集体经济组织及2/3以上村民或户代表已经签订了《××村拆迁补偿安置协议》(以下简称《拆补协议》)(见证据五)。

截止本申请提起之日，被申请人一直未与申请人就补偿安置协议达成一致意见并签订《拆补协议》。

申请人认为:《土地管理法》第66条第1款规定，为乡(镇)村公共设施和公共事业建设，需要使用土地的，农村集体经济组织经原批准用地的人民政府批准，可以收回土地使用权。申请人基于××村得到实惠，村集体经济组织得到壮大、改造区域环境面貌得到提升、历史人文景观得到保护的目的，提出了收回村民宅基地使用权、整体进行改造的《改造方案》和《补偿方案》，上述方案符合××村民的整体利益，亦不损害宅基地使用权人的合法权益；且经××区、广州市两级人民政府的批准同意实施；作为涉案宅基地使用权的原批准用地机关，××区人民政府亦同意并批准申请人收回涉案宅基地。因此，申请人有权收回涉案宅基地使用权。因土地与地上建筑物是不可分割的，涉案宅基地使用权被收回后，被申请人所使用的地上建筑物亦应一并交给申请人，申请人承诺保障被申请人享有已签约村民的拆补条件。

综上，申请人现特依据《土地管理法》第16条、第66条，《广东省人民政府关于深化改革加快推动"三旧"改造促进高质量发展的指导意见》(粤府〔2019〕71号)第16条规定提请本申请，恳请贵府查明事实，依法裁决支持申请人的申请为盼。

广州市××区××股份经济联合社/经济合作社

××××年××月××日

证据清单

序号	证据名称	证明事实
1	《××旧村改造实施方案》	××村依法纳入旧村改造范围并于××××年××月××日取得××区政府的批复
2	《××区人民政府关于××旧村改造实施方案的批复》	
3	《××旧村拆迁补偿安置方案》	《××旧村拆迁补偿安置方案》依法经居民代表、股东代表表决通过
4	广州市××区人民政府××街道办事处《证明》(成员大会、成员代表大会名单)	
5	广州市××区人民政府××街道办事处《证明》(表决结果)	
6	××××年××月××日,《××旧村拆迁补偿安置方案》表决的会议纪要及会议记录	
7	××号《广州市××区人民政府关于××村城中村改造的通告》	××旧村改造范围内同意《××村改造拆迁补偿方案》并已签订补偿安置协议的居民户数已超过80%
8	××号《广州市××区人民政府关于××旧村改造的通告》	
9	××号《关于申请收回××村集体土地使用权批复》	××区政府批准申请人收回涉案宅基地房屋上的集体土地使用权用于城中村改造工程
10	《情况说明》	自本项目××××年启动动迁拆迁工作至××××年××月×× 日止,本项目集体经济组织及2/3以上村民、户代表已经签订了《××村改造拆迁补偿安置协议》

申请人:广州市××区××股份经济联合社/经济合作社

××××年××月××日

第九章　旧村改造后期之拆迁阶段

一、拆迁阶段的基本概览

（一）拆迁启动的背景介绍

被拆迁人与项目实施主体签订《拆迁补偿安置协议（私宅）》，并移交被拆迁房屋给项目实施主体后，项目实施主体不能立即当然地拆除该房屋，而应当按照广州市城市更新相关政策的规定对被拆迁房屋进行有序拆除。为保障拆除工作顺利进行，项目实施主体应当聘请有资质的专业拆除公司进行拆除作业。根据《广州市旧村庄全面改造成本核算办法》第3条的规定，拆除费用是可以纳入改造成本核算的。在拆迁过程当中，为避免侵害他人财产、造成人员伤亡致使项目实施主体承担民事赔偿责任甚至刑事责任，项目实施主体应当审慎进行拆迁工作，保证合法合规开展拆迁工作，全程对每一栋房屋的具体拆迁行为进行监督，同时做好相应证据保全工作，避免后续不必要的争议。

（二）拆迁启动的法律依据

根据广州市人民政府办公厅发布的《广州市旧村庄更新实施办法》（穗府办〔2015〕56号）第22条规定，项目实施方案审批确定后，区政府组织村集体签订补偿安置协议。对于住宅房屋可分期签订补偿安置协议，每一期应当达到80%以上权属人签约后方可启动房屋拆除工作。以及第31条规定，旧村庄改造拆迁补偿安置工作应当遵循“先安置、后拆迁”的原则。村集体给予补偿后，被拆迁人应当在补偿协议约定或者补偿决定确定的搬迁期限内完成搬迁。改造过程中要先行启动安置房建设，在保证工程质量的前提下，加快项目建设，及时妥善安置动迁村民。任何单位和个人不得采取暴力、威胁或者违反规定中断供水、供热、供气、供电和道路通行等非法方式迫使搬迁。

禁止建设单位参与拆迁活动。发生重大恶性事件的，严肃查处并追究责任。由此可知，旧村改造下的拆迁工作的启动也有严格的启动限制条件以及启动程序。

（三）启动房屋拆迁的节点限制

根据上述规定，旧村改造项目的每一期地块启动房屋拆除工作的节点限制为该地块上达到80%以上权属人签约并向被拆迁人实际支付相应拆迁补偿款，此后项目实施主体才能申请《改造通告》（本项目所属区政府同意项目启动拆迁工作的复函），并在取得《改造通告》后启动拆迁工作。政策制定者考虑到整片拆迁更有助于有序展开房屋拆卸工作，并能将对该地块上的被拆迁人的不利影响降到最低，整体拆迁相较于个别拆迁行为而言能够降低对未签约的被拆迁房屋的侵害。在笔者的旧村改造实务经验中，项目实施主体为了尽快推进本项目的进程，可能在与被拆迁人签约并支付相应拆迁补偿安置权益后，未取得《改造通告》就已经开始房屋的拆除工作，存在较大的法律风险。

二、拆迁工作的具体安排

（一）拆迁工作的具体流程

在同一地块上已签约并移交的被拆迁房屋达到80%以上且项目实施主体取得改造通告后，项目实施主体可通知拆迁公司启动房屋拆除工作，拆迁公司进行拆迁工作时应该制定具体的拆除工作流程以确保拆除工作的合理性，避免拆除工作中发生人身安全和财产安全事故。

一般来说，旧村改造进程中的拆迁流程环节大致如下。

第一环节：项目实施主体向拆迁公司移交被拆迁房屋的测量报告、钥匙等，以便拆迁公司的工作人员进入被拆迁房屋进行实地勘察，确定拆除方案。

第二环节：拆迁公司将拆除方案报备给项目实施主体，确定拆除的时间及采用的拆除方式（如推倒拆除、爆破拆除等）。

第三环节：拆迁公司应当根据拆除方案所辐射的影响范围进行施工安

全防护，如在通向被拆迁房屋的道路上设置临时路障进行临时封路并在各通道加派安全员进行巡逻，在被拆迁房屋周边架设临时围蔽等。

第四环节：拆迁公司在进行拆除工作前，不仅应当确保本次拆除的房屋内没有任何人员滞留，而且应当确保本次拆除所辐射的影响范围内的房屋内没有任何人员滞留。如拆迁公司已有房屋钥匙的，应当安排工作人员在拆除工作开始前进入房屋确认每一层均无人员滞留；若房屋尚未签约移交房屋钥匙的，拆迁公司应当安排工作人员提前采取书面通知、敲门通知、喇叭通知等方式，通知屋内人员在拆除工作进行时离开房屋，以确保相关人员的人身安全。

另外，为避免后续出现争议，建议拆迁公司对其进行施工安全防护和拆迁通知的全过程进行录音录像作为证据留存。

（二）拆迁服务合同的拟定要点

1.制定背景

根据《广州市旧村庄全面改造成本核算办法》（穗建规字〔2019〕13号）第3条规定，拆除费用可以纳入旧村庄全面改造成本，因此项目实施主体必须与拆迁公司签订书面的拆迁服务合同，另外由于旧村改造拆除工程量浩大、拆除持续时间长、拆除服务费数额巨大，从这一角度来说，项目实施主体也必须与拆迁公司订立条款详尽的书面服务合同，以避免后续拆除过程中的相关争议。

一般来说，项目实施主体与拆迁公司之间的争议大致分为以下几个类型，一是对拆除工程量约定不明的争议，二是拆除工程款支付条件是否成就的争议，三是因第三方原因导致的侵权纠纷争议，四是关于合同履行期限约定不明的争议。

因此，在制定拆迁服务合同时，项目实施主体应当尽可能明晰工程量、工程款、工程期限等关键性内容，并尽量避免合同条款约定不明而导致的不利后果。

2.签订主体

甲方为项目实施主体,乙方为拆迁公司。

在本村旧村改造项目实施前期,为了财务付款便利,部分合作企业会以自身名义与拆迁公司签订拆迁服务合同,但需要特别注意的是,为了使拆除服务费用顺利纳入改造成本,拆迁服务合同的签订主体必须是区城市更新局已确认的项目实施主体。如果拆迁服务合同的签订主体一方不是项目实施主体,则需要通过合同主体变更的方式,使拆除服务费用纳入改造成本。

3.协议内容

通常情况下,《拆迁服务合同》应当包含以下内容:鉴于部分、项目概况、拆迁范围及拆迁工作内容、服务合同费用及支付方式、甲方的权利义务、乙方的权利义务、违约责任、通知及送达条款、争议解决条款、生效条款、其他条款。

(1)鉴于部分

指引:鉴于部分包括双方的合同地位以及本合同的订立目的等内容。

(2)项目概况

指引:项目概况以区政府关于本村旧村改造实施方案批复确认的用地范围为准。

(3)拆迁范围及拆迁工作内容

指引:拆迁范围包括改造范围内须拆迁的全部待拆迁房屋(详细列明私宅的栋数、集体物业的栋数、集资楼的栋数、小产权房的栋数)以及拆迁总面积;拆迁工作内容包括移交房屋后的安全管理、具体的拆除作业工作、拆迁进度的汇报等内容。

顾问提示

第一,关于拆迁数据的动态更新。项目实施主体与拆迁公司签订拆迁服务合同时所统计的被拆迁房屋数据并不一定完全准确,甚至在旧村改造项目改造实施过程中,被拆迁房屋数据也可能出现偏差(如被拆迁房屋自然灭失或被拆迁人擅自违法加建等),因此有必要约定“本合同中被拆迁房屋的数据可根据测绘机构出具的测绘结果进行实时更新”的类似表述。

第二,关于拆迁财产利益的处理。一般来说,被拆迁房屋在拆除前述存在两种类型的财产利益,一种是房屋的建筑材料以及门窗等主体设施,另一种是被拆迁人遗留在被拆迁房屋内的可移动可拆卸的个人物品如沙发、桌椅等。根据被拆迁人与项目实施主体签订的《拆迁补偿安置协议》的约定,被拆迁房屋一旦由被拆迁人移交至项目实施主体后,被拆迁房屋上存在的上述两种财产利益皆由项目实施主体享有,此时,项目实施主体可根据实际情况予以灵活处理。如果项目实施主体认为被拆迁房屋的上述两种财产利益具有回收利用的必要性,则可以在本服务合同中与拆迁公司协商确定上述财产利益的具体处理方式,例如:处理方式一,由项目实施主体直接委托拆迁公司代为处理,而拆迁公司在扣除必要的处理费用后应将上述财产利益变卖所得的利益全数交还给项目实施主体;处理方式二,由项目实施主体对接一个第三方处理公司,要求拆迁公司将上述两种财产利益直接移交至第三方处理公司,由第三方处理公司进行变卖。

(4)服务合同费用及支付方式

指引:本条包括服务费用的支付标准(可约定以固定总价的方式进行包干,也可约定根据服务项目分项计费)、支付方式以及支付条件等内容。

(5)甲乙双方的权利义务

指引:甲方的权利义务包括按约支付服务费用、监督乙方按约完成拆迁工作等内容;乙方的权利义务包括确保相关拆迁作业人员都有资质、对被拆迁房屋进行安全管理、严格按本合同约定的工期和要求完成全部拆迁等内容。

顾问提示

在拆迁过程中，因拆迁公司工作人员的拆迁过错可能导致第三人人身或财产损害，此时受损害的第三人有权向项目实施主体主张损害赔偿责任，届时项目实施主体向第三人支付相应损害赔偿金后，可根据其与拆迁公司签订的《拆迁服务合同》的相关责任界定的约定要求拆迁公司承担相关法律责任。

（6）违约责任

指引：甲方的违约责任主要包括逾期付款的违约责任；乙方的违约责任主要为未按工期完成拆迁工作的违约责任。

（三）拆迁工作的实务概览

1.拆迁工作的法律依据

一般来说，拆迁工作需遵守《建筑法》、《安全生产法》、《环境保护法》《安全生产许可证条例》、《建设工程安全生产管理条例》、《建设工程质量管理条例》、《工程建设标准强制性条文》、《房屋拆迁施工现场防治扬尘污染管理规定》、《建筑拆除工程安全技术规范》（JGJ 160−2016）、《建筑机械使用安全技术规程》（JGJ33−2012）等法律法规以及建设行政主管部门颁布的相关配套规范文件。

2.旧村改造拆迁工作的特点

旧村改造拆迁工程为连片老旧建筑物的整体拆除，拟拆除建筑物与非拆除建筑物之间的距离较近，因此拆迁工程的安全防护要求较高。此外，拆迁工程所产生的余泥渣土垃圾外运问题也是旧村改造拆迁工作中亟待解决的重要问题。机械作业、临边防护、施工区的临时设施防护、环保施工是旧村改造项目中安全文明施工的重点，因此，拆迁公司需要编制详细的拆迁施工方案指导拆迁施工，同时，在施工过程中，拆迁公司也要注意与村民协调关系，保证生产、施工的安全以及道路交通的畅通。

3.拆迁工作的总体措施

措施一：本项目的项目经理必须对旧村改造拆迁工程的施工安全负全

面领导责任。项目部应按有关规定设专职安全员，检查落实各项安全技术措施。

措施二：拆迁公司应全面了解拆除工程的图纸和资料并同步进行现场勘察，编制组织施工设计方案以及安全专项施工方案。

措施三：拆迁工程施工区域应设置硬质封闭围挡及醒目警示标志，围挡高度通常不应低于1.8米，非施工人员不得进入施工区。当临街的被拆除房屋与交通道路的安全跨度不能满足要求时，必须采取相应的安全隔离措施。

措施四：拆迁工程必须制定施工安全事故应急救援预案。

措施五：拆迁公司应为从事拆除作业的人员办理意外伤害保险。

措施六：拆除施工严禁立体交叉作业。

措施七：作业人员使用手持机具时，严禁超负荷或带故障运转。

措施八：楼层内的施工垃圾，应采用封闭的垃圾道或垃圾袋运下，不得向下抛掷。

措施九：根据拆迁工程施工现场作业环境，应制定相应的消防安全措施。施工现场应设置消防车通道，保证充足的消防水源，配备足够的灭火器材。

4.拆迁工作的注意事项

第一，正式拆除房屋前，拆迁公司负责处理完成影响拆迁工程安全施工的各种管线的切断、迁移工作。当建筑外侧有架空线路或电缆线路时，应与有关部门取得联系，采取防护措施，确认安全后方可施工。当拆迁工程对周围相邻建筑的安全可能产生危险时，拆迁公司须采取相应的保护措施，对建筑内的人员进行有序撤离安置。

第二，拆迁公司需制定详细的拆卸现场及周边设备设施、管道及周围建筑物、行人、车辆、树木的保护方案，并在作业时严格落实该保护方案。

第三，在拆除工程作业时，作业人员发现不明物体（如化石、钱币、瓷器、古建筑结构以及其他文物或遗物），应立即停止施工，采取相应的应急措施并采用封锁的方式保护现场，并及时向有关部门报告。

(四)强制拆迁涉及的法律风险

旧村改造项目实施拆迁过程中的各参与方要坚持“先安置,后拆除”的原则,如项目实施主体未与被拆迁人订立《拆迁补偿安置协议》,而拆除方(可能为项目实施主体、拆迁公司、经济联合社、经济合作社)直接对被拆迁人的房屋进行强制拆迁行为,视该行为的情节恶劣程度,拆除方应承担相应刑事责任或民事侵权责任,可能涉及的法律风险并承担的法律责任具体如下:

1.刑事责任

(1)故意毁坏财物罪

如在拆迁过程中,采用强制推倒房屋、打砸玻璃、断水断电等手段,对房屋以及房屋内财物进行损毁的,按照《刑法》第275条的规定,该行为构成故意毁坏财物罪,应承担故意毁坏财物罪的刑事责任。

(2)非法拘禁罪,非法侵入住宅罪

如在拆迁过程中,采用非法限制公民人身自由、非法侵入他人住宅等手段,限制被拆迁人人身自由、非法侵入被拆迁房屋,强制拆除房屋的,按照《刑法》第238条、第245条的规定,构成非法拘禁罪、非法侵入住宅罪,应承担非法拘禁罪、非法侵入住宅罪的刑事责任。

(3)聚众扰乱公共场所秩序、交通秩序罪

如在拆迁过程中,采用堵门等手段扰乱社会秩序、公共场所秩序、交通秩序的,应当按照《刑法》第290条第1款、第291条的规定,构成聚众扰乱公共场所秩序、交通秩序罪,应承担聚众扰乱公共场所秩序、交通秩序罪的刑事责任。

(4)故意杀人罪,过失致人死亡罪,故意伤害罪,过失致人重伤罪

如在拆迁过程中,不顾他人的生命健康权,采用殴打他人、强行推倒房屋等方式侵害他人实体权利,强行实施暴力拆迁,并已造成轻伤以上等后果的,属于故意或过失杀人、故意伤害行为。按照《刑法》第232~235条的规定,分别构成故意杀人罪、过失致人死亡罪、故意伤害罪、过失致人重伤罪。造成轻伤以下后果的,应当按照《刑法》第293条的规定按照寻衅滋事罪追究

其刑事责任。

（5）组织、领导、参加黑社会性质组织罪

如在拆迁过程中，采用骚扰、恐吓、偷袭甚至纵火等违法犯罪行为的非拆迁单位人员，尤其是被雇佣直接实施暴力拆迁行为的社会闲散人员，形成类似黑社会的拆迁组织，按照《刑法》第294条第1款的规定，构成组织、领导、参加黑社会性质组织罪。构成单位犯罪的，依法判处罚金，并追究单位主管人员和直接责任人员的刑事责任。

2.民事侵权责任

拆除方在强制拆迁过程中，造成他人人身或者财产损害的，应按照《民法典》第179条的规定承担具体的民事侵权责任，责任承担方式主要有以下几种：（1）停止侵害；（2）排除妨碍；（3）消除危险；（4）返还财产；（5）恢复原状；（6）赔偿损失；（7）赔礼道歉；（8）消除影响、恢复名誉。以上承担民事责任的方式，根据具体案件情况，可以单独适用，也可以合并适用。

另外，需注意，某些情形下，被拆迁人还可要求拆除方承担精神损害赔偿。《最高人民法院关于确定民事侵权精神损害赔偿责任若干问题的解释》第4条规定："具有人格象征意义的特定纪念物品，因侵权行为而永久性灭失或者毁损，物品所有人以侵权为由，向人民法院起诉请求赔偿精神损害的，人民法院应当依法予以受理。"与司法实践当中常有所闻的被遗失或损坏的老照片底片或者结婚录像光盘等相比，农村房屋的分量当然要重得多。侵权人的行为不仅使房屋本身被完全摧毁，还使房屋内其他物品的损失无法确定，这其中不乏可能存在"具有人格象征意义的特定纪念物品"。因此，司法实务中如法庭认为违法强拆农村房屋的行为符合上述规定，法庭可能支持被拆迁人要求拆除方承担精神损害赔偿的主张。

3.关于强制拆迁法律风险中民刑责任的区分

强制拆迁涉及众多刑事问题，其中最能直接追究刑责的是引用我国《刑法》第275条明确规定的故意毁坏财物罪，但该条款系对构成"故意毁坏财物罪"的高度概括，在房屋拆迁领域并不能起到直接明确的构罪指引。我国于2011年出台了《国有土地上房屋征收与补偿条例》，该条例第4章系统性地规定了行为人实施违法拆迁行为而产生的各项法律责任。该条例第31条规定:“采取暴力、威胁或者违反规定中断供水、供热、供气、供电和道路通行等非法方式迫使被征收人搬迁,造成损失的,依法承担赔偿责任;对直接负责的主管人员和其他直接责任人员,构成犯罪的,依法追究刑事责任;尚不构成犯罪的,依法给予处分;构成违反治安管理行为的,依法给予治安管理处罚。”根据上述法条可知,在房屋本身存在征收的情形下,拆迁施工方被追究刑事责任的行为属性中应当存在“暴力”行为属性或者与“暴力”行为属性相当的“威胁”或者“中断供水、供热、供气、供电和道路通行”等非法行为属性。鉴于目前没有针对旧村改造的专门立法,因此,实务中旧村改造可参考征收的规定,在旧村改造拆除过程中如果拆迁施工方采用平和的方式进行房屋拆除,并未造成任何相关人员受伤也未造成其他严重社会不良影响,笔者认为此种存在程序瑕疵的和平拆迁行为应当定性为民事侵权行为,而不宜认定为刑事犯罪行为。查阅全国各地相关司法判例,笔者发现法院判决中也体现了这一裁决思路。

附:本章涉及的实用文书范本

序号	文书名称
1	改造通告的申请书
2	拆迁服务合同

文书范本

关于××村旧村改造项目改造通告的申请

广州市××区人民政府：

××村旧村改造项目已符合申请核发改造通告的要求：

1.我社/我司已于××××年××月××日表决通过广州市××区人民政府批复的《广州市××区××村旧村改造实施方案》[批复文号：穗×府函(20××)××号]，表决通过率为××%，现批复已生效实施。

2.截至××××年××月××日，××村旧村改造项目累计签约私宅××××户[穗×府函(20××)××号中改造范围私宅总数××××户]，故签约率已经超过××%。

3.截至××××年××月××日，我社/我司已足额缴存复建安置监管资金。

我社/我司为加快××村旧村改造项目进度，恳请广州市××区人民政府核发广州市××区××街××村旧村改造项目改造通告。

请批示！

附件：

一、《广州市××区××村旧村改造实施方案》的表决情况表(略)；

二、已签约房屋位置图(CAD图)(略)；

三、复建安置监管资金存入证明[穗×更新函(20××)××号](略)。

广州市××区××股份经济联合社

经济合作社/××公司(项目实施主体)

××××年××月××日

广州市××区××村旧村改造项目拆迁服务合同

甲方:(项目实施主体)
法定代表人:
统一社会信用代码:
联系地址:
联系方式:

乙方:(拆迁公司)
法定代表人:
统一社会信用代码:
联系地址:
联系方式:

鉴于:

1.根据相关法律、法规、政策规定,广州市××区××街××股份经济联合社/经济合作社拟全面改造建设××村旧村改造项目(以下简称本项目),拟对××村旧村改造范围内的物业(包括私宅和集体物业)进行拆迁。广州市××区城市更新局已确认甲方作为本项目的实施主体。

2.乙方是依法成立的专业进行拆除作业的有限责任公司,为迅速推动本项目的拆迁工作,甲方决定委托乙方负责按本合同约定进行本项目的拆迁相关工作,甲方按本合同约定向乙方支付拆迁工作费用。

3.本合同甲、乙双方在平等、自愿的基础上,就本项目拆迁工作等相关事宜经充分协商后达成一致,特签订本合同,供甲、乙双方共同遵守执行。

第一条 本项目概况

本项目位于广州市××区××街道,改造范围规划总用地为××公顷,具体用地范围以《关于××村旧村改造实施方案的批复》(文号为:穗×府函〔20××〕××号)为准。

第二条 拆迁范围及拆迁工作内容

（一）拆迁工作范围

本合同拆迁工作的范围为项目用地范围内（详见《项目用地地块划分示意图》）须拆迁的全部待拆迁房屋（以下简称被拆迁房屋），主要为：私宅××××栋（××××万平方米）、集体物业××××栋（××××万平方米）、集资楼××××栋（××××套，××××万平方米）、小产权房（××××栋，××××万平方米）等，共计待拆迁的总建筑面积约××××万平方米（以下简称被拆迁房屋建筑面积）。

（二）拆迁工作的内容

1.按照甲方要求，在甲方与被拆迁人签订《拆迁补偿安置协议》并移交被拆迁房屋后，由乙方进行被拆迁房屋的安全管理。

2.腾空被拆迁房屋后，乙方负责对被拆迁房屋及其构筑物、附着物进行整体拆除（包括但不限于对被拆迁房屋建筑物、构筑物、附着物进行整体拆除，建筑垃圾外运，场地清理，土地平整至现状标高等）并将完成全部被拆迁房屋拆除、平整后的土地移交给甲方，由甲、乙双方签订《拆除完毕移交确认书》并对相关拆迁费用进行结算。

（三）拆迁工作完成进度要求

1.乙方应当根据附件《拆迁计划》中的要求按时完成拆迁进度。

2.甲方有权在附件《拆迁计划》框架内，对乙方的拆迁工作进行具体安排，乙方应予以全力配合，乙方拒绝配合的，甲方有权在乙方无任何合法理由拒绝配合情形下随时解除本合同。若甲方对附件《拆迁计划》有修改时，由甲、乙双方另行协商并签订补充合同确定各期拆迁工作的完成期限。

第三条 服务费用

1.甲方根据乙方已完成拆迁工作的被拆迁房屋建筑面积，按人民币××××元/平方米的标准向乙方计付拆迁服务费用，本项目暂按被拆迁房屋建筑面积××××平方米计，合同费用预算总额约人民币×××××元（实际合同费总额以全部被拆迁房屋签订的《拆迁补偿安置协议》中实际测量的建筑面积总和为准）。

2.服务费用已包括以下内容：

（1）按相关法律、法规、政策及财务会计制度规定，乙方收取合同费用并开具真实、等额、合法、有效的发票。

（2）完成本合同第2条约定的全部拆迁工作涉及的全部费用，包括但不限于乙方工作人员的劳务报酬、拆除费用、卫生联防费用及工作费用、业务费用、机械设备费用、人工费用、工作人员保险费用等。

（3）按本合同的约定将被拆迁房屋腾空、整体拆除和土地移交涉及的全部费用。

（4）全部被拆迁物业腾空后至拆除和土地移交前的安全管理费用。

（5）乙方负责解决就拆迁工作发生的非甲方或第三方责任人引起的任何纠纷以及承担全部责任所产生的一切费用。

（6）乙方履行本合同约定的全部工作、义务涉及的其他所有费用，以及应由乙方承担的其他费用。

第四条 服务费用的支付

本项目分为××宗地块（各宗地块的划分方式、对应地块被拆迁房屋分布情况及相关数据、总拆除服务费详见附件《地块数据及费用计算表》），甲方按照本合同约定的服务费用标准，根据乙方在每一宗地块的拆迁进度百分比，按年度/季度/月度向乙方支付该地块对应的拆迁费用。

第五条 各方的权利和义务

（一）甲方的权利和义务

1.按本合同的约定支付合同费用。

2.有权监督乙方按本合同的约定完成全部拆迁工作，并可派人员进驻现场了解各项工作的进度并对乙方工作提出建议。

（二）乙方的权利和义务

1.乙方保证严格遵守有关法律、法规、政策规定，按本合同约定的工期和要求完成全部拆迁工作。

2.乙方保证其负责进行本项目拆迁工作的所有工作人员具备法定的资质资格，并严格依照有关规定和诚实信用的原则履行本合同的工作，接受相关政府部门、甲方的监督指导，不得与拟被拆迁人或被补偿人恶意串通，损害甲方利益，否则因此导致的任何与甲方和第三方无关的责任由乙方承担。

3.乙方负责为因履行本合同而聘用的工作人员购买商业保险，加强上述工作人员的培训及管理，并承担工作人员在施工过程中受到的意外伤害赔偿责任。

4.乙方承担在本合同履行过程中项目用地范围内的管理、安全等工作，因此产生的责任和费用由乙方承担。

5.乙方应在被拆迁物业腾空后，及时安排拆除工作。若不能及时拆除，乙方负责被拆迁物业腾空后至土地移交前的安全管理工作。

6.在拆除被拆迁物业前对被拆迁物业内的逗留人员进行排查驱离，并在安全距离设立警示线和安全员，保证拆除工作的顺利进行和现场人员的安全。为了现场和过往群众的安全和方便，乙方负责在必要的位置提供照明、警卫、护栏、警告标志等安全防护措施。

7.乙方保证拆除被拆迁物业前，对被拆迁物业进行安全管理，并对施工现场（含地下）的水、电、通信线路采取保护。因上述拆除工作而导致第三者人身或财产损失的责任，由乙方承担。房屋周边管线在房屋拆除前，甲方需与相关单位沟通迁改事宜，如因管线问题不能拆除，责任由甲方承担，本合同约定的工作期限相应顺延。

8.乙方负责协调甲方与拟被拆迁人及被补偿人、相邻的企业、单位、个人以及相关政府部门、村委、村经济合作社的关系，灵活协调处理因动迁而引起的投诉、上访及纠纷等问题。乙方承诺并保证，在本合同履行过程中，乙方以合法合规的方式完成拆迁工作及本合同约定工作，不得采用非法手段，如因此产生任何非因甲方原因导致的纠纷、矛盾的（包括但不限于乙方与拟被拆迁人或被补偿人发生争议等）或因违法违规导致任何责任和费用的，均由乙方自行解决并承担责任及费用，与甲方无关。

9.未经甲方书面同意，乙方不得将本合同约定的拆迁工作部分或全部另行委托给第三人。

10.乙方指定×××（身份证号：××××××××××××，联系方式：

××××××××××)为现场负责人，代表乙方统筹安排本项目的拆迁工作。乙方应按甲方的要求定期汇报各项工作进度。

11.本合同约定的乙方的其他权利和义务。

第六条 违约责任

(一)本合同签订后，各方应严格遵守，如有违约，则违约方须赔偿守约方因此遭受的全部相关经济损失以及合理维权费用(包括但不限于守约方承担的诉讼费、仲裁费、律师费、保全费、公证费等一切相关费用)。

(二)如果乙方因为被拆迁人强力阻挠(须达到使乙方拆迁工作无法继续进行的程度)、政府命令、法院裁决、不可抗力因素或者甲方原因(如甲方未及时发放补偿款或在原补偿方案基础上降低补偿标准导致被拆迁人拒绝配合拆迁工作等情形)未能如期完成全部拆迁工作的，双方互不追究对方的违约责任，且甲乙双方均有权解除本合同，并不再履行本合同未完成的工作，乙方已完成工作但甲方未支付合同费用，甲方应在乙方提出书面申请并提交完毕相关请款材料之日起××个工作日内与乙方进行结算并支付。乙方应在甲方通知的时间内保证其人员及机械设备撤离现场，并将被拆迁房屋及其场地以及拆迁工作涉及的全部资料移交给甲方。

(三)如乙方未能按照本合同约定，在××××年××月××日前将××、××、××、××地块拆迁工作完成(拆除工作均完成至100%且向甲方移交土地)，乙方应按照如下标准向甲方支付违约金：自工作进度约定完成之日的次日起算，每逾期一日，须按约定的地块中对应该地块总拆迁服务费的万分之×向甲方支付违约金，直至逾期的工作进度完成之日止。

(四)甲方未按本协议约定期限向乙方支付各期合同费用的，甲方每逾期一日应按逾期支付金额的万分之×向乙方支付违约金，并且乙方有权停止工作，直至甲方支付应付的合同费用为止，本合同约定的乙方工作期限相应顺延，甲乙双方有明确约定的除外。

第七条 通知

一方向另一方在本合同下提供的任何通知或书面通信，包括但不限于，在本合同项下发出的任何和所有要约、书信或通知，应通过快递服务传递的信笺、电子邮件的方式发送至另一方。本合同项下的通知或通讯应按照以下日期被视为有效送达。所有的通知和通讯应送达至以下列出的适当的地址，除非一方向另一方发出通知对此进行更改：

甲方指定联系方式：

收件人：

电话：

电子邮箱：

地址：

乙方指定联系方式：

收件人：

电话：

电子邮箱：

地址：

第八条　其他约定

（一）双方一致同意，双方及其雇员、顾问等均应对本合同的谈判、签订、履行涉及的一切商业信息、技术信息、财务信息及其他相关文件、材料、信息、资料等信息承担保密义务，不得将该等信息透露给其他任何第三方或为其他目的使用该等信息，但依据法律或上市规则必须公开的除外。

（二）如有未尽事宜，经双方友好协商后，可签订补充合同。

（三）如双方对本合同有争议，应共同协商解决，协商不成的，任何一方可向项目所在地人民法院提起诉讼，争议期间各方应继续执行本合同无争议的部分。

（四）附件为本合同不可分割的一部分，与本合同具有同等法律效力。

（五）本合同一式×份，双方各执×份，每份效力相等。本合同自双方盖章且由法定代表人或授权代表签字之日起生效。

附件：

一、××项目用地地块划分示意图（略）；

二、××村拆补方案（略）；

三、××项目分地块拆除计划(略);

四、××项目地块数据及计算表(略);

五、阳光协议(略)。

(以下无正文)

甲方(盖章):

法定代表人/授权代表(签字):

乙方(盖章):

法定代表人/授权代表(签字):

签订时间:　　　年　　月　　日

签订地点:广州市　　　区

第十章　旧村改造中期之注销房产证阶段

一、注销房产证的基本概览

（一）注销房产证的必要性

在旧村改造项目进程中，被拆迁房屋法律意义上的灭失（注销房产证）与实体的灭失同等重要，《广州市旧村庄更新实施办法》第34条第1款规定："对已全额缴清土地出让金并拆迁平整完毕的地块，可根据规划文件以宗地为单位分块申办土地证。旧村庄改造完成拆迁补偿安置并注销原土地、房屋产权登记后申请办理土地确权登记。"由此可知，只有注销原集体土地上的宅基地使用权证或集体土地房产证之后，本村改造范围内的集体土地才能依法转变为国有建设用地，因此，100%注销改造范围内的原集体土地上的宅基地使用权证或集体土地房产证对于项目实施主体和农村集体经济组织来说是推进本村旧村改造项目进程的必要手续。

（二）办理房产证注销的法定行政机关

《不动产登记暂行条例》第7条第1款规定："不动产登记由不动产所在地的县级人民政府不动产登记机构办理；直辖市、设区的市人民政府可以确定本级不动产登记机构统一办理所属各区的不动产登记。"由此可知，广州市人民政府可以确定广州市不动产登记机构统一办理所属各区的不动产登记相关事宜。

根据广州市规划和自然资源局的职责可知，广州市规划和自然资源局负责自然资源统一确权登记工作，具体职责内容如下：第一，负责制定各类自然资源和不动产统一确权登记、权籍调查、不动产测绘、争议调处、成果应用的制度、标准和规范；第二，负责建立健全广州市自然资源和不动产登记信息管理基础平台；第三，负责广州市自然资源和不动产登记资料的收集、整理、共享和汇交管理等；第四，指导监督广州市自然资源和不动产确权登记工作；第五，组织调处土地、林权等自然资源权属争议。另外，经公开渠道查询广州市房地产交易登记中心（挂广州耕地储备指标交易中心、广州市不动产登记中心牌子）是广州市规划和自然资源局管理的17个事业单位之一，是故，广州市房地产交易登记中心是有权办理广州市市内房产证注销登记手续的法定行政机关。

二、注销房产证的具体程序

（一）注销房产证的申请主体

《不动产登记暂行条例》第14条第2款规定："属于下列情形之一的，可以由当事人单方申请……（五）不动产灭失或者权利人放弃不动产权利，申请注销登记的……" 因此，一般情况下，应当由房产证证载的权属人单方向广州市房地产交易登记中心申请办理注销登记手续。

《不动产登记暂行条例实施细则》第12条规定："当事人可以委托他人代为申请不动产登记。代理申请不动产登记的，代理人应当向不动产登记机构提供被代理人签字或者盖章的授权委托书。自然人处分不动产，委托代理人申请登记的，应当与代理人共同到不动产登记机构现场签订授权委托书，但授权委托书经公证的除外。境外申请人委托他人办理处分不动产登记的，其授权委托书应当按照国家有关规定办理认证或者公证。" 由此可知，如当事人需要委托代理人代为办理注销登记手续的，应当办理经公证机构公证的授权委托书。

另外，根据《广州市不动产登记规程》第18条规定："有下列情形之一的，可以由不动产权利人或利害关系人单方申请……（三）不动产灭失、不动产权利消灭或者权利人放弃不动产权利，权利人申请注销登记的……" 由此可知，在广州市申请办理注销登记的申请主体除了不动产权利人还有不动产的利害关系人，不过此处未对 "利害关系人" 进行明确界定，因此在司法实践中存在一定的理解空间，可根据个案实际情况进行分析、理解。笔者认为，此处的 "利害关系人" 可理解为全部合法继承人、全部受遗赠人、经司法认定的合法财产代管人等。

（二）当事人申请办理注销的程序

1.当事人申请办理注销的情形

根据《不动产登记暂行条例实施细则》第28条规定："有下列情形之一的，当事人可以申请办理注销登记：（一）不动产灭失的；（二）权利人放弃不动产权利的；（三）不动产被依法没收、征收或者收回的；（四）人民法院、仲裁委员会的生效法律文书导致不动产权利消灭的；（五）法律、行政法规规定的其他情形。不动产上已经设立抵押权、地役权或者已经办理预告登记，所有权人、使用权人因放弃权利申请注销登记的，申请人应当提供抵押权人、地役权人、预告登记权利人同意的书面材料。"可知，被拆迁人单方自行向广州市房地产交易登记中心申请办理注销登记的，可以"权利人放弃不动产权利"这一事由作为申请的法定事由。

2.当事人申请办理注销需提交的材料清单

根据《不动产登记暂行条例实施细则》第9条规定："申请不动产登记的，申请人应当填写登记申请书，并提交身份证明以及相关申请材料。申请材料应当提供原件。因特殊情况不能提供原件的，可以提供复印件，复印件应当与原件保持一致。"以及第46条第1款规定："申请集体建设用地使用权及建筑物、构筑物所有权变更登记、转移登记、注销登记的，申请人应当根据不同情况，提交下列材料：（一）不动产权属证书；（二）集体建设用地使用权及建筑物、构筑物所有权变更、转移、消灭的材料；（三）其他必要材料。"以及《广州市不动产登记规程》第80条等相关规定可知，当事人自行单方申请注销登记手续的，应当提交下列资料：（1）广州市不动产登记申请表原件，（2）申请人身份证复印件（如有代理人，则需同步提供代理人的身份证复印件以及授权委托书原件），（3）不动产权属证明原件（如《宅基地使用权证》《集体土地使用权证》等），（4）权利人放弃宅基地使用权及房屋所有权的书面材料原件（如申请注销登记的不动产上存在地役权、抵押权或被查封的，还需提交地役权人、抵押权人或查封机关同意注销的书面证明原件）。

（三）非当事人申请注销的程序

1.权利人去世，继承人申请注销登记的情形

从理论上讲，权利人去世后全部合法继承人可向广州市房地产交易登记中心申请办理权属转移手续，从而成为该不动产的权利人。根据《广州市不动产登记规程》第79条第2款的规定，全部合法继承人应当提交下列资料用于办理权属转移手续：

（1）广州市不动产登记申请表原件；

（2）申请人身份证复印件（如有代理人，则需同步提供代理人的身份证复印件以及授权委托书原件）；

（3）不动产权属证明原件（如《宅基地使用权证》《集体土地使用权证》等）；

（4）被继承人的死亡证明材料原件（包括医疗机构出具的死亡证明；公安机关出具的死亡证明或者注明了死亡日期的注销户口证明；人民法院宣告死亡的判决书；死亡公证书；殡葬火化证明、骨灰证等材料）；

（5）税务部门出具的纳（免）税证明（提供电子税票信息的免于提交纸质证明）；

（6）全部法定继承人的基本情况证明原件（由被继承人或继承人所在单位或其人事部门、户籍所在地街道办事处或乡镇政府出具）；

（7）全部法定继承人与被继承人的亲属关系证明原件（包括被继承人或者继承人所在单位或其人事部门出具的证明继承人与被继承人之间具有亲属关系的证明；基层人民政府出具的证明继承人与被继承人之间具有亲属关系的证明；公安机关出具的证明继承人与被继承人之间具有亲属关系的证明；能够证明相关亲属关系的户口簿、婚姻登记证明、收养登记证明、出生医学证明或公证书）；

（8）已死亡的继承人的死亡证明和其全部晚辈直系血亲的亲属关系证明原件（继承人系被继承人子女且先于被继承人死亡的需提交）；

（9）配偶的死亡证明及其全部法定继承人的亲属关系证明原件（配偶先于被继承人死亡的需提交）；

(10)父母的死亡证明和其与被继承人的亲属关系证明原件(父母先于被继承人死亡的需提交);

(11)已死亡的继承人的死亡证明和其全部法定继承人的亲属关系证明原件(① 继承人在被继承人死亡后死亡的需提交;② 已死亡的继承人立有遗嘱的,其继承份额参照遗嘱继承办理);

(12)全部法定继承人关于不动产分配的协议原件;

(13)法定继承人放弃继承的声明书原件(① 继承人中有放弃继承的需提交;② 如放弃继承权的继承人本人无法到场的,应公证委托代理人到场或者提交经公证的放弃继承权声明书);

(14)其他材料(如析产协议、承诺书等)。

全部合法继承人向广州市房地产交易登记中心提交以上材料并成功办理权属转移手续后,可根据本章前述指引作为该不动产的权利人申请办理房产证注销登记手续,完成房产证的注销。需要注意的是,在旧村改造实务中,不动产登记中心可能会以该村已正式纳入本市旧村改造范围而暂停办理权属变更的手续,此时,全部合法继承人无法通过办理权属转移手续,申领新的房产证,进而作为该不动产的权利人办理房产证注销登记的相关事宜。在这种情况下,笔者建议全部合法继承人以《广州市不动产登记规程》第18条规定,即"有下列情形之一的,可以由不动产权利人或利害关系人单方申请……(三)不动产灭失、不动产权利消灭或者权利人放弃不动产权利,权利人申请注销登记的……"为法律依据,全部合法继承人作为该不动产的利害关系人直接单方申请办理该不动产的注销登记手续。

2.权利人去世,受遗赠人或遗嘱继承人申请注销登记的情形

从理论上讲,权利人生前订立遗嘱或遗赠协议的,受遗赠人或遗嘱继承人可向广州市房地产交易登记中心申请办理权属转移手续,从而成为该不动产的权利人。根据《广州市不动产登记规程》第79条第2款的规定,受遗赠人或遗嘱继承人应当提交下列资料用于办理权属转移手续:

(1)~(7)同以上继承材料;

(8)受遗赠人属于房屋所在地的集体经济组织成员的证明原件(由房屋

所在地的农村集体经济组织出具）；

（9）受遗赠人接受遗赠后符合“一户一宅”要求的证明原件（由房屋所在地的农村集体经济组织出具）；

（10）遗嘱、遗赠扶养协议原件（包括所有法定的遗嘱形式，如公证遗嘱、自书遗嘱、代书遗嘱、打印遗嘱、录音录像遗嘱等）；

（11）财产约定协议原件［被继承人、遗赠人生前与配偶或其他家庭共同生活成员有夫妻（家庭）财产约定的需提交］；

（12）遗嘱继承人的死亡证明原件（遗嘱继承人先于被继承人死亡的需提交）；

（13）遗嘱继承人的死亡证明及其全部法定继承人的亲属关系证明原件［①遗嘱继承人后于被继承人死亡的需提交；②死亡的遗嘱继承人立有遗嘱的，还需提供相关证明材料（参照本表格缴交资料清单）］；

（14）遗嘱继承人表述放弃接受继承或受遗赠人表示同意接受遗赠的声明原件（继承人或受遗赠人无法亲自到场的，应公证委托代理人到场或者提交经公证的放弃继承权声明书、同意接受遗赠声明书）；

（15）遗嘱见证人的身份证复印件（①遗嘱属于代书遗嘱或者录音遗嘱的需提交；②当事人须到场确认并提供原件核对）；

（16）其他材料（如析产协议、承诺书等）。

如前所述，如受遗赠人或遗嘱继承人无法办理不动产权属转移的，笔者认为，以《广州市不动产登记规程》第18条为法律依据，受遗赠人或遗嘱继承人亦可作为该不动产的利害关系人直接单方申请办理该不动产的注销登记手续。

3.受转让人申请注销登记的情形

从理论上讲，满足一定条件，宅基地上房屋可以在同一农村集体经济组织内进行流转。受转让人可向广州市房地产交易登记中心申请办理权属转移手续，从而成为该不动产的权利人，进而办理房产证注销登记手续。根据《广州市不动产登记规程》第79条第1款的规定，转让人与受转让人应当提交下列资料用于办理权属转移手续：

（1）广州市不动产登记申请表原件；

（2）申请人身份证复印件（如有代理人，则需同步提供代理人的身份证复印件以及授权委托书原件）；

（3）不动产权属证明原件（如《宅基地使用权证》《集体土地使用权证》等）；

（4）受转让人属于房屋所在地集体经济组织成员的证明原件（由房屋所在地的农村集体经济组织出具）；

（5）受转让人受让房屋后符合"一户一宅"要求的证明原件（由房屋所在地的农村集体经济组织出具）；

（6）税务部门出具的纳（免）税证明（提供电子税票信息的免于提交纸质证明）；

（7）流转合同原件；

（8）房屋所在地的集体经济组织同意转移的证明原件（由房屋所在地的农村集体经济组织出具）；

（9）房屋所在地的集体经济组织的成员大会或成员代表大会决定同意转移的证明原件（由房屋所在地的农村集体经济组织出具）。

如前所述，如受转让人无法办理不动产权属转移的，笔者认为，以《广州市不动产登记规程》第18条为法律依据，受转让人亦可作为该不动产的利害关系人直接单方申请办理该不动产的注销登记手续。

4.受赠与人申请注销登记的情形

从理论上讲，满足一定条件，宅基地上房屋可以在同一农村集体经济组织内进行赠与。受赠与人可向广州市房地产交易登记中心申请办理权属转移手续，从而成为该不动产的权利人，进而办理房产证注销登记手续。根据《广州市不动产登记规程》第79条第2款的规定，赠与人与受赠与人应当提交下列资料用于办理权属转移手续：

（1）~（6）同以上流转材料；

（7）赠与合同原件。

如前所述，如受赠与人无法办理不动产权属转移的，笔者认为，以《广州市不动产登记规程》第18条为法律依据，受赠与人亦可作为该不动产的利害关系人直接单方申请办理该不动产的注销登记手续。

5.收回宅基地使用权的农村集体经济组织申请注销登记的情形

根据《土地管理法》第66条以及《村民委员会组织法》第24条等相关法律规定，农村集体经济组织在特定条件下有权收回宅基地使用权，并代替原权利人办理申请注销登记的手续。根据《广州市不动产登记规程》第80条规定，收回宅基地使用权的农村集体经济组织应当提交下列资料用于申请注销登记：

（1）广州市不动产登记申请表原件；

（2）申请人的农村集体经济组织代码证复印件、法定代表人身份证复印件、法定代表人证明书（如有代理人，则需同步提供代理人的身份证复印件以及授权委托书原件）；

（3）不动产权属证明原件（如《宅基地使用权证》《集体土地使用权证》等）；

（4）原批准用地的人民政府批准收地的文件原件；

（5）农村集体经济组织发布收回宅基地使用权的决定文件原件；

（6）不动产登记中心要求的其他资料（如农村集体经济组织成员大会/成员代表大会就收回宅基地使用权事宜的相关表决文件等）。

需要注意的是，农村集体经济组织在收回宅基地使用权时，应当就收回事宜召开成员大会或成员代表大会进行表决，表决的程序应当遵循《村民委员会组织法》的相关规定。在决定收回宅基地使用权时，农村集体经济组织也应当通知相关村民交回其所有的《宅基地使用权证》或《集体土地房产证》原件。但是，即便要求相关村民交回《宅基地使用权证》或《集体土地房产证》原件，也可能存在相关村民拒不交回的情形。此时，根据《不动产登记暂行条例实施细则》第9条第2款规定："申请材料应当提供原件。因特殊情况不能提供原件的，可以提供复印件，复印件应当与原件保持一致。"笔者认为，相关村民未能交回《宅基地使用权证》或《集体土地房产证》原件的情形，属于上述规定的"特殊情况"，因此，即使农村集体经济组织在申请注销相关产权证明时仅能提供《宅基地使用权证》或《集体土地房产证》的复印件，也应当认为其符合上述规定。

第十一章　旧村改造后期之摇珠选房阶段

一、摇珠选房的流程安排

（一）摇珠选房的工作流程

对于被拆迁人来说，除了拆迁补偿款的发放以外，最关心的就是回迁安置房。在私宅签约过程中，因无法确定回迁安置房户型等具体情况，农村集体经济组织一般在《拆迁补偿安置方案》中不会对摇珠选房的具体流程或规则进行明确界定，摇珠选房相关事宜一般也都在各地块上回迁安置房交付前的一段时间集中进行。在项目实施主体依法拆除宅基地上房屋后，一般才开始进行摇珠选房工作，总体来说，摇珠选房流程分为以下几个流程：首先是房屋面积及户型征询；其次是对上述征询事宜进行问卷调查或表决；再次是制定《××村回迁安置房摇珠选房方案》；复次是被拆迁人进行户型申报；最后是正式进行摇珠选房。

（二）户型征询及表决

本村旧村改造项目的某一地块上的签约率达到80%以上时，项目实施主体可以启动房屋拆除工作。启动房屋拆除工作预示着本村旧村改造项目进入了开发建设阶段，开发建设阶段首要工作便是规划设计即将建设的回迁安置房的户型。项目实施主体需要对该地块回迁对应所属经济社/经联社的村民进行回迁安置房户型的征询及表决工作，根据最终的表决结果进行回迁安置房的户型设计规划。

户型征询可以分为面积段征询和具体户型设计征询。

面积段征询的目的是摸查清楚村民对回迁安置房建筑面积的具体需求，由于每个村民持有的回迁安置面积不同，对应所需的回迁安置房的建筑面积也不尽相同，为了尽量满足该地块上大多数村民对于回迁安置房的具体需求，有必要对村民回迁安置房的面积段的意向进行征询。

具体户型设计征询是在面积段征询结果的基础上，项目实施主体根据村民意向的面积段，对回迁安置房的户型进行初步的规划设计，并提供几款回迁安置房户型供村民进行选择，有条件的旧村改造项目，项目实施主体可以在签约中心搭建回迁安置房各户型的样板房供村民参观。

户型征询工作完成后，项目实施主体应当根据各个地块的签约和拆卸进度，有序安排该地块上的村民进行回迁安置房户型的表决工作，表决程序可参照《广东省农村集体经济组织管理规定》第9条第1~2款的规定，农村集体经济组织的最高权力机构是成员大会，而回迁安置房的户型问题涉及成员切身利益，因此，应当提交成员大会讨论决定。最终回迁户型的设计应当经成员大会或者成员大会授权给成员代表会议表决通过，并应当公示5天。

（三）摇珠选房方案的制定

1.制定背景

首个复建安置地块动工仪式之后，项目实施主体可以着手制定回迁安置房的摇珠选房方案。摇珠选房方案的内容不仅是在为后续的回迁安置房分配工作奠定基础，而且在一定程度上能够激起原先观望中的被拆迁人的签约意愿。

2.方案内容

摇珠选房方案的内容包括：选房原则、参与选房条件、房源情况、流程、回迁面积结算、临迁费结算、其他。

（1）选房原则

指引：选房原则主要包括公平、公正、公开原则以及先签约先选房的原则。

顾问提示

为了提高观望中的被拆迁人的签约意愿，项目实施主体还可以根据实际情况增加选房的限制条件，例如，被拆迁人在改造范围内尚有未签约房屋的，不得参与已签约房屋的摇珠选房；被拆迁人的直系亲属在改造范围内尚有未签约房屋的，被拆迁人不得参与已签约房屋的摇珠选房。另外，为了保障本村旧村改造项目摇珠选房的标准统一，笔者也建议所有复建安置地块上的回迁房选房方案都尽量坚持一致的选房原则及标准。

(2)参与摇珠选房条件

指引：参与摇珠选房条件一般可以根据被拆迁人名下尚未签约的被拆迁房屋情况、被拆迁人直系亲属名下尚未签约的被拆迁房屋情况、被拆迁人所属的经济社、被拆迁人的签约时间、被拆迁人的未回迁安置面积等情况进行综合考虑后制定。

(3)房源情况

指引：房源情况包括本次待分配的回迁房所在地块信息、房源总套数、具体户型以及对应的套数、暂定竣工交付时间等内容。

顾问提示

项目实施主体在某一地块公布摇珠选房的方案时，应当在方案中列明该地块房源的详细情况包括户型（如几房几厅几卫），面积段，房屋套数等，如房屋户型设计已经确定的，还可以将房屋户型图作为附件一并公布。

(4)摇珠选房申报和分房

指引：本条主要包括申报的具体时间、申报的具体内容、申报的程序以及摇珠选房的具体流程等内容。

顾问提示

项目实施主体应当根据各地块上具体的回迁安置时间调整各地块上所属村民参与申请户型和分房的具体时间。一般来说，被拆迁人只能根据每份《拆迁补偿安置协议》对应的回迁面积来申报相应的意向户型。但是，考虑到实务中被拆迁人所享有的回迁面积不一定能恰好对应上意向户型的面积，因此，为了便于被拆迁人充分选择意向户型，项目实施主体也可以根据实际情况考虑是否允许被拆迁人就其名下数份《拆迁补偿安置协议》进行面积调剂。另外，被拆迁人就其名下的数份《拆迁补偿安置协议》进行面积调剂时，还需要遵守相应的回迁面积调剂规定，不得进行无限制的面积调剂，否则可能存在办不下来房产证的法律风险。

至于具体的摇珠方式（如怎么摇、摇几次），由项目实施主体在公平公正的前提下自行选定。但需要特别注意的是，无论采取何种摇珠方式，摇珠选房的全过程应当有公证人员在场进行全程公证并出具公证书，以确保摇珠选房活动的公平公正性。

（5）回迁面积及临迁费结算

指引：本条主要包括回迁面积结算的原则及标准（如剩余面积不够选一套回迁安置房的操作处理、剩余面积弃产的操作处理）、临迁费结算的原则及标准等内容。

顾问提示

《拆迁补偿安置方案》对回迁面积的结算处理一般有原则性规定。如超出回迁面积在×平方米以内的，被拆迁人可按照弃产价格回购；超出回迁面积在×平方米以上的，被拆迁人需按回迁时的商品房市场价格购买。本条可对上述《拆迁补偿安置方案》的具体内容进行细化规定并提供相应的实务操作措施。

（6）其他事项

指引：其他事项主要包括委托他人代办选房事宜的处理、方案未尽事宜的处理、方案最终解释权的归属等内容。

二、摇珠选房相关文件的拟定要点

(一)摇珠选房户型申报表

摇珠选房户型申报表的内容应包括被拆迁人的姓名、身份证号码,受托人(如有)的姓名、身份证号码及授权委托书,所属社别,《拆迁补偿安置协议(私宅)》协议编号,被拆迁房屋地址,总回迁安置面积,申报户型的意向等。

摇珠选房户型申报表中的申报户型的意向选项是指根据户型征询结果制定的具体户型设计与对应的回迁安置房的建筑面积,其中对应的回迁安置房的建筑面积一般为公共分摊面积和套内面积之和,因户型设计与最终建设的房屋实地测量面积可能因施工原因出现差异,建议在申报表内增加“回迁安置房的建筑面积最终以房管部门(不动产登记中心)实地测量的数据为准”的表述,以免后续因回迁安置房屋实际建筑面积引发纠纷。

(二)授权委托书(委托他人办理摇珠选房)

授权委托书的内容应包括委托人(被拆迁人)的姓名、身份证号码,受托人的姓名、身份证号码,受托人的代理权限(受托人代理权限包括:代为申报户型、参加现场户型摇珠、参与现场分房摇珠、结算回迁安置建筑面积、结算面积补差款等)。

为了减轻项目实施主体审查受托人代理资格的负担,建议项目实施主体要求委托人和受托人提供经公证的授权委托书。

本书写作之时正值疫情,针对部分委托人因疫情影响无法与受托人一同前往公证处办理代理事项的授权委托公证手续的情形,经笔者向部分公证机构咨询得知,部分公证机构能够提供视频委托公证的服务,办理视频委托公证服务的流程为委托人根据公证机构的指引下载软件,在软件中选择视频委托公证服务,上传委托人和受托人的身份信息及证明材料,根据指引录制符合要求的委托视频内容,由公证机构进行授权委托事项的公证并出具公证书(注:以上流程仅供参考,具体流程应当咨询当地公证机构)。

(三)面积段摇珠结果确认书

面积段摇珠结果确认书的内容应包括被拆迁人在上述摇珠选房申报表

中填写的基础信息以及被拆迁人参与本次面积段的摇珠结果。

在面积段摇珠结果确认书中，除了让被拆迁人确认“被拆迁人及摇珠人对本次摇珠程序和结果均无异议”外，还可以根据项目实施主体的实际情况，让被拆迁人确认“被拆迁人同意执行《摇珠选房方案》”以及确认“被拆迁人参与摇珠所得的房源，被拆迁人不得因朝向、楼层等其他任何原因拒绝接收或申请变更，否则对应的回迁面积按弃产处理”等事项。

（四）分房摇珠结果确认书

分房摇珠结果确认书的内容应包括被拆迁人的基础信息、被拆迁人的面积段摇珠结果以及被拆迁人参与本次分房的摇珠结果即具体摇珠分房的房屋栋数、层楼及房号。

同样地，在分房摇珠结果确认书中，除了让被拆迁人确认“被拆迁人及摇珠人对本次摇珠程序和结果均无异议”，还可以根据项目实施主体的实际情况，让被拆迁人确认后续《收楼通知书》的有效送达地址等事项。

三、回迁安置面积的流转

（一）回迁安置面积流转的背景介绍

根据笔者的旧村改造实务经验，在摇珠选房阶段大概率会出现被拆迁人名下的单份拆迁补偿安置协议中的回迁安置面积与可选择的回迁安置房建筑面积无法完全匹配的情形，即被拆迁人进行户型申报后，其名下的总回迁安置面积可能多于或少于其意向选择的回迁安置房的总回迁安置建筑面积。针对这一情形，除了在本章第2节第5点中提到的项目实施主体可以在制定《摇珠选房方案》时制定被拆迁人可以办理弃产补偿或支付面积差补款的相关规定外，项目实施主体还可以考虑制定在被拆迁人之间回迁安置面积流转的相关规定。

（二）回迁安置面积流转的基本原则

一般情况下，被拆迁人单份拆迁补偿协议回迁安置面积小于回迁安置房的最小面积且被拆迁人名下无其他合同有可流转回迁安置面积的，可向其他被拆迁人购买同一摇珠批次合同的回迁安置面积以达到回迁安置房的最小面积要求，该购买行为需被拆迁人双方在项目实施主体的监督下签署回迁安置面积流转协议，并将该协议原件其中一份交由项目实施主体留底。

回迁安置面积流转不是同意被拆迁人任意交易其持有的回迁安置面积，而主要是解决被拆迁人选房后多余或缺少的部分回迁安置面积的问题，因此有必要限制可进行回迁安置面积流转的被拆迁人的范围，如被拆迁人单份拆迁补偿协议回迁面积不足但其名下其他协议尚有回迁面积可以自我流转的，不允许其向其他被拆迁人购买，又如被拆迁人单份协议的回迁安置面积足够选择最小面积段的回迁安置房的情形，不允许其出卖回迁安置面积。

（三）回迁安置面积流转协议

《回迁安置面积流转协议》即指被拆迁人之间就拆迁补偿安置权益订立的转让协议，故本协议的签订主体应为买卖回迁安置面积的被拆迁人双方。项目实施主体和农村集体经济组织是否作为本协议的第三方见证单位，可由项目实施主体和农村集体经济组织自行决定。如作为本协议的第三方见证单位，那么后续被拆迁人双方因面积流转事宜出现纠纷时，项目实施主体和农村集体经济组织作为合同一方会有涉诉的风险，一般会作为合同的当事人参与诉讼，进而可能会导致项目实施主体或农村集体经济组织承担相应的法律责任。

（四）回迁安置面积流转声明书

该声明书是出让其名下回迁安置面积的被拆迁人向项目实施主体提供的单方面声明。一方面是为了确认面积流转的责任由被拆迁人自行承担，另一方面是为了变更被拆迁人签订的《拆迁补偿安置协议（私宅）》中有关回迁安置面积权益的条款，即被拆迁人同意由项目实施主体直接扣除其名下《拆迁补偿安置协议（私宅）》中的回迁安置面积，从而实现回迁安置面积权益的完全转让。

（五）回迁安置面积流转的合法性及可行性漫谈

广州市对旧村改造项目中被拆迁人之间的回迁安置权益转让事宜并无政策文件进行明确的规定或限制，因此，回迁安置权益转让的合法性及可行性要从回迁安置房屋所属土地的性质的角度讨论。根据回迁安置房的土地性质（包括国有出让土地、国有划拨土地和集体土地）的不同，回迁安置权益转让问题可分为以下几种情形进行讨论。

1.集体土地

关于集体土地上的回迁安置权益转让问题可参考的农村集体土地上房屋转让的相关法律法规具体如下：

（1）《土地管理法》第11条规定："农民集体所有的土地依法属于村农民集体所有的，由农村集体经济组织或者村民委员会经营、管理；已经分别属于村内两个以上农村集体经济组织的农民集体所有的，由村内各该农村集体经济组织或者村民小组经营、管理；已经属于乡（镇）农民集体所有的，由乡（镇）农村集体经济组织经营、管理。"第62条第1款规定："农村村民一户只能拥有一处宅基地，其宅基地的面积不得超过省、自治区、直辖市规定的标准。"

（2）《国务院办公厅关于严格执行有关农村集体建设用地法律和政策的通知》（国办发〔2007〕71号）中规定："农村住宅用地只能分配给本村村民，城镇居民不得到农村购买宅基地、农民住宅或"小产权房"。单位和个人不得非法租用、占用农民集体所有土地搞房地产开发。农村村民一户只能拥有一处宅基地，其面积不得超过省、自治区、直辖市规定的标准。农村村民出卖、出租住房后，再申请宅基地的，不予批准。"

根据上述规定可知，集体土地上的回迁安置面积流转只能在农村集体经济组织内进行，故出让和受让的被拆迁人都必须属于本旧村改造项目实施范围内的农村集体经济组织成员。

综上所述，集体土地上的回迁安置权益转让应当同时符合以下条件：第一，出让人和受让人均为本经济联合社/经济合作社的成员。第二，受让人需满足"一户一宅"原则。

2.国有出让土地

如本村旧村改造项目经村民表决通过将集体土地转为国有出让土地，在完成土地性质转变之前，项目实施主体允许被拆迁人之间就回迁安置面积进行流转，一方面会突破集体土地不能任意流转的相关法律法规，另一方面涉嫌抽逃国有出让土地上房屋转让的税金，影响国家财政收入。

3.国有划拨土地

国有划拨土地系国家无偿提供给土地使用者使用且无法上市自由流转的土地，如本村旧村改造项目经村民表决通过将集体土地转为国有划拨土地，因不涉及国有土地上房屋转让的税金问题，故在这种情况下，可将国有划拨土地上的回迁安置房视为集体土地上的回迁安置房，国有划拨土地上的回迁安置权益转让可参考集体土地上的回迁安置权益转让的相关条件。

附：本章涉及的实用文书范本

序号	文书名称
1	摇珠选房方案
2	摇珠选房户型申报表
3	分房摇珠面积段结果确认书
4	分房摇珠结果确认书
5	回迁安置面积流转协议
6	声明书
7	关于参与摇珠选房的承诺书

文书范本

摇珠选房方案

为了做好村民的回迁安置工作，根据广州市旧村改造政策、《广州市××村旧村改造拆迁补偿方案》，结合××村旧村改造项目复建安置房的实际情况，现制定本方案，具体内容如下：

一、分房原则

（一）遵循公平、公正、公开原则，采取摇珠方式进行。

（二）先签约，先摇珠，优先保障已签约村民利益，未签约村民不参与摇珠选房。

（三）按总体规划地块回迁，各个生产/经济社优先回迁至指定地块，××村××社回迁至复建住宅×地块，村民回迁房所属地块以签约时归属生产/经济社为准。

（四）各回迁片第一期回迁房选房方案将参照此方案基本原则执行。

二、参与分房人员条件

摇珠分房仅限于已与××公司（项目实施主体）签署《拆迁补偿安置协议》的本村村民参与（非本村村民、未签约房屋不参与），本村村民的身份按《广州市××区××旧村改造拆迁补偿方案》中条款界定，且应符合以下条件：

（一）被拆迁人（本村村民）将其名下及直系亲属（父母、子女、配偶）名下所有房屋完成拆迁补偿协议签署，并完成不动产注销（含完成不动产注销授权公证），且将其名下及直系亲属名下所有房屋清空交付。

（二）本次复建住宅×地块所属的××社的村民。

（三）××××年××月××日（含）前签约的，参与第一批摇珠选房；××××年××月××日至××××年××月××日（含）间签约的，参与第二批摇珠选房；××××年××月××日（含）后签约的，参与其他地块摇珠选房。

（四）被拆迁人（本村村民）本人名下《拆迁补偿安置协议》未回迁安置

总面积不小于本次待分配最小户型房源建筑面积×平方米。

（五）如被拆迁人申报或中签后，××公司发现其不符合分房资格条件的，有权取消其申报、中签资格，收回中签房源。

三、房源情况

本次待分配的回迁房为复建住宅×地块，共涉及房源×××套。其中，复建住宅×地块预计××××年××月××日前竣工交付。复建住宅×地块房源见下表：

地块	户型	面积段（平方米）	房屋数
复建住宅×地块			

四、摇珠分房规则及流程

（一）改造范围内有回迁安置面积的被拆迁人均应按本方案的规定参加申请户型和分房。

（二）大于最小面积要求即××平方米的每份《拆迁补偿安置协议》可按顺序申报×间意向户型（申报单个意向户型不能大于可回迁面积×平方米）。

（三）村民最终选中回迁房由两次摇珠确认：第一次摇珠确认户型；第二次摇珠确认房号。

（四）被拆迁人申报意向后，必须按时参加各户型的现场摇珠，若被拆迁人放弃申报意向户型的摇珠，则视为其放弃该意向户型对应指标的本批次摇珠，对应指标将参与其他地块摇珠选房。报名后未抽中房源的被拆迁人，可自行决定参与后续批次的摇珠报名。

（五）被拆迁人必须按时参加各户型的现场摇珠并接受其中签（含申报户型直接中签及摇珠中签）的结果，一经确定不得改变，抽中房源对应的面积从被拆迁人享有的回迁面积中扣除。

五、回迁面积及临迁费结算

在确定被拆迁人的回迁安置房具体房号和满足交付条件后，××公司将尽快与被拆迁人办理回迁安置面积及临迁费的结算手续。具体的结算原则如下：

（一）经结算后，如剩余回迁安置面积小于剩余房源最小户型建筑面积××平方米，不得再参加分房，可以将该剩余回迁安置面积转让给其他被拆迁人处置（转让事宜应按另行通知的规则办理），或者按照安置补偿方案向××经济联合社/经济合作社弃产。

（二）如被拆迁人的回迁安置房总建筑面积大于约定的回迁安置面积（超出面积的），按照安置补偿方案向××经济联合社/经济合作社支付面积补差款。

（三）临迁费计算至××公司发出收楼通知之日后一个月止（若不满×年的，继续支付至×年结束），被拆迁人应根据收楼通知的时间按时办理收楼手续。若收楼期间发现重大质量问题，应该在收楼后××个工作日内向××公司提出，经协商，重新确定收楼时间。对于重大质量问题的标准，按照《××公司商品房房屋质量》有关规定执行。

（四）选中户型村民，如需在本村村民（本村村民的身份按《广州市××区××村旧村改造拆迁补偿方案》中条款界定）中流转的，村民双方与××实业须签署三方协议确认，办理流转手续截止时间为收楼通知发出之日起××天。

（五）如被拆迁人所属经济社复建回迁地块已全部竣工，且现有房源面积可安置被拆迁人，但被拆迁人仍拒绝参与摇珠的，则视为被拆迁人放弃选房安置的权利，××公司有权随机分配给被拆迁人回迁面积相对应的房源，被拆迁人的临迁费计算至所属经济社复建回迁地块最后一批收楼通知发出之日后×个月止（若不满×年的，继续支付至×年结束）。

六、本次摇珠分房的步骤及时间

本次摇珠分房的步骤及时间如下：

（一）意向户型申报：××××年××月××日至××××年××月××日（上午××：××至××：××，下午××：××至××：××）在×××××，接受符合资格的被拆迁人根据安排申报户型，具体活动时间以摇珠通知为准。

（二）摇珠及中签确认：组织申报了户型的被拆迁人依次进行摇珠分房并办理中签确认手续，具体活动以通知为准。

七、其他事项

（一）被拆迁人应带齐身份证原件、《拆迁补偿安置协议》原件前来办理申报户型手续。若被拆迁人不能亲自办理，要委托其他人代办的，应先在申报现场办理相关委托手续。

（二）被拆迁人死亡的，继承人应持继承公证资料或者全部继承人共同指定其中一人代为办理申报户型和分房等相关手续。

（三）为了体现公平、公正，凡是申报回迁安置房的被拆迁人，均应接受××经济联合社/经济合作社对其申报资格进行审查。只有被拆迁人的申报资格经审查合格后，该被拆迁人才申报成功并可参加摇珠分房。

（四）被拆迁人应按时前来申报户型、参加摇珠，逾期者视为放弃参加本次摇珠分房的权利。

本方案最终解释权归××公司所有，未尽事宜，××公司可根据实际情况制定补充方案或具体实施细则予以完善。

××公司

××××年××月××日

××村旧村改造项目复建安置×地块
摇珠选房户型申报表(本村村民)

社别:　　　　　　协议号:

<table>
<tr><td>被拆迁人姓名:</td><td></td><td>身份证号码:</td><td colspan="2"></td></tr>
<tr><td>受托人姓名:</td><td></td><td>身份证号码:</td><td colspan="2"></td></tr>
<tr><td>被拆迁房屋地址:</td><td></td><td>手机号码:</td><td colspan="2"></td></tr>
<tr><td>总回迁安置面积:</td><td colspan="4">__________平方米</td></tr>
<tr><td rowspan="6">申报户型
(在要申报的户型括号内填写申报的套数,不申报的均打×;意愿顺序分为第一意愿、第二意愿、第三意愿,请在括号内填写对应顺序)</td><td>户型</td><td>建筑面积及套数</td><td>申报套数</td><td>意愿顺序</td></tr>
<tr><td>×房×厅×卫</td><td>×××平方米(×××套)</td><td></td><td>第( )意愿</td></tr>
<tr><td>×房×厅×卫</td><td>×××平方米(×××套)</td><td></td><td>第( )意愿</td></tr>
<tr><td>×房×厅×卫</td><td>×××平方米(×××套)</td><td></td><td>第( )意愿</td></tr>
<tr><td>×房×厅×卫</td><td>×××平方米(×××套)</td><td></td><td>第( )意愿</td></tr>
<tr><td>×房×厅×卫</td><td>×××平方米(×××套)</td><td></td><td>第( )意愿</td></tr>
<tr><td>申报户型建筑面积合计(是指申报各户型的套数乘以户型建筑面积后的相加值)</td><td colspan="4">__________平方米</td></tr>
<tr><td>收表小组意见:</td><td colspan="4"></td></tr>
<tr><td>审核意见:</td><td colspan="4"></td></tr>
<tr><td colspan="5">备注:1.受托人是指被拆迁人委托其就本次分房事宜代为申报户型、参加现场摇珠、结算回迁安置面积、结算面积补差款、收楼等手续的人,受托人之行为即视为被拆迁人之行为,对被拆迁人具有法律效力。2.受托人保证有权代被拆迁人办理本次分房以上一切事宜,否则产生的一切纠纷由受托人负责解释及赔偿,与××公司、××经济联合社/经济合作社无关。3.本申报表应附有被拆迁人、受托人(若有)的身份证复印件(正反面)。4.以上建筑面积指分摊面积和套内面积的总和,最终以房管部门实测的数据为准。5.被拆迁人同意执行《摇珠选房方案》,本申报表一式两份,××经济联合社/经济合作社执一份、被拆迁人执一份。</td></tr>
<tr><td colspan="5">被拆迁人承诺:若第一意愿申报户型数小于现有房源数,申报该户型的被拆迁人直接中签,中签人应在规定时间内办理中签确认手续,不得反悔。</td></tr>
<tr><td colspan="5">被拆迁人、受托人(若有)(签名):

交表时间:　　　年　　月　　日</td></tr>
</table>

分房摇珠面积段结果确认书

被拆迁房屋协议号:________被拆迁房屋地址:________________

被拆迁人姓名:________

被拆迁人身份证号:________________

摇珠人(被拆迁人或受托人)姓名:________

摇珠人(被拆迁人或受托人)身份证号:________________

摇珠申报户型志愿:第一志愿______第二志愿______第三志愿______

面积段分配日期:______年____月____日

摇珠顺序:________________

结果确认:______年____月____日,经公开摇珠,被拆迁人抽得的回迁安置房面积段结果为:第一志愿________面积段____中签;第二志愿________面积段____中签;第三志愿________面积段____中签。由于被拆迁人或受托人前三个志愿均(已/未)中签,故(需要/不需要)增补选定面积段,面积段为________。被拆迁人及摇珠人对本次摇珠程序和结果均无异议。

工作人员签名确认:________

被拆迁人或受委托人签名确认:________

______年____月____日

备注:参与摇珠所得的房源,被拆迁人不得因朝向、楼层等其他任何原因拒绝接收或申请变更,否则对应的回迁面积按弃产处理。

××旧村改造项目分房摇珠结果确认书

被拆迁房屋协议号:________被拆迁房屋地址:________________

被拆迁人姓名:________

被拆迁人身份证号:________________

摇珠人(被拆迁人或受托人)姓名:________

摇珠人(被拆迁人或受托人)身份证号:________________

已摇珠中签户型:________________

房源分配日期:______年____月____日

摇珠分房顺序:________________

结果确认:______年____月____日,经公开摇珠,被拆迁人摇珠抽得的回迁安置房房号为:____栋____房。被拆迁人或受托人对本次摇珠程序和结果均无异议。

工作人员签名确认:________

被拆迁人或受委托人签名确认:________

______年____月____日

备注:参与摇珠所得的房源,被拆迁人不得因朝向、楼层等其他任何原因拒绝接收或申请变更,否则对应的回迁面积按弃产处理。

回迁安置面积流转协议

甲方:

身份证号码:

联系地址:

联系电话:

乙方:

身份证号码:

联系地址:

联系电话:

鉴于：

1.甲方已就其拥有的位于××旧村改造范围内的被拆迁房屋与××公司（项目实施主体公司）签署了协议号为×××××××的《拆迁补偿安置协议》及相关文件，获得回迁安置建筑面积××平方米。

2.乙方为××村本村村民（符合《××市××区××村旧村改造拆迁补偿方案》中条款界定的本村村民）。

现甲、乙双方在平等、自愿、协商一致的基础上，就甲方向乙方转让回迁安置建筑面积事宜达成本协议，以资共同遵守。

一、甲方自愿将因××旧村改造所获得的回迁安置建筑面积中的××平方米（大写：××××平方米）转让给乙方，甲、乙双方因此应各自与××公司重新结算回迁安置建筑面积、临迁费等补偿数据，即××公司有权据此相应地调整双方的回迁安置总建筑面积、临迁费等补偿数据，甲、乙双方应予以接受。

二、甲方将本协议第一条约定的回迁安置建筑面积转让给乙方后，该面积对应的所有权益均转由乙方享有，乙方有权自行（或委托他人）参与该面积的摇珠选房（包括申报户型、参加现场摇珠、结算面积补差款等）、收楼和产权登记等手续，甲方不得予以阻挠。

三、本协议签订后，甲方不得再就已转让的回迁安置建筑面积向××公司申请任何回迁安置房，且不得再就该面积享受《拆迁补偿安置协议》及《××市××区××村旧村改造拆迁补偿方案》规定的其他待遇。

四、本协议书是不可撤销或变更的协议，甲、乙双方均不得以任何理由要求撤销、解除或变更本协议。

五、因本协议履行产生的争议，双方应协商或诉讼解决，与×× 公司及××经济联合社/××经济合作社无关。

六、本协议书一式×份，甲、乙双方各持×份，×份交××公司/××经济联合社/××经济合作社留底。

甲方（签名按捺）：　　　　　　乙方（签名按捺）：

签订时间：　　　　　　　　　　年　　月　　日

签订地点：广州市　　　　区

声明书

××公司：

本人已就名下拥有的位于××村改造范围内的被拆迁房屋与××公司签署了协议号为××××××《拆迁补偿安置协议（私宅）》及相关文件，获得回迁安置建筑面积××平方米。因个人原因，本人已将上述回迁安置建筑面积中的××平方米转让给了×××（身份证号码为××××××），具体约定以本人与×××签订的《回迁安置面积流转协议》（编号为××××）为准。为方便日后工作安排，本人特此声明如下：

一、自本声明作出之日起，该××平方米回迁安置建筑面积所对应的一切权利归×××所有，与本人无关；贵司可在《拆迁补偿安置协议（私宅）》及相关文件约定的本人可获得的回迁安置建筑面积中直接扣除该××平方米。

二、自本声明作出之日起，×××有权以其个人名义就该××平方米回迁安置建筑面积向贵司申请回迁安置房，无须本人另外同意。

三、自本声明作出之日起，本人不得再就该××平方米回迁安置建筑面积向贵司申请任何回迁安置房，且不得再就该面积享受《拆迁补偿安置协议（私宅）》及《××市××区××村旧村改造拆迁补偿方案》规定的其他待遇。

四、因该××平方米回迁安置建筑面积转让产生的所有争议，由本人自行解决，与×× 公司及××经济联合社/××经济合作社无关，导致×× 公司及××经济联合社/××经济合作社损失的，本人承诺负责赔偿。

特此声明。

声明人（签字按捺）：

年　月　日

关于参与摇珠选房的承诺书

本人________(身份证号码:________________)自愿参与××村旧村改造项目复建安置×地块摇珠选房,现因客观原因本人于××××年××月××日之前无法完成位于________________被拆迁房屋的集体土地房产证(房产证号:________)的注销或委托注销公证手续。本人保证于××××年××月××日前办理完毕上述被拆迁房屋的房产证注销登记手续(包括但不限于本人亲自到房管部门或不动产登记中心现场办理注销登记手续,或以公证委托的形式委托他人办理完毕注销登记手续)。

如本人未能在限定时间内办理完毕上述被拆迁房屋的房产证注销登记手续,本人同意中签的摇珠选房结果自动失效,且本人同意××公司(项目实施主体)有权自××××年××月××日起停发本人名下所有被拆迁房屋应得的临迁费,直至本人办理完毕上述被拆迁房屋的房产证注销登记手续为止,前述期间的临迁费不予补发。

承诺人(签字按捺):

承诺日期:　　　年　　月　　日

第十二章　疑难问题及实务评析

一、前期服务商的引入

（一）前期服务商的内涵

前期服务商，在旧村全面改造项目中被俗称为“平台公司”。在旧村全面改造项目达到挂牌招商条件前，农村集体经济组织需要开展改造意愿咨询、基础数据调查及测绘、标图建库研究及申报、项目储备库和计划申报、改造方案及拆迁补偿方案研究编制、完善用地手续办理、合作企业招商文件研究编制等繁杂的前期技术性工作，而农村集体经济组织无法完全承担，故通常情况下，农村集体经济组织会聘请前期服务商来共同完成前述工作。

（二）前期服务商制度分析

关于前期服务商制度，目前只有深圳市、佛山市、东莞市、中山市有明确的政策指引，而在广州，目前并未出台任何正式的政策文件对前期服务商进行规范。广州市住房和城乡建设局到上海、深圳以及东莞等地实地调研有关旧村全面改造下平台公司的相关情况，并结合调研成果和广州市的实际情况，于2020年6月16日发出《广州市住房和城乡建设局关于征求〈广州市旧村全面改造项目前期服务商采购工作指引〉意见的函》（此政策文件仅为征求意见稿，截至本书出版之日，此政策文件并未正式对外公布），拟废止广州市住房和城乡建设局于2020年2月21日发布的《关于进一步规范旧村合作改造类项目选择合作企业有关事项的意见》（穗建规字〔2020〕16号）中关于合作意向企业的规定。

由此可知，广州市的城市更新改造政策正有废除合作意向企业制度，引入前期服务商的政策倾向。合作意向企业制度从2001年开始在广州的城市更新进程中开始启用，因为当时关于合作意向企业制度的政策相对不够完善和成熟，一些别有居心之人便利用还不够完善的合作意向企业制度与农村集体经济组织中掌握话语权的领导干部互相勾结，进行不法利益输送，进而损害本村集体利益，扰乱了广州市城市更新改造的正常进程。

另外，经对比发现，《广州市旧村全面改造项目前期服务商采购工作指引（征求意见稿）》中关于前期服务商的资格要求远比《关于进一步规范旧村合作改造类项目选择合作企业有关事项的意见》中关于合作意向企业的资格要求更低。因此对于有心进行旧改领域的开发商而言，如果能成为前期服务商，则有利于开发商抢占先机，并可以在后续协同农村集体经济组织编制挂牌招商方案时，为其设定有利条件提升竞争力。在此情况下，开发商与农村集体经济组织都拥有一定的主动权，减少了前述可能存在不法利益输送的情况。

（三）前期服务商与合作企业的关系

广州市人民政府于2015年12月29日印发的《广州市旧村庄更新实施办法》（该办法于2016年1月1日正式施行，有效期5年）第25条第1款规定："合作改造类项目一次性引入合作企业应当符合以下规定……（四）参与招标企业应当承诺未参与该村更新改造基础数据摸查和方案编制工作；如有违反承诺的，一经核实，应当自愿退出招标、取消竞投标资格或终止相关合同。城市更新部门应当公布举报电话，加强对招标活动的监督管理。监察部门应当加强监察。村务监督委员会应当对招标活动和信息披露情况进行监督……"由此可知合作企业不能参与基础数据摸查和方案编制工作（前期服务商的工作内容），因此广州市的城市更新政策是不允许合作企业做前期服务商的。

但是如今，政府的态度已经在逐步放开。2020年10月21日，为进一步推进和规范广州市城市更新改造工作，广州市住房和城乡建设局开展了《广州市城市更新办法配套文件》修订工作，形成《广州市旧村庄更新实施办法（修订征求意见稿）》，根据该新的征求意见稿的内容，其已经删除了2015年12月29日印发的《广州市旧村庄更新实施办法》第25条的规定。因此，可推知政府已经准备放宽“前期服务商不能做合作企业”这一硬性要求。

另外,《广州市旧村全面改造项目前期服务商采购工作指引(征求意见稿)》第15条规定:“前期服务商不是改造项目合作企业。农村集体经济组织不得直接将前期服务商确定为改造项目合作企业。旧村全面改造项目的合作企业,按照《广州市旧村庄更新实施办法》《广州市人民政府关于提升城市更新水平促进节约集约用地的实施意见》(穗府规〔2017〕6号)、《关于进一步规范旧村合作改造类项目选择合作企业有关事项的意见》(穗建规字〔2020〕16号)和各区关于选择合作企业的要求依法确定。”由此也可以看出,政府对前期服务商是否能做合作企业的态度逐渐明朗,如果前期服务商满足合作企业引入要求并按照公开招商路径按规定合法中标且经村民民主表决程序同意,前期服务商也可依法作为合作企业深度参与旧村改造。

二、自主改造模式转变为合作改造模式的可能路径

(一)模式变更的背景介绍

自主改造模式是指农村集体经济组织或其成立的全资子公司作为本村旧村改造项目的改造主体进行改造的改造模式,其不需要通过公开途径引入第三方,完全由农村集体经济组织自筹资金进行改造;合作改造模式是指由农村集体经济组织根据批复的项目实施方案和制定的拆迁补偿安置方案,通过市公共资源交易中心公开招标引进开发企业合作参与改造的改造模式。

由于合作改造模式下的编制招商文件、公开招标引入合作意向企业、正式的合作企业的选择均需要通过村民的民主议定程序进行表决,程序较为复杂,相较自主改造模式而言,合作改造模式的启动较为烦琐且耗时费力,故有一些农村集体经济组织与其前期沟通的合作意向企业出于尽快启动本村的旧村改造项目的考量,会先以自主改造模式向项目所在地区人民政府申请改造实施方案的批复,待农村集体经济组织取得正式的自主改造的批复后,再解决合作企业的身份问题。

（二）模式变更的可能路径

一般来说，改造模式从自主改造模式转变为合作改造模式，可能存在以下两种解决路径：一是重新招商，二是直接变更。

1.重新招商

（1）重新招商的政策依据

通常情况下，农村集体经济组织想要由自主改造模式变更为合作改造模式的，可根据《广州市城中村改造合作企业引入及退出指引》（穗建规字〔2021〕1号）及《广州市住房和城乡建设局关于印发关于进一步规范旧村合作改造类项目选择合作企业有关事项的意见的通知》（穗建规字〔2020〕16号）的规定以公开招商的形式进行合作企业引入。

（2）重新招商的实例参考

广州市黄埔区萝岗街萝岗社区经济联合社以自主改造模式向广州市黄埔区人民政府申请批复。黄埔区人民政府于2019年6月28日作出《广州市黄埔区人民政府关于萝岗社区大塱村旧村改造实施方案的批复》同意萝岗街萝岗社区经济联合社采取自主改造的模式进行全面改造。广州市黄埔区萝岗街萝岗社区经济联合社于2020年8月11日决定委托广州公共资源交易中心以公开招商方式引入萝岗社区经济联合社农村集体经济组织的“广州市黄埔区大塱村旧村改造项目”的合作企业。

广州公共资源交易中心于2020年9月28日对广州市黄埔区大塱村旧村改造项目资格审查结果进行公示，公示内容为：“广州萝城房地产开发有限公司递交了竞选文件，资格审查小组按规定程序对广州萝城房地产开发有限公司进行评审并确认。经审查，资格审查小组一致认为，广州萝城房地产开发有限公司通过资格审查。”

广州公共资源交易中心于2020年10月16日对广州市黄埔区大塱村旧村改造项目公开引入合作企业成交结果进行公示，公示内容为：“经广州市黄埔区萝岗街萝岗社区成员代表会议表决，确定广州萝城房地产开发有限公司为本项目的合作企业。”

需要注意的是，如果采取重新招商的方式变更合作改造模式，则在公开招标的过程中，可能出现前期沟通的合作意向企业未能通过资格审查、未能中标或者中标后未能通过村民表决等风险情况，将导致前期沟通的合作意向企业无法通过重新招商的路径成为合作企业。

2.直接变更

（1）直接变更的政策依据

针对旧村改造项目存在改造实施方案批复的自主改造模式与拟进行的合作模式实际不符的情况，广州市住房和城乡建设局于2020年2月21日公布实施的《关于进一步规范旧村合作改造类项目选择合作企业有关事项的意见》第13条第2款规定："《关于印发进一步规范城中村改造有关程序的通知》（穗旧改办〔2011〕51号）印发前已批复改造方案并实质推进的旧村合作改造类项目，以及2018年1月19日前已按《广州市旧村庄更新实施办法》第二十五条规定选择合作企业的，不适用本意见。"《广州市旧村庄更新实施办法》第25条第2款规定："2015年8月18日前，按本市'城中村'改造原有程序，通过村集体经济组织集体表决同意选择合作企业，已签订合作意向书，并按规定要求报批，经区政府批准，且经市城市更新领导机构审定的合作改造类项目，不适用本条前款规定"。

根据本项目的实际操作情况和上述政策规定可具体分析本项目是否具有由自主改造模式不通过公开招商途径直接变更为合作改造模式的可行性，概括来说由自主改造模式直接变更为合作改造模式需满足以下全部条件：① 农村集体经济组织已于2015年8月18日前选定合作企业；② 农村集体经济组织通过合法的表决程序选定合作企业；③ 农村集体经济组织与合作企业签订合作意向书；④ 农村集体经济组织选定合作企业后按规定报批并经区政府批准，且经市城市更新领导机构审定。

（2）直接变更的实例参考

据笔者的旧村改造实务经历及网络公开信息查询结果，截至本书出版之日，暂未发现通过直接变更的方式取得合作改造模式批复的实例。

三、合作企业的退出

（一）退出的背景介绍

合作企业中标之后，一般来说是不允许随意退出的，因为这不利于旧村改造项目的稳定推进。一旦允许合作企业随意退出之后，将涉及旧村改造项目重新公开招商选择合作企业的问题，这又会耗费巨大的时间与金钱成本，而且，新的合作企业中标之后，又涉及与原合作企业的交接问题（包括原合作企业已实际支付的旧改费用、原合作企业与各合作方签订的相关协议等）。但是，合作企业也并不是完全无法退出，根据广州市旧村改造政策的相关规定，合作企业在满足一定条件下也可以退出。

概括而言，因合作企业退出对旧村改造项目的影响巨大，因此，合作企业退出旧村改造项目需设置严格的限制条件，该限制条件既包括因合作企业主动违约退出的限制条件，也包括因不可归责于合作企业的原因退出的限制条件。毫无疑问，合作企业退出旧村改项目时，最核心的问题即为如何妥善处理好与政府之间以及与农村集体经济组织之间的平衡关系。

（二）现行的退出机制

农村集体经济组织的公开招商文件、农村集体经济组织与合作企业签订的《合作框架协议》及合作企业与相关政府部门签署的《旧村改造项目监管协议》中应当明确合作企业违约责任和退出的情形。公开招商文件、《合作框架协议》、《旧村改造项目监管协议》等文件应明确约定包括但不限于以下退出的情形：

（1）项目签订监管协议后，合作企业未按时、足额出具银行履约保函的；

（2）合作企业在改造有效期内擅自终止合作协议，放弃投资建设的；

（3）合作企业在项目公开引入过程中，提供虚假信息骗取项目资格，经行业监管部门查证属实的；

（4）因人力、物力、资金不到位等合作企业原因，项目拆迁或者施工滞后约定工期2个月以上，区政府或其指定的部门对合作企业限期整改，在规定时间内仍不整改或整改未达要求的；

(5)合作企业不按约定引入产业、教育、医疗等资源或引入资源不符合约定或引入产业的产出效益不达标的情形。

当然,农村集体经济组织负有督促合作企业履行合作协议的职责,依法推进本村旧村改造项目的实施。对于合作企业违反《合作框架协议》约定的退出情形的,经农村集体经济组织依程序决策后,按《合作框架协议》启动合作企业退出程序。另外,区政府或其指定的部门负责对监管协议执行情况的监督,敦促合作企业依法履约。对于合作企业违反监管协议符合退出条款的,区政府或其指定的部门按监管协议启动合作企业退出程序。区政府或其指定的部门根据协议约定条款和合作企业违约的情况,可启动银行保函索赔程序,将结果通报市住房城乡建设、规划和自然资源部门,并按照《广州市公共信用信息管理规定》(市政府令第166号)规定予以处理。合作企业退出后,改造工作尚未完成的城中村,区政府指导村集体启动新的合作企业遴选工作。退出的合作企业前期投入按照协议约定予以合理补偿。

四、小产权房的拆迁安置补偿

(一)小产权房的内涵

小产权房并不是一个规范的法律专业术语,并未出现在我国的相关法律法规之中。小产权房是实务中约定俗成的一种称呼。其主要指在农村集体土地上建设的未依法取得国土与房屋产权管理部门颁发的产权证的房屋。该房屋上拥有的产权证由乡政府或农村集体经济组织自行颁发,因此称为"小产权房",也被称为"乡产权房"。

(二)小产权房与违法建设的关系

根据《土地管理法》《城乡规划法》《广州市违法建设查处条例》等相关法律法规的规定可知,农村集体土地上的违法建设系指未依法取得乡村建设规划许可证或者未按照乡村建设工程规划许可证的规定进行建设的房屋及设施。

尽管从物权的角度来讲,小产权房因未能取得国家颁发的合法产权证,不是《民法典》物权编所保护的合法物权。但是，从房屋建造行为的角度来讲，小产权房可以分为建设行为合法的小产权房与建设行为不合法的小产权房。

建设行为合法的小产权房，即在施工建设之时取得了合法的审批手续，因此可认为其建设是符合《土地管理法》及《城乡规划法》等相关法律规定的，只是因为其建设在集体土地上未办理相应的土地使用手续，故未能在房管部门取得合法的物权登记。

建设行为违法的小产权房，即建造行为违反了《土地管理法》及《城乡规划法》等相关法律规定，该建造行为既不符合土地利用规划又不符合建设施工规划，因其在各个环节均未履行合法审批手续，因此无法取得合法的物权登记。

结合上述分析，笔者认为，不能一律笼统地认为“小产权房”即为“违法建设”并一律按照违法建设予以拆除，应该综合考虑小产权房的成因，审慎对待，保障小产权房“产权人”的合法利益并根据广州市的城市更新政策以及各村的拆迁补偿安置方案对小产权房“产权人”进行合理的拆迁安置补偿。

（三）小产权房流转的合法性

相较于有合法的产权证的房屋而言，小产权房因价格低廉等原因在交易市场上的行情一直居高不下。但是，在司法实践当中，绝大多数司法判例均以“集体土地的使用权不得流转”“非集体经济组织成员不能取得宅基地使用权”等理由认定小产权房的流转协议无效。

此外，虽然现行的法律以及行政法规并没有直接规定“小产权房”，但是，关于小产权房的流转事宜，国务院等部门曾明令出台过相关禁止性规定，如《关于严格执行有关农村集体建设用地法律和政策的通知》（国办发〔2007〕71号）第2条第3款规定：“农村住宅用地只能分配给本村村民，城镇居民不得到农村购买宅基地、农民住宅或‘小产权房’。单位和个人不得非法租用、占用农民集体所有土地搞房地产开发……”由此可以推知，小产权房的流转有悖社会公共利益，因此国家对于小产权房流转是不支持的，小产权房的流转协议应当无效。

鉴于以上情况，项目实施主体在认定小产权房的受补偿权利人时，应当认定原始的小产权房“产权人”为受补偿权利人，而非小产权房的受转让人。

五、旧村改造中的村务公开

（一）村务公开的必要性

毫无疑问，旧村改造对于农村集体经济组织来说，是一件非比寻常的重大村务事项，涉及全体村民的个人切身利益以及整村的集体经济利益。《广东省村务公开条例》第7条的规定：“村务公开事项包括：（一）本村制定的村民自治章程、议事规则、村规民约。（二）村民会议、村民代表会议、村民委员会讨论决定的事项及其实施情况……（三）本村财务收支和债权债务，以及村民委员会涉及的诉讼、仲裁情况。（四）本村集体资产、资金、资源处置及其经营管理情况……（七）村民委员会协助乡、民族乡、镇人民政府开展工作的情况。（八）涉及本村村民利益，村民普遍关心的其他事项。”因此，旧村改造的整个进程当中涉及多方面的村务公开事项。村务公开保障了村民的合法知情权，本村旧村改造项目的村务信息的公开透明有利于增强村民对农村集体经济组织的信赖，维护旧村改造进程中的村内和谐与稳定。

（二）旧村改造中可能涉及的村务公开事项

根据广州市相关旧村改造政策以及笔者的旧村改造实务经验，广州市旧村改造中可能涉及的村务公开事项主要有以下几个方面：

（1）改造意愿（包括是否愿意改造、改造方式和改造模式等内容）的表决结果；

（2）项目改造实施方案的具体内容以及表决结果；

（3）合作意向企业选择的表决结果；

（4）正式合作企业的公开招商文件或者公开招拍挂文件的具体内容以及表决结果；

（5）正式合作企业选择的表决结果；

（6）村集体建设用地转为国有建设用地的表决结果（如有）；

（7）拆迁补偿安置方案的具体内容以及表决结果；

（8）回迁安置房建设和分配情况，包括回迁安置房的户型面积及平面图、建设进度、竣工交付、房源分配、摇珠选房方案、公建配套建设进度、复建安置资金的使用、监管等情况；

（9）收回改造范围内宅基地使用权的表决结果（如有）；

（10）涉及本村村民利益，村民普遍关心的其他事项。

（三）旧村改造中村务公开的程序

首先，关于村务公开的时间问题。《广东省村务公开条例》第8条规定："按照本条例第七条规定应当公开的事项，涉及工作目标执行情况的，应当每年公布一次；涉及财务、集体经济、政府专项资金情况事项应当每月公开；涉及村民切身利益的重大事项、重大决策和村民普遍关心的事项，应当及时公开。法律法规另有规定的除外。定期公开的村务，应当在每年度结束之日起十五日内、每月结束之日起十日内公布；及时公开的村务，应当在公开事项发生之日起五日内公布；遇到特殊情况无法按时公布的，应当及时作出说明。"可知，旧村改造进程中发生的上述重要事项应当由农村集体经济组织及时公开。

其次，关于村务公开的地点以及方式问题。《广东省村务公开条例》第10条规定："村民委员会应当在位于其所在地的公共场所设置固定的村务公开栏或者电子信息平台，有条件的可以在村民小组所在地增设村务公开栏或者电子信息平台；对于区域较大或者较为分散的村，可以在其便于村民观看的公共场所增设村务公开栏。村民委员会可以结合实际需要，通过会议、宣传单、广播、明白卡、入户告知、网络、手机等多种方式同步公开村务，公布的内容应当一致。"可知，村务公开的地点应当选取村民经常聚集，容易使村民获取信息的地点，村务公开的方式要考虑到各年龄层的村民获取信息的渠道和习惯，多样化地选择村务公开的方式，随着网络媒体高度发展和普及，有一定条件的农村集体经济组织可以适当引进自媒体平台，比如申请官方公众号，在网络上建立官方网站，用于发布村务信息。

最后，关于村务公开的公示期间问题。《广东省村务公开条例》第11条规定："村务公开栏的内容应当保留不少于十日，涉及本条例第七条第三项、第四项、第六项第一目的事项应当保留六个月以上。通过网络公开的村务内容保留期一般不少于一年。"可知，村务公开的事项一般应当在村务公开栏等村务公开的地点公示不少于10日。另外，根据广州市住房和城乡建设局于2021年5月7日实施的《表决指引》第8条的规定，旧村改造进程中涉及表决通过的事项应当在村域范围内公示不少于5个工作日。由此可见，针对旧村改造中应当公开的表决事项，广州市城市更新政策对公示期间有明确的时限限定。

（四）旧村改造中村务公开的监督

村民对旧村改造中的村务公开享有监督权，旧村改造项目涉及改造范围内村民的个人切身利益，因此村民尤为关心旧村改造中的各项重大事项的公开情况，正因为村民尤为关心旧村改造项目的各项重大事宜，某些农村集体经济组织反而担心公开事项会引起村民的不满甚至引发广大村民投诉，因此这些农村集体经济组织选择不公开相关事宜，在这种情况下，村民如何保障自身对重大村务事项的知情权。

《广东省村务公开条例》第13条规定，村务监督委员会监督村民委员会实施村务公开，并向村民委员会反映涉及村务公开工作的意见和建议，督促村民委员会及时答复并予以改进。村民对村务公开的内容、时间等有异议的，可以口头或者书面形式向村务监督委员会反映，村务监督委员会应当及时交由村民委员会在10日内予以答复；村务监督委员会发现内容有遗漏或者公开的内容不真实的，应当了解情况，并可以对有关资料进行查阅审核，以书面形式督促村民委员会改正。村民委员会应当自收到村务监督委员会书面意见之日起10日内给予书面答复，确有问题的，予以纠正并重新公布。村务监督委员会或者村民对村民委员会的答复和纠正结果不满意的，可以书面形式向乡、民族乡、镇人民政府，县级或者不设区的地级市人民政府及其有关主管部门投诉并申请调查处理，有关部门应当自收到申请之日起60日内调查处理并给予书面答复。村民可向本村村务监督委员会反映情况,要求村务监督委员会督促村民委员会及时进行村务公开。如果村务监督委员会不履行监督职责,村民亦可向所属乡(镇)人民政府或所属街道办事处投诉并申请调查处理,以保障自身的村务知情权。

行政诉讼编

本编以相关政府部门、农村集体经济组织以及项目实施主体的代理律师的法律视角进行诉讼策略解读(被告或第三人视角解读)。

诉讼类型一:确认旧村改造行为违法之诉

诉讼类型二:撤销项目改造实施方案的批复之诉

诉讼类型三:不履行旧村改造项目监督职责之诉

诉讼类型四:撤销建设工程规划许可证之诉

诉讼类型五:政府行政信息公开之诉

诉讼类型六:政府不履行责令村务公开之诉

诉讼类型七:强制拆除违法之诉

诉讼类型八:不履行改造补偿安置职责之诉

诉讼类型一：确认旧村改造行为违法之诉

一、诉讼当事人类型

（1）原告：一般为旧村改造范围内的村民、被改造房屋的权属人或承租人或其他利害关系人。

（2）被告：一般为作出同意旧村改造实施方案批复的政府部门。

（3）第三人：项目实施主体或农村集体经济组织（如有）。

二、原告的诉讼请求

（1）请求确认被告的旧村改造行为违法，并责令被告立即停止上述违法行为；

（2）请求判令由被告承担本案诉讼费用。

三、原告起诉的背景介绍

原告在××村拥有房屋，用于生产、生活，该房屋所占土地均属于集体性质土地。因旧村改造项目建设，原告房屋所在区域被列入改造范围。原告实质因对《拆迁补偿安置方案》的拆迁补偿安置标准不满意，未能与项目实施主体签订《拆迁补偿安置协议（私宅）》。据此，原告对作出项目改造实施方案批复的政府部门提起确认行政行为违法之诉。

四、被告应诉可参考的判例

（2019）最高法行申13058号、（2019）最高法行申6859号、（2018）鲁11行初51号。

五、被告应诉的诉讼策略

被告可认为原告的起诉不符合《行政诉讼法》第49条第3项规定即起诉要有具体的诉讼请求和事实根据，要求法院驳回原告的起诉。具体法律论述如下：

依据《行政诉讼法》第49条第3项的规定，提起行政诉讼应当有明确的诉讼请求和事实根据。因此，诉讼请求明确是行政诉讼程序得以启动的重要条件。诉讼请求的固定，直接关系到被告主体资格、起诉期限的审查等，也是行政诉讼“一事一诉”在审理程序上的必然要求。就本案而言，在××村旧村改造过程中，是否存在相关行政行为、存在何种行政行为、可以被诉的行政行为范围等，原告起诉前应就相关情况予以分析判断，以准确界定对其权利义务产生实际影响的行政行为。如此，原告的诉讼请求才会明确具体，符合起诉条件；否则，原告笼统地针对违法××村旧村改造行为提起诉讼，既不能确定具体的行政行为，也不宜确定行政行为主体即适格的行政诉讼被告，甚至出现民事、行政争议混淆的情况，显然不符合行政诉讼法规定的起诉条件。

六、法律探讨

在行政审判实务中，针对行政诉讼原告起诉条件的欠缺，人民法院不应简单化处理，应当充分释明，帮助其正确诉讼和维权。一般法律意义上的旧村改造行为实质是由一系列行为构成的，包括：农村集体经济组织向政府部门申请标图建库、政府部门将该村纳入城市更新计划、农村集体经济组织向政府部门申请改造实施方案的批复、政府部门作出对××村改造实施方案的批复等行为。原告起诉要求笼统确认旧村改造行为违法的，人民法院应当向原告进行具体被诉行政行为的拆分释明，故不宜简单认定为原告的诉讼请求不明确，对于原告变更后的具有明确的诉讼请求的诉讼应当予以受理审查。但是，如果原告坚持要求确认旧村改造行为违法的，即原告的起诉仍然不能符合《行政诉讼法》第49条第3项的规定的，人民法院才能依照《最高人民法院关于适用〈中华人民共和国行政诉讼法〉的解释》第69条第1款第1项的规定，裁定驳回原告的起诉。如果原告能明确其诉讼请求，并符合其他起诉条件，再次提起行政诉讼的，应当予以受理。如果人民法院对当事人的笼统的起诉请求即确认旧村改造行为违法未予以释明即直接裁定驳回起诉的，因剥夺了当事人的诉讼权利而可能导致程序违法，进而导致该裁定因程序违法而存在被撤销的法律风险。

诉讼类型二：撤销项目改造实施方案的批复之诉

一、诉讼当事人类型

（1）原告：一般为旧村改造范围内的村民、被改造房屋的权属人或承租人或其他利害关系人。

（2）被告：作出《××政府关于××旧村改造实施方案的批复》的政府部门。

二、原告的诉讼请求

（1）请求撤销××政府作出的《××政府关于××旧村改造实施方案的批复》；

（2）请求判令由被告承担本案诉讼费用。

三、原告起诉的背景介绍

原告是××村的村民，在××村拥有私宅，该私宅所占土地均属于集体性质土地。原告通过“××政务”才了解到被告发布的《××政府关于××旧村改造实施方案的批复》。但是，原告称其对于《××旧村改造实施方案》的具体内容毫不知情，村里从未召开过村民会议讨论决定，也未授权村民代表会议决定该事项。原告认为，旧村改造涉及村里土地的规划利用、相关配套设施的建设、改造资金的筹集、地产商的选择、对村民的具体安置补偿、村里公共产业的开发利用及全体村民的分红模式等事项，属于涉及村民重大利益的重要事项。根据《村民委员会组织法》第24条的规定，必须经村民会议讨论决定，或者由村民会议授权村民代表会议讨论决定。被告发布的《××政府关于××旧村改造实施方案的批复》中的“旧村改造实施方案”未征求村民意见，也未经法定程序，完全在原告等多数村民不知晓的情况下制定，存在严重违法情形，导致原告合法权益受到侵害，据此，原告对××政府作出的《××政府关于××旧村改造实施方案的批复》提起撤销之诉。

四、被告应诉可参考的判例

（2019）粤71行初679号、（2020）粤行终81号、（2019）粤71行初724号、（2020）粤行终778号。

五、被告应诉的诉讼策略

1.诉讼策略一

根据《最高人民法院关于适用〈中华人民共和国行政诉讼法〉的解释》第1条第2款第10项规定："下列行为不属于人民法院行政诉讼的受案范围……（十）对公民、法人或者其他组织权利义务不产生实际影响的行为。"被告可主张本案不属于行政诉讼受案范围，具体法律论述如下：

被诉的《××政府关于××旧村改造实施方案的批复》是××政府针对××农村集体经济组织自主确定的改造范围、改造模式等内容所进行的确认。该批复本身并不具有强制拆除房屋或征收宅基地的法律效力，内容上未直接设定原告的相关权利义务，对改造范围内相关村民财产权益产生实际影响的是后续可能采取的强制拆除房屋、征收补偿决定等行为，因此被诉批复并未实际影响原告的权利义务，被告作出《××政府关于××旧村改造实施方案的批复》的行为属于对原告权利义务不产生实际影响的行为，因此，根据《最高人民法院关于适用〈中华人民共和国行政诉讼法〉的解释》第1条第2款第10项规定，本案不属于行政诉讼受案范围，人民法院应当驳回原告的起诉。

2.诉讼策略二

根据《行政诉讼法》第25条第1款的规定"行政行为的相对人以及其他与行政行为有利害关系的公民、法人或者其他组织，有权提起诉讼"，《行政诉讼法》第49条的规定"提起诉讼应当符合下列条件：（一）原告是符合本法

第二十五条规定的公民、法人或者其他组织……”以及《最高人民法院关于适用〈中华人民共和国行政诉讼法〉的解释》第69条第1款第1项的规定“有下列情形之一，已经立案的，应当裁定驳回起诉：（一）不符合行政诉讼法第四十九条规定的……”，被告可主张本案原告不具有提起本案诉讼的原告主体资格，应当依法裁定驳回起诉。具体法律论述如下：

本案中，××旧村改造已列入广州市××区的××年城市更新年度计划，《××旧村改造实施方案》经过××村民大会的表决，表决通过率为××，并在全村范围内进行公示，公示期为××天。被告作出被诉批复，核心内容是同意××村集体经济组织报送的《××旧村改造实施方案》，对××村集体土地范围内的约×××公顷集体土地进行改造，实施目的是改善该村村民的居住环境和城市面貌，符合当地国民经济和社会发展的公共利益的需要。由于被诉批复涉及××全体村民的整体利益，如对此不服申请撤销，应由××村集体经济组织或者超过半数以上的村民提起行政诉讼，原告以自己的名义提起诉讼不符合上述条件，不具有原告主体资格。此外，被诉批复中明确规定了生效实施条件，即经××政府审批通过的《××旧村改造实施方案》须经村民（含村改居后的居民）和世居祖屋权属人总人数的80%以上表决通过，原告作为××村集体经济组织的成员，其对《××旧村改造实施方案》的建议或意见可以依照法定程序，通过成员大会或者成员代表会议途径表达。因此，本案原告不具有提起本案诉讼的原告主体资格，依照《最高人民法院关于适用〈中华人民共和国行政诉讼法〉的解释》第69条第1款第1项之规定，应当依法裁定驳回原告的起诉。

诉讼类型三：不履行旧村改造项目监督职责之诉

一、诉讼当事人类型

（1）原告：一般为旧村改造范围内的村民、被改造房屋的权属人或承租人或其他利害关系人。

（2）被告：一般为作出同意旧村改造实施方案批复的政府部门。

（3）第三人：项目实施主体或农村集体经济组织（如有）。

二、原告的诉讼请求

（1）确认被告不履行对××旧村改造过程的监督职责；

（2）判决被告立即停止××旧村的改造行为；

（3）确认被告作出的《××旧村改造实施方案》失效；

（4）请求判令由被告承担本案诉讼费用。

三、原告起诉的背景介绍

原告认为被告××政府未履行好其作为旧村改造责任主体的职责。《关于××区更新改造规划的批复》（本诉讼类型以下简称《批复》）规定了"批复生效之日起3年内，拆迁补偿安置方案未能取得90%以上农村集体经济组织成员同意的，批复自行失效"，现距离《批复》的作出时间已过了5年，《批复》应已失效，但被告作为××村"三旧"改造责任主体，未遵循"政府主导、村为主体"的原则，在《批复》失效后又急于求成，未按照《批复》的规定先细化拆迁补偿方案，就办理了立项（审批、核准、备案）、环评、规划、用地等后续报建手续，其对自主改造主体即××农村集体经济组织未履行好监督义务，改造计划不周、改造合作方信息不明、房屋安置补偿程序严重滞后，在改造过程中，亦未充分保障村民的知情权、参与权、决策权，侵犯了集体、个人财产权益，据此，原告对××政府提起不履行“三旧”改造项目监督职责之诉。

四、被告应诉可参考的判例

（2017）粤71行初459号。

五、被告应诉的诉讼策略

被告可认为原告的起诉不符合《行政诉讼法》第49条第3项规定，即起诉要有具体的诉讼请求和事实根据，从而要求法院驳回原告的起诉。本案中，涉案“三旧”改造项目遵循“自主改造、协议出让”原则，被告××区政府在××村的更新改造中承担统筹推进责任，并不涉及集体土地及个人房屋的征收拆迁补偿安置的实质性处理，涉案《批复》××××年××月××日公布生效，在《批复》的3年有效期内，能否达成征收补偿协议、以何种条件达成征收补偿协议，由作为改造主体的××经济联社及广大集体经济组织成员共同参与决定，《批复》的3年有效期满后，拆迁补偿安置方案未能取得90%以上农村集体经济组织成员同意的，自行失效。故此，《批复》所涉改造项目成功与否，取决于××经济联社及其社员，不取决于被告。在涉案项目的征收补偿条款仍在磋商、尚未达成时，原告起诉认为被告不履行征收补偿过程的监督职责并致其经济利益受损，请求被告立即停止“三旧”改造行为的诉讼请求没有事实根据。此外，涉案《批复》不对原告的合法权益造成直接影响，综上，原告的起诉不符合《行政诉讼法》第49条第3项规定的法定起诉条件，法院应予驳回起诉处理。

诉讼类型四：撤销建设工程规划许可证之诉

一、诉讼当事人类型

（1）原告：一般为旧村改造范围内的村民、被改造房屋的权属人或承租人或其他利害关系人。

（2）被告：作出《建设工程规划许可证》的政府部门。

（3）第三人：项目实施主体或农村集体经济组织（如有）。

二、原告的诉讼请求

（1）请求确认××政府部门作出的××号《建设工程规划许可证》违法或撤销××政府部门作出的××号《建设工程规划许可证》；

（2）请求判令由被告承担本案诉讼费用。

三、原告起诉的背景介绍

原告在××村拥有房屋，用于生产、生活，该房屋所占土地均属于集体性质土地。原告就案涉房屋的拆迁补偿安置事宜与项目实施主体未达成一致意见，因此未能签订《拆迁补偿安置协议（私宅）》。而后，××区政府发布《关于全面开展××改造的公告》，将原告的房屋划在了拆迁范围内。再之后，被告作出涉案××号《建设工程规划许可证》，准许项目实施主体进行复建安置区楼房建设，并在××村进行了公告。原告认为其与被告具有法律上的利害关系，原告认为被告作出的涉案《建设工程规划许可证》违反法定程序及实体性规定，应予确认违法或撤销，故诉讼至法院。

四、被告应诉可参考的判例

（2016）粤7101行初1675号、（2017）粤71行终713号。

五、被告应诉的诉讼策略

1.诉讼策略一

被告可认为原告的起诉不符合《行政诉讼法》第25条第1款的规定，即“行政行为的相对人以及与行政行为有利害关系的公民、法人或者其他组织，有权提起诉讼”，要求法院驳回原告的起诉。具体法律论述如下：

在本案中，案涉××号《建设工程规划许可证》的行政相对人是×××公司，因此原告不是本案的行政相对人。而且，原告与案涉××号《建设工程规划许可证》无行政法意义上的利害关系，涉案××号《建设工程规划许可证》不是拆迁批准文件，也并不调整××公司与原告之间“可能”产生的房屋拆迁法律关系，不会导致原告对房屋产权的丧失。还需要阐明一点的是，《××村拆迁安置补偿方案》需征求改造范围内的村民意愿并经表决通过，原告所称的案涉房屋的合法权益应通过房屋拆迁补偿安置的法律关系予以解决，案涉××号《建设工程规划许可证》的核发与原告产权没有直接利害关系，不直接影响原告的合法权益。因此，原告既不是本案的行政相对人又不是本案的利害关系人，根据《行政诉讼法》第49条的规定：“提起诉讼应当符合下列条件：（一）原告是符合本法第二十五条规定的公民、法人或者其他组织……”以及《最高人民法院关于适用〈中华人民共和国行政诉讼法〉的解释》第69条第1款第1项的规定：“有下列情形之一的，已经立案的，应当裁定驳回起诉：（一）不符合行政诉讼法第四十九条规定的……”可知，应当裁定驳回原告的起诉。

2.诉讼策略二

被告可主张被告核发案涉××号《建设工程规划许可证》的行政行为并没有违反法定程序及实体性规定，原告的诉请缺乏相应事实支撑，应由法院驳回原告全部的诉讼请求，具体论述如下：

××公司就涉案复建安置区楼房建设工程申请办理了建设工程规划许可证，向被告提交了《建设用地规划许可证》、修建性详细规划（或总平面规划方案）审查批文、规划条件或修建性详细规划批文要求提供的专业管理部门审查意见、建筑设计方案图等资料，被告审核后核发案涉××号《建设工程规划许可证》，符合《城乡规划法》第40条、《广东省城乡规划条例》第40~41条的规定。因此，被告颁发涉案××号《建设工程规划许可证》的证据确凿，适用法律正确，程序合法。而且，××公司申领涉案××号《建设工程规划许可证》的目的是建设××村旧村改造项目的复建安置房，而复建安置房用于已签订《拆迁补偿安置协议（私宅）》的被拆迁人的回迁，具有充分的必要合理性。是故，根据《行政诉讼法》第69条规定："行政行为证据确凿，适用法律、法规正确，符合法定程序的，或者原告申请被告履行法定职责或者给付义务理由不成立的，人民法院判决驳回原告的诉讼请求。"人民法院应当依法驳回原告的全部诉讼请求。

诉讼类型五：政府行政信息公开之诉

一、诉讼当事人类型

（1）原告：一般为旧村改造范围内的村民、被改造房屋的权属人或承租人或其他利害关系人。

（2）被告：一般为政府部门，常见的有××区政府、××区城市更新部门、××街道办事处。

（3）第三人：项目实施主体或农村集体经济组织（如有）。

二、原告的诉讼请求

（1）要求被告向原告公开《××村旧村改造项目的前期工作合作协议》《××村旧村改造项目的前期工作合作协议》；

（2）请求判令由被告承担本案诉讼费用。

三、原告起诉的背景介绍

原告认为其作为××村旧村改造范围内的合法村民，对××村旧村改造范围的所有事项与文件均有知情权。根据《广州市城市更新办法》第12条、《广州市旧村庄更新实施办法》第6条第3款的规定，××区政府作为××村旧村改造的第一责任主体，负责编制、批复拆迁补偿安置方案，相关改造资金也由区城市更新局负责统筹、审批。虽然根据《××旧村改造实施方案》可知，该村改造模式为农村集体经济组织自主改造，但本案旧村改造项目具有明显的行政属性，可以说没有区政府的统筹、规划及许可，××农村集体经济组织根本不可能实施旧村改造行动，更不可能与村民签订相关《拆迁补偿安置协议（私宅）》，××区政府以及其下属××街道办事处作为××

农村集体经济组织的管理机构，依法监督、指导××村进行旧村改造，相关协议、文件等资料应该报××区政府备案。但××区政府拒绝向上诉人公开相关协议文件，原告认为××区政府的行为明显属于行政不作为，因此诉讼至法院。

四、被告应诉可参考的判例

（2020）粤7101行初920号、（2020）粤71行终2229号。

五、被告应诉的诉讼策略

《行政诉讼法》第69条规定："行政行为证据确凿，适用法律、法规正确，符合法定程序的，或者原告申请被告履行法定职责或者给付义务理由不成立的，人民法院判决驳回原告的诉讼请求。"因此，被告可请求法院依法驳回原告的全部诉讼请求。具体法律论述如下：

《政府信息公开条例》第2条规定："本条例所称政府信息，是指行政机关在履行行政管理职能过程中制作或者获取的，以一定形式记录、保存的信息。"第10条第1款规定："行政机关制作的政府信息，由制作该政府信息的行政机关负责公开。行政机关从公民、法人和其他组织获取的政府信息，由保存该政府信息的行政机关负责公开；行政机关获取的其他行政机关的政府信息，由制作或者最初获取该政府信息的行政机关负责公开。法律、法规对政府信息公开的权限另有规定的，从其规定。"第33条规定："行政机关收到政府信息公开申请，能够当场答复的，应当当场予以答复。行政机关不能当场答复的，应当自收到申请之日起20个工作日内予以答复……"第36条规定："对政府信息公开申请，行政机关根据下列情况分别作出答复……（四）经检索没有所申请公开信息的，告知申请人该政府信息不存在……"在本案中，被告根据原告提交的政府信息公开申请的内容特征进行了检索，后经审查在法定期限内作出涉案答复书，对原告申请公开的政府信息分别作出了相应的答复，已履行了政府信息公开的义务，答复内容符合上述规定及本案的实际情况，并无不当，程序合法。而且，被告并非原告申请公开的《××村旧村改造项目的前期工作合作协议》《××村旧村改造项目的前期工作合作协议》的签订主体，被告仅系上述协议签订当时的见证方，并非合同当事人，上述协议也不属于由被告制作或保存的政府信息，原告没有提供证据证明被告保存有其中该公开的信息。故根据《政府信息公开条例》第2条规定，上述协议不属于应当公开的政府信息范围。被告所作的“告知原告该政府信息不存在”的行政行为认定事实清楚，适用法律正确，程序合法，故请求法院依法驳回原告的全部诉讼请求。

诉讼类型六:政府不履行责令村务公开之诉

一、诉讼当事人类型

(1)原告:一般为旧村改造范围内的村民、被改造房屋的权属人。

(2)被告:××村旧村改造所属区政府。

(3)第三人:农村集体经济组织(如有)。

二、原告的诉讼请求

(1)确认被告将原告申请事项转由下级部门处理的行政行为违法;

(2)责令被告依法履行法定职责,对××村的村务公开情况进行查处并责令××村公开原告申请公开的信息;

(3)本案诉讼费由被告承担。

三、原告起诉的背景介绍

原告为××经济联合社的成员,原告为了解××经济联社的村务信息,根据《村民委员会组织法》以及国务院发布的《中共中央办公厅、国务院办公厅关于健全和完善村务公开和民主管理制度的意见》的相关规定,原告于××××年××月××日向××经济联社提交了《村务公开申请书》,要求其公开相关村务信息,但是××经济联社并未向原告公开任何信息。原告遂向被告提交《责令村务公开申请书》,要求被告责令××经济联社公开相关村务信息。但是被告却将该事项转交其下级部门即××区农业农村局履行。原告认为,根据《村民委员会组织法》相关规定,被告负有责令××经济联社履行公开村务的法定职责。被告未积极调查、核实和处理,而是交由其下级部门履行,其行为属于违法行为,故诉讼至法院。

四、被告应诉可参考的判例

（2020）粤71行初367号。

五、被告应诉的诉讼策略

《行政诉讼法》第69条规定："行政行为证据确凿，适用法律、法规正确，符合法定程序的，或者原告申请被告履行法定职责或者给付义务理由不成立的，人民法院判决驳回原告的诉讼请求。"因此，被告可请求法院依法驳回原告的全部诉讼请求。具体法律论述如下：

第一，被告依职权将原告的《责令村务公开申请书》转由××区农业农村局核查办理，已依法履行法定职责。《广东省农村集体资产管理条例》第4条第1款规定："县级以上人民政府农业行政主管部门、乡镇人民政府、街道办事处负责指导农村集体资产管理工作，并依照本条例的规定对农村集体资产管理实施监督。"《广东省农村集体经济组织管理规定》第5条规定："各级人民政府农业行政主管部门负责对农村集体经济组织的经营管理进行指导、监督和服务，并依法维护农村集体经济组织及其成员的合法权益。"《农村集体经济组织财务公开规定》（农经发〔2011〕13号）第15条规定："县级以上农村经营管理部门和乡（镇）党委、政府行使下列指导和监督职责：（一）指导和监督村集体经济组织依照本规定实行财务公开；（二）指导和监督村集体经济组织建立健全财务公开制度；（三）对财务公开中存在的问题进行查处。"《广州市街道办事处工作规定》第13条规定："街道办事处对辖区内社会管理工作履行以下职责……（九）尚有农村和经济联社的街道，负责指导、支持和帮助村民委员会和经济联社的工作，协调和管理涉农事务，发展农村集体经济；（十）法律、法规和规章规定的以及上级人民政府依法赋予的其他社会管理职责。"原告向被告申请责令××经济联社公开相关社务、财务信息。××经济联社属于农村集体经济组织，应由××区农业农村局负责对其集体资产经营管理情况及公开情况进行指导和监督。因此，被告将申请事项转由××区农业农村局办理，已依法履行职责。

第二，××区农业农村局已依法对原告的申请作出调查核实，并向原告作出回复。另外，为维护原告的合法权益，××区农业农村局会同××街道办事处，要求××经济联社整理相关公开档案，并由××街道办事处于××××年××月××日、××××年××月××日两次通知原告到××地址查阅由××经济联社准备的相关公开档案和相关资料，但是原告均确认不参加。根据上述情况，××区农业农村局于××××年××月××日作出《关于×××等人请求责令××经济联合社社务公开的答复》。

第三，原告的诉讼请求缺乏事实和法律依据。原告认为根据《村民委员会组织法》的规定，被告负有责令××经济联社公开村务的义务。但是《村民委员会组织法》第31条规定是对村民委员会不及时公布应当公布事项作出处理的情形，而××经济联社是农村集体经济组织，不适用上述规定。另外，经××区农业农村局调查核实，原告所要求公开的内容××经济联社均已主动公开或者通过相关网站、平台、微信公众化等渠道公开，因此，不存在需要责令××经济联社公开的情形。综上，请求法院驳回原告的诉讼请求。

诉讼类型七：强制拆除违法之诉

一、诉讼当事人类型

（1）原告：旧村改造范围内被拆除房屋的权属人。

（2）被告：××村旧村改造所属区政府（该政府仅作出了同意旧村改造实施方案的批复并未具体实施拆除行为）。

二、原告的诉讼请求

（1）确认被告强制拆除原告房屋的行为违法；

（2）本案诉讼费由被告承担。

三、原告起诉的背景介绍

原告的房屋位于××村内，并一直在此地对外经营。××××年××月××日，被告作出《关于××村旧村改造实施方案的批复》，通过广州市××区××股份经济联合社的旧村改造实施方案，改造范围为××村旧村村集体土地，原告房屋亦在上述改造范围内。原告认为，被告在未与原告签订补偿协议书亦未对原告进行任何安置的情况下，擅自违法强拆原告的厂房，其行为严重违法，侵害了原告的合法权益。故诉讼至法院。

四、被告应诉可参考的判例

（2021）粤71行初367号。

五、被告应诉的诉讼策略

被告可认为原告的起诉不符合《行政诉讼法》第49条第2项“有明确的

被告”以及第3项“有具体的诉讼请求和事实根据”这一法定的起诉条件，要求法院驳回原告的起诉。具体法律论述如下：

《行政诉讼法》第26条第1款规定：“公民、法人或者其他组织直接向人民法院提起诉讼的，作出行政行为的行政机关是被告。”《最高人民法院关于行政诉讼证据若干问题的规定》第4条规定：“公民、法人或者其他组织向人民法院起诉时，应当提供其符合起诉条件的相应的证据材料。”本案中，原告以××区政府为被告，起诉请求确认被告强制拆除其承租使用的涉案房屋的行为违法。××区政府答辩称其未对涉案房屋实施拆除行为，涉案房屋系由旧村自主改造主体村集体拆除，且原告提供的证据不足以证实××区政府对涉案房屋实施或委托其他主体实施拆除行为。因此，××区政府并非本案适格被告。

六、法律探讨

在行政审判实务中，对农村集体经济组织实施的拆除行为，需要根据在案证据明晰在本案中是否存在行政委托行为还是只是单纯的村民自治组织的自主意志下的民事拆除行为。如果旧村改造过程中发生的拆除行为尚不足以证明相关行政机关进行了行政委托，也不足以证明有关行政机关对案涉房屋实施了具体拆除行为，那么，该拆除行为的法律定性应当为民事侵权纠纷。因此，对拆除行为的定性需要根据在案的具体证据进行具体分析。

例如，在（2019）粤71行终4372号行政裁定书中，广州铁路运输中级法院认为：××经济社在对原告发出的解除合同通知以及制定的清理整治工作方案中，均称实施强制拆除措施的目的是配合区政府对“散乱污”企业的清理整顿工作以及推进收储和三旧改造工作，××街道办在对行政相对人的信访回复中亦确认是按照市区关于拆除违法建设的要求对行政相对人的两处违法建设实施了拆除。因此，本案并非系××经济社自行收回土地导致的拆除行为，不属于民事纠纷。

在（2018）浙02行终95号行政裁定书中，宁波市中级人民法院认为：××街道办虽有人员在拆除现场，但并无证据证实，××街道办派人员指挥或者具体实施了强制拆除行为。而且，涉案厂房拆除现场有其他部门人员在场，××经济合作社也明确承认其委托了拆迁队实施拆除行为并邀请了××街道办人员到场维持秩序。综上，行政相对人未能尽到证明××街道办实施了拆除涉案房屋行为的必要举证义务。因此，行政相对人起诉无事实依据，不符合《最高人民法院关于行政诉讼证据若干问题的规定》第4条第1款的规定，即“公民、法人或者其他组织向人民法院起诉时，应当提供其符合起诉条件的相应的证据材料。”

诉讼类型八：不履行改造补偿安置职责之诉

一、诉讼当事人类型

（1）原告：已签署《拆迁补偿安置协议》的被拆迁人。

（2）被告：××村旧村改造所属区政府。

二、原告的诉讼请求

（1）请求被告履行《拆迁补偿安置协议》的补偿安置职责，向原告支付拆迁补偿款××元以及交付回迁安置房××平方米；

（2）本案诉讼费由被告承担。

三、原告起诉的背景介绍

原告的房屋位于××村内，并一直在此地居住。××××年××月××日，被告作出《关于××旧村改造实施方案的批复》，通过广州市××区××股份经济联合社的旧村改造实施方案，改造范围为××旧村村集体土地，原告房屋亦在上述改造范围内，原告已就案涉房屋的相关改造补偿安置问题与××经济合作社签订了《拆迁补偿安置协议》，然而签约之后，××经济合作社认为案涉房屋权属存在争议拒向原告支付相应拆迁补偿安置权益，原告多次索求无果。原告认为，××村的旧村改造行为是被告主导的，因此应当由被告按照已签署的《拆迁补偿安置协议》履行补偿安置职责，故诉讼至法院。

四、被告应诉可参考的判例

（2019）粤71行初694号、（2020）粤行终1254号。

五、被告应诉的诉讼策略

《行政诉讼法》第49条规定："提起诉讼应当符合下列条件……(三)有具体的诉讼请求和事实根据;(四)属于人民法院受案范围和受诉人民法院管辖。"《最高人民法院关于适用〈中华人民共和国行政诉讼法〉的解释》第69条第1款第1项规定："有下列情形之一,已经立案的,应当裁定驳回起诉:(一)不符合行政诉讼法第四十九条规定的……"因此,被告可根据以上法条及司法解释的规定请求人民法院依法驳回原告的起诉,具体法律论述如下:

根据《关于广州市推进"城中村"(旧村)整治改造的实施意见》的规定,被告××区人民政府在"城中村"改造中具体的职责为:"编制本区整治改造规划和实施计划,统筹本区整治改造专项资金收支管理,拟订'城中村'改造方案,统筹协调区各部门办理'城中村'整治改造审核和审批事项,督促检查农村集体经济组织及区各部门的工作,负责建立'城中村'整治改造基础数据库和动态监控信息系统,承担市'三旧'改造工作领导小组交办的其他工作。"本案中,《××村旧村改造实施方案》虽经被告核定,但××村旧村改造的主体并非被告,而是××农村集体经济组织。而且,××农村集体经济组织并非行政机关,亦非法律、法规、规章所授权的组织,故××农村集体经济组织因其旧村改造与原告签订《拆迁补偿安置协议》的行为,不是行政行为,因履行该协议所产生的争议不属于行政诉讼的受理范围。另外,原告认为涉案城中村项目改造为政府征收行为,被告作为责任主体应支付拆迁款及交付安置房的主张,没有任何证据,因此,法院也不应当采纳该观点。

六、法律探讨

关于旧村改造情形下的《拆迁补偿安置协议》纠纷属于行政协议纠纷还是民事合同纠纷,目前的审判实务观点众说纷纭。

有的审判观点认为,旧村改造行为属于政府的土地、房屋征收行为,而签订土地、房屋征收征用补偿协议,是行政机关履行补偿法定职责的方式,属于行政行为,因此引发的争议,属于行政诉讼受案范围。而项目实施主体就被拆迁房屋与被拆迁人签订《拆迁补偿安置协议》，被拆迁人要求项目实施主体向其支付拆迁补偿安置权益，实质上是对《拆迁补偿安置协议》的签约主体以及补偿对象有异议，被拆迁人就《拆迁补偿安置协议》的拆迁补偿安置事宜提起诉讼，属于行政诉讼受案范围，应当向有关行政机关申请解决或提起行政诉讼（该审判观点详见粤0112民初16907、16908号民事裁定书）。

当然，也有的审判观点跟上述观点截然相对，其认为旧村改造行为是农村集体经济组织自主申请自主改造下的行为，政府仅是对《××村旧村改造实施方案》进行批复确认，政府并非为旧村改造的改造主体，自主改造模式下的改造主体应当为农村集体经济组织或者农村集体经济组织成立的全资子公司。而且，××农村集体经济组织或其全资子公司并非行政机关，亦非法律、法规、规章所授权的组织，××农村集体经济组织或其全资子公司因旧村改造与被拆迁人签订《拆迁补偿安置协议》的行为，不是行政行为，由此造成的纠纷属于民事合同纠纷［该审判观点详见（2020）粤行终1254号行政裁定书］。

鉴于司法实务中的审判观点不尽相同，笔者认为，需根据具体的旧村改造实际情况进行具体分析，在各个观点中找出最佳的诉讼策略，正因为审判观点尚未统一，因此法律辩论的空间更加广阔。

一封郑重的致谢函

这本书能够出版，最想感谢的人是我亲密的律师朋友——吴念慈女士，她是一位同样深耕在旧村改造专项法律领域且对非诉业务抱有极大热忱、业务能力俱佳的专业人士。

说真的，我觉得她是一位“法律是一种神圣的信仰”的践行者。

我们之间有着许多无言的默契，会一起畅聊“法律的价值”“司法正义的实质”这些远古而宏大的命题，也会时而一起抱怨“诉讼究竟是凭专业能力还是人脉资源”“律师的待客艺术究竟是重在真诚还是懂得审时度势”这些现实而残酷的话题。

从她身上，我学到了坚毅、学到了勤勉，更重要的是，她从不怨天尤人的态度一直在感染着我、激励着我，人生有这样一位合作伙伴、亲密朋友，何其幸哉！

对于旧村改造专项法律顾问领域，我们时常一起交流法律观点。对“前期服务制度”的相对批判，对“签约动迁激励制度”的革新假设，以及对“签约清零处理措施”的制度建议等，她总是让我耳目一新。法律人绝不应当仅仅是埋头在具体实务当中，还应当葆有着眼于未来的法律大局观，追求良善与正义。

律师行业的许多前辈都曾告诫我，同为专注于某一法律领域的律师之间的竞争是天性，是必然，青年律师之间尤是如此。然而，通过我与她的共事，我发现，律师生态圈并不必然如此，更多的是，各自视角的真诚交换，灵感的互相启发。

我始终坚信，律师生态圈会越来越好，因为，有如她一样专业、热忱、热爱分享与交流的青年律师们正踏梦而来。

最后，祝她不忘初心，未来可期。

何怡

二〇二一年十二月